印太新秩序下的

台灣之路

數位時代的
產業最適棲息地理論與雙螺旋策略

林佳龍 著

推薦序　新時代．新政策．新思維

行政院副院長
沈榮津

臺灣長久以來均為出口導向的海島型經濟體，對於國際市場有著相當高的依存度。近年由於COVID-19疫情、美中貿易競爭、國際地緣政治局勢，以及俄烏戰爭等因素，已經加速國際生產分工的重新布局。為了因應疫情、氣候變遷、地緣政治等不確定風險，企業已開始思考由全球化，逐步轉向在地化、區域化生產，以多元布局的方式提升供應鏈的韌性。

臺灣具備優異的創新能力及優良的人才素質，普獲國際肯定。根據瑞士洛桑管理學院（IMD）公布的2022年世界競爭力年報，臺灣排名全球第7，是2013年以來的最佳表現；在超過2,000萬人口的國家中，臺灣更連續2年蟬聯世界第一。此外，WEF亦連續兩年將臺灣列為全球四大超級創新國之一，由於我們擁有這些良好的環境，已吸引不少臺商回流及國際大廠來臺投資，有助於維持臺灣產業在國際的領先優勢地位。

蔡總統於2016年提出的新南向政策，就是因應國際局勢變化，分散臺商海外生產風險，鼓勵產業投資東南亞，以降低臺商過度依賴中國大陸的現象。隨著臺商多元布局的成效日益顯現，也減緩了美中貿易戰對我國產業帶來的衝擊。由於佳龍兄具備豐富的國際事務、數位科技、產業發展推動經驗，並在臺中市長任內推動水湳智慧城、大肚山智慧機械技術驗證場域，在行政院新聞局長、交通部長任內也都推動過相關業務，因此蔡總統聘任為無任所大使，專責「數位新南向」的推動，包括對外聯繫與交涉，並協助行政部門與民間產業建立更緊密的對話合作關係，進而運用臺灣數位科技創新的優勢，讓臺灣成為印太區域內，智慧應用解決方案的最佳夥伴。

面對全球大環境的變動，佳龍兄以宏觀的角度，從臺灣過往的經濟發展歷程、新經濟時代的數位資訊發展，以及產業棲息地策略，深入分析產業間的跨域整合與互利共生，也擘劃出引領未來臺灣經濟產業發展模式的整體藍圖，透過以產業政策為核心、財政政策及金融政策為輔的政策新思維，完整融合理論基礎與實務推動，本書提出的國家永續發展戰略，可謂是佳龍兄累積多年的真知灼見。

佳龍兄也勾勒出具體可行的數位新南向願景，以臺灣具備的產業優勢條件，重新思考我國應該要有的新思維與新作法，不僅有助於強化臺灣與鄰近印太地區國家的鏈結，更能以帶動當地經濟發展為利基，創造臺灣與新南向國家雙贏、互惠的局面，建立共生、共好的區域夥伴關係，讓臺灣在國際經貿上穩步邁向包容、永續的成長！特為之序。

推薦序

鴻海科技集團董事長
劉揚偉

全球面臨COVID-19新冠肺炎、俄烏戰爭、極端氣候的影響，引發能源危機及供應鏈緊張局勢，導致全球經濟成長衰退並加速通膨，期間台灣因高科技產業帶動整體產業發展而有經濟正向成長，但還是不少企業得面臨轉型來脫離困境，重整既有的經營戰策及商業模式，以創新科技應用來因應環境變化找出更合適的模式得以永續發展，就如本書文中所提，一條溪流河川的永續生存需要生態環境的適度維持，企業需先數位化再轉型，帶動社會經濟結構改變到國家轉型，在政府與企業共同分工協力之下，經濟的永續發展需要一個最適產業棲息地的環境，以最佳的模式來建立一個共存共進化的產業環境。

2019年7月我接任鴻海董事長，首先就是進行數位化及產業轉型升級，將集團經營戰略定調為3+3發展方向，具體展現在「電動車、數位健康、機器人」三大產業，以及「人工智慧、半導體、新世代通訊技術」三項新技術領域，與2020年蔡英文總統提出「5+2產業」與「六大核心戰略產業」的產業政策，有著相同方向及目標，用台灣既有產業優勢規劃未來發展，也就是以台灣最引以為豪的ICT和半導體技術來進行產業調整與升級。2020年鴻海發起MIH Consortium，目標是實現關鍵技術，開發參考設計，推動行業標準來降低產業的進入門檻，透過新的分享、分工，一起來建立一個開放的技術標準以及供應鏈，儘管發展的路上會遇到一些挑戰，在未來電動車的發展時程縮短至二年時，MIH合作夥伴們已在電動車產業找到自己的位置，就可以做到Time To Cost及Time To Market快速落地，以「產業群聚」集結資源共同發展標準化、模組化、平台化技術及建構新的電動車供應鏈生態系，提升造車速度及降低成本。因此現在切入電動車市場正是時候，攜手推進創造自己產品的差異化，一起進入車用領域的契機，來經營這個龐大的新市場。

2021年11月，我與佳龍在「預見大未來」節目中探究台灣在未來電動車領域的發展，在訪談中佳龍提及之前在擔任交通部長時，就已開始推動電動大客車示範計畫，鼓勵國內自主開發業者，在2030年讓台灣所有的大客車轉型成為電動巴士、電動遊覽車等，而鴻海在2021年HHTD21發表首款電動巴士，於今年三月在高雄市正式交付給高雄客運，同時投入台北市大都會客運路線試行，第四季也將進行交付給台南市府城客運，體現鴻海集結MIH夥伴打破傳統汽車供應鏈階層的藩籬，提升造車品質及速度，協助政府建立良好基礎設施及交通載具，邁向未來的智慧城市，而接下來過程會如佳龍所推動的台灣智慧運輸，以5G、AI建立智慧交通系統，以服務創新與產業發展，串聯智慧鐵道、智慧旅運、智慧車聯網、智慧海空港以及無人機等產業，建立移動科技產業的生態系。另外對於佳龍現行推動的數位新南向政策，鴻海電動車以整車設計、關鍵零組件、全球製造與供應鏈服務的全方位商務模式，將以高雄為試點，未來朝向全球區域化佈局，因地制宜善用當地資源，結合當地政府與在地夥伴採取BOL（建立、移轉與在地化）模式，以智慧製造、智慧交通、智慧城市技術力，滿足客製化與快速開發產品的需求，結合台灣軟硬體科技及應用服務優勢，配合數位新南向政策拓展到南向區域。

台灣產業發展進入新時代的經濟階段，需要透過產業轉型與升級創造新的發展型態，本書說明經濟戰略趨勢、發展理論及模型外，同時也是本工具分析書，讀者可以藉此了解不同的產業分析方法——競爭力指標（替代力係數、加工度係數、影響力係數、感應度係數）分析現階段產業特性、以顯示性比較優勢指數RCA測定台灣的產品／產業在國際市場的競爭力，讓讀者可以明確了解目前政府推動「5+2產業」的產業棲息地，及「六大核心」跨域整合綜效的螺旋發展模式。

這是一本適合一讀再讀且值得參考及收藏的書，讀者可以透過此書了解政府、企業和社會經濟之間的關係與如何協力合作，在數位轉型的「雙螺旋效應」下，政府和企業推動新政策能為台灣創造希望與未來發展，帶領台灣走向永續經營。

推薦序

台灣綜合研究院創辦人
劉泰英

盱衡當前俄烏戰爭、美中貿易戰、疫情肆虐以及氣候變遷惡化等情勢，不啻造成全球能源價格飆漲、通貨膨脹、生產中斷及供應斷鏈等嚴峻課題，亦使全球政治經濟社會陷入混亂，且未來經濟發展不確定性更高。另一方面，俄烏戰爭與美中貿易戰加速國際地緣政治體制的重整及高科技產業戰略夥伴的結合，儼然成為逆全球化趨勢的另一推力。然而，此形勢的發展卻促使台灣逐漸邁入新國際政治經濟的時代。

鑑於台灣已邁入一個新時代及新經濟體制階段，這意味過去的政經理論、財金政策及產業政策恐難符合新時代的需求，必須有嶄新政經策略與思維，以因應複雜詭譎國際情勢的變化。有鑑於此，本書提出產業的棲息地理論與螺旋發展理論以及產業關聯模型、成長要因模型等「多模型思維」，藉以說明建立穩定產業生態系統之可行性及達成永續經營目標之有效性，同時檢討過去經濟發展過程並延續理論架構以展望未來。

本書運用產業棲息地理論與螺旋發展理論聚焦5+2產業與六大核心戰略產業的發展路徑、數位新南向發展戰略，並從台中精密機械園區與大肚山科技產業計畫探索產業棲息地對產業競爭力之影響。為強化國內產業韌性，產業需要質的提升，而數位轉型與數位優化可促進結構調整，進而達成產業升級；運用數位科技作產業間跨域整合，以建構區域產業體系化，即是推動產業棲息地理論與螺旋發展模式的重要目標。

為維持國內產業發展動能，鞏固經濟安全體系，由產業棲息地帶動的數位轉型與產業轉型將為台灣帶來利基，除可促成產業成長、增加就業機會、改善環境、創造財政收入及降低城鄉差距外，還可引導產業布局全球，建構更強勁的產業實力，開啟嶄新的產業經濟格局以迎向新時代。

本書整體論述體現台灣在面對震盪起伏新時代之國際框架下，如何建構一套強韌且兼顧理論與實務之國家發展策略，可作為國人從事國家永續發展工作鑑往知來，規劃新猷之參考。

值此《印太新秩序下的台灣之路——數位時代的產業最適棲息地理論與雙螺旋策略》付梓之際，特為之序。

2022年9月

推薦序

台灣經濟研究院院長
張建一

「我們要透過學習，讓自己成為一個有人文素養、國際觀，能與時俱進的自由人，並且要保有好奇心、熱愛世界，不斷的去參與社會，建立更美好的未來。」這是現任數位新南向無任所大使，也是前交通部部長與前台中市市長林佳龍先生最近於媒體受訪時所說的話。由這段話就不難理解雖是政治學專業背景，但在台中市市長與交通部部長任職期間與時俱進地認真學習與參與，使他成為一位真正具有高度的地緣政治經濟理論與實務專家，也才有本書的誕生。

本人有幸在佳龍大使任職交通部部長期間帶領台經院團隊與交通部長官共同規劃未來台灣的交通科技產業政策。在與佳龍大使互動過程中，本人驚豔於他對台灣產業發展過程的熟稔度與對未來台灣發展交通科技產業的前瞻性想法，畢竟這對於一個非財經部會的首長而言是相當難得的。

台灣是一個小國，但它民主、自由、重視人權，而且在國際產業供應鏈一直具有關鍵性的重要地位。台灣與佳龍大使一樣，也一直在國際社會中學習，特別是在台灣產業發展這條路上。就當前全球政經情勢而言，疫情、通膨與戰爭終會過去，但地緣政治的角力與數位時代卻會加速進程。《印太新秩序下的台灣之路——數位時代的產業最適棲息地理論與雙螺旋策略》一書就是佳龍大使針對台灣當前所推動的「5+2產業創新計畫」與「六大核心戰略產業」在新時代背景下所提出的一種全新的政策論述。

事實上，過去政治經濟理論的提出往往是為了解釋時代所面臨的課題並希望提出解決之道，也因此這些理論往往隱含著當時社會、政治與經濟的樣態。如果社會、經濟環境發生變化，前面的解決方法中的理論與政策也必須隨之調整以符合時代的需求。而本書則是提出另一種不同觀點與主張——「產業的棲息地區隔理論」（habitat segregation theory），從台灣產業內部結構的角度建立核心論述，作為分析台灣進入新時代、新經濟下邁向永續經濟發展的政策規劃與論述基礎。

本書是一本跨時空之作，作者以早期的台灣產業發展為起點，過程中也穿插過去與現在直接與間接影響台灣產業發展的國內外重大事件。進入新經濟時代後，也就是數位資訊科技發展與社會經濟模式下的台灣應該發展何種產業與跨領域的應用，本書則是提出了相當詳細的規劃說明，這部分的內容也包括他在交通部部長任內所全力推動的交通科技產業。接著，本書利用產業棲息地理論以靜態與動態方式所分析出「5+2產業創新計畫」與「六大核心戰略產業」的最適發展路徑也是本書的重要看點，本人相信國內產業分析專家對此部分將會有極大的興趣。除了對台灣產業發展內部環境的關心外，當前政府正在推動的新南向政策所必須具有的產業發展思維與應有的戰略亦是本書分析的重點。除了有政策規劃與論述的功力外，佳龍大使也將他在台中市市長任內與製造企業家們接觸的實務經驗用來驗證他的產業棲息地理論。

最後，雖然本書的分析對象是「5+2產業創新計畫」與「六大核心戰略產業」，但作者撰寫本書的主要目的在於提醒讀者必須注意國際政治與經濟局勢已經來到轉折點。他認為未來台灣的經濟產業發展必須提前佈署，同時也提出有別於過去的思維來建構未來台灣產業的發展藍圖，包括新時代下的新財政、新金融與新產業的戰略，作為台灣永續經濟發展新模式的「三位一體」新架構。

讀完本書後不僅可以清楚瞭解到我們生長的這塊土地在過去七十多年來為何能在全球產業發展占有一席之地，同時對於新時代下台灣產業應該如何布局才能永續發展也將會有相當的體認。

這是一本深具理論基礎與實務兼顧的國家發展戰略好書，值得關心台灣永續發展的讀者細細品味。

自序　新時代台灣的國家發展戰略

2021年4月20日那一天，佳龍卸任2年3個月任期交通部長職務，在此之前的人生歷練中，我從大學教授學者一職，歷經了政府行政單位到民選公職等為民服務的機會，那是我人生中相當美好的時光。「先是一個人，才是一個交通部長」的意志與心境表達之後，我開始進一步思索台灣的未來，這也是本書在結論中特別借用印象派畫家高更著名畫作〈我們從哪裡來？我們是誰？我們往哪裡去？〉"Where Do We Come from? What Are We? Where Are We Going?"中所隱含的哲理。

佳龍一直以來堅持的核心價值與實踐力不曾動搖，大學時代共同組織「自由之愛」，推動校園言論自由，參與「野百合學運」，推動台灣政治體制的民主化，台灣在市場經濟制度與科技發展下，多年來也逐步成為全球供應鏈重要一環。2019年武漢肺炎雖然衝擊全球，然而疫情期間的台灣社會，在人民的高度自律下，經濟未受大幅度影響，反而成為國際矚目的新典範，更是自由民主國家之間國際供應鏈上不可或缺的要角。然而，2022年的俄烏戰爭殷鑑不遠，面對中國未來十年挑戰與當前兩岸局勢，輔以美國為首的民主國家陣營正形成一個新國際政治與新經濟體制，我們深感在國際局勢變化之際，台灣需要一套理論與實務兼具的國家發展戰略，這也是我撰寫本書的主要動機。

在我服務於政府行政單位與民選公職期間，國人可能會將我視為一位政治學者或是政治實踐者，對公共事務充滿濃厚興趣，甚至積極參與選舉活動。事實上，我在求學過程中所熱愛以及訓練的領域極為多元，其中特別著重在政治經濟學，這也是我從事教職與公職期間很多議題的分析都是從政治經濟學的角度出發的原因。也因為如此，2001年我參與共同成立財團法人台灣智庫（Taiwan Thinktank），以關心台灣國家主體性、參與式民主（審議民主），以及重視均衡發展與經濟安全的國民經濟為核心價值。另外，在實務產業界方面，佳龍推動成立大肚山產業創新基金會，結合中部企業家與二代，相互激盪新理念與新思維，並擴展到台灣各縣市，集眾人之智，提供建議並落實於國家產業政策，亦以共好投資為理念，驅動產業創新，創造區域產業發展綜效，期待大肚山產業創新基金會成為台灣的產業智庫。除此之外，在工作空隙之餘，與志同道合研究夥伴成立讀書會與新政治經濟學研究室（New Political Economy Research Office, NPERO），借助彼此專長領域，透過議題討論與研究模型設定，以科學實證方式尋找答案。以這樣的方式進行議題分析、整理內容，並在結論確認之後，佳龍認為應該出版成冊做為研究成果，於是開始撰寫本書，前後歷經25次的討論，約2年6個月的努力。

佳龍常在思索一個問題，那就是「台灣的經濟發展與正常國家化之間的關聯性」。我在本書第九章說，「當要解釋一個複雜課題時，往往無法由單一方程式來解題，需要在關聯性之間建立聯立方程組才能求出問題的均衡解，思考台灣永續發展議題，也適用這個道理」。以過去學術訓練與經驗，我們認為台灣經濟發展與正常化國家此課題的解決需要以「多模型思維」進行分析，這也成為我建構本書的方法論。本書的論述思維是從台灣經濟成長過程中尋找優勢產業，透過數理模型推估產業發展的成功因素，再著手於企業與產業之間的發展，分析產業轉型過渡到社會經濟結構轉型的演變過程，當達成國家轉型之後將有機會邁向正常化國家的目標。這其中重要的黏著劑是數位科技、產業棲息地以及螺旋效應，本書透過這三項的理論和實務，做為推動正常化國家的大戰略。

2019年1月我剛接任交通部長那時候，時值台灣學界與業界對數位轉型議題進行熱烈討論，隔年2020年被視為5G元年。佳龍思考數位科技、5G等潛力時，深信不只屬於電信與通訊的應用層面，還會延伸到各種創新服務的領域，也認為未來台灣產業經濟將可能歷經一場永久性轉變，國際社會也將會進入一個劃時代的新紀元。於是我在交通部長任內成立「交通科技產業會報」以及12個產業創新推動小組，推動智慧運輸、軌道建設及智慧海空港等計畫，讓台灣產業結合科技發展，打造台灣成為智慧運輸的科技島，讓台灣產業優勢被世界看見。

數位科技是台灣的優勢產業，未來產業從製造過程到市場消費都與之息息相關，這屬於交通部業務範圍之內，佳龍嘗試理解這個領域對於產業升級與國家轉型的意義，更以數位化、數位優化再到數位轉型的發展階段分析企業內部與外部經營的影響層面。接著，我思考另一個問題，「企業與產業的創新機制在哪裡?」一旦我們意識到數位科技將改變企業生產與市場消費的過去型態，並跨越時間與空間障礙時，我從台灣產業群聚生產模式獲得啟發。並借助生態學概念，認為將數位科技結合過去的產業群聚發提出產業最適棲息地理論的構想，這是從產業聚落，產業群聚再到穩定產業棲息地形成的進化過程。穩定的產業棲息地生態系統需要建立在產業間具備「共好與共生」的基礎條件之上，持續透過科技創新邁向共進化的發展形式。其中，「共好與共生」理念是來自台灣企業家許文龍「兩個餌只釣一條魚的釣魚哲學」啟發，而產業需要共進化才能永續發展的想法是在陪伴兒女成長時，從《愛麗絲鏡中奇遇記》一書的紅皇后與愛麗絲對話中獲得靈感：「在我們國家裡，妳非得要像剛剛那樣拼命地跑，才能維持在原地不動，如果要到別的地方，速度至少必須是剛剛的兩倍」，這就是著名「紅皇后假說」（Red Queen hypothesis）。佳龍認為凡事唯有不斷地進步向上發展才能在激烈環境中生存下來，而生物進化則是需要由物理性和生物性的嚴峻環境下共同形成的，台灣產業發展也是同樣的道理。

政策具有延續性，蔡英文總統提出「5+2與六大核心產業」擘劃出永續發展的國家戰略，而這些產業政策和政績落實的成果，也會是挑戰2032台灣國家願景的核心重點。因此，本書在第四章就是以產業棲息地理論與螺旋發展模式分析這項宏偉的經濟藍圖，在此基礎下，佳龍持續關心這項國家建設工程，並從中獲得國家整體發展的戰略思維。當與研究夥伴們在討論產業棲息地形成的時候，起初對於此生態系統可能產生的效益並不明確，有時候則會令我感到有點冒險。但是，歷經新政治經濟學研究室與台灣智庫多次討論，透過數理經濟模型的計算與業界的實地考察之後，我們很享受這樣的方式，最後我們發現這套產業最適棲息地理論的系統性架構。這套理論若能在實務界得到實踐，透過業界間跨域合作並孕育出新產品，新系統以及新服務，這正是我書中所描述的螺旋效果。2021年我走訪了鴻海、宏碁和友達等十幾家旗艦型企業，親眼見證這樣的發展，也是現在進行式，並出版成冊《科技特派員：林佳龍與十二位企業CEO的關鍵對話，前瞻台灣產業新未來》（2022，大肚山產創基金會）。不論從智慧電動車，智慧醫療系統，到智慧生活產業，台灣製造業結合數位科技，正在產生內循環的螺旋效果。而透過數位新南向政策，協助業者深耕跨國界，虛實整合的系統服務輸出，更可創造出「雙螺旋效應」，並能夠擺脫長期以來五缺，促進產業結構調整與轉型，還可進一步完成產業升級的政策目標。

佳龍撰寫本書的樂趣，在於思考不斷出現驚奇，起初對「雙螺旋效應」只集中在產業轉型的分析上，但隨著產業棲息地生態系統的完整論述，發現還能夠帶動一連串效益，包含了區域發展、就業創造、都市化，並降低城鄉差距，這些將改變台灣的社會經濟結構，國家也將進入轉型階段。從數位科技推論到國家轉型的研究結論之後，佳龍心中經常地浮現「正常國家化」這個議題，我發覺「國家轉型」將會是正常國家化的前哨站，於是更進一步延伸分析這種可能性，最後本書提供了「台灣的經濟發展與正常國家化之間的關聯性」的理論基礎。「正常國家化」是許許多多國人的期待，也是我們台灣下一代未來的國家願景，但同時也須面對中國局勢所衍生各種嚴厲挑戰，本書勾畫出初步的戰略思維，期待讀者以更具富有創意的方法參與這項使命。

最後，感謝支持本書出版的有識之士，也對閱讀本書的讀者致上謝意，深感與研究夥伴們這兩年多來的一切努力，終將陳化為甜美的回憶，並昇華為對國家未來的美好想像。其中，特別感謝財團法人台灣智庫呂曜志、龔明鑫、黃玉霖、董思齊等同仁，提供了許多寶貴意見，充實本書的完整性；大肚山產業創新基金會施茂林、廖紫岑、柯承恩、張光瑤等同仁的資料建置與行政協助，增添本書的實務價值；朝陽科技大學洪振義教授是新政治經濟學研究室的研究夥伴，從產業經濟理論討論到數理模型修正與建立提供必要之協助，奠定本書科學性實證基礎，這些成果也呈現在本書引用數篇的working paper之中。當然，本書如果沒有秀威資訊出版的協助，將無法與讀者見面，在此一併敬致謝忱。

林佳龍　謹誌

2022年10月於台灣智庫

目次

推薦序　新時代・新政策・新思維／沈榮津　03

推薦序／劉揚偉　05

推薦序／劉泰英　07

推薦序／張建一　09

自序　新時代台灣的國家發展戰略　11

Ch1　緒論　本書的課題與分析視角　21

本書課題背景　21

本書分析方法　28

本書的分析對象　40

Ch2　台灣產業成長因素變化過程　43

台灣經濟發展過程　43

經濟成長變動因素　49

國際匯率變化與國內股市泡沫的產業成長變化因素（1989-1994）　53

加入WTO前後的產業成長變化因素（1999-2004） 54
2008年金融風暴期間的產業成長變化因素（2006-2011） 55
後金融風暴的產業成長變化因素（2011-2016） 56
COVID-19爆發的產業成長變化因素（2016-2020） 58
人物介紹◆台灣經營之神：王永慶 64

Ch3 數位資訊科技與社會經濟——進入新經濟時代 65

台灣資訊科技的發展模式 66
數位資訊革命的社會經濟影響層面 70
5G發展改變ICT的產業結構——移動通訊系統的普及 72
5G發展帶動社會生活的數位化 73
5G與ICT的應用領域 74
交通數位資訊科技應用 74
觀光數位資訊科技應用 76
基礎建設業數位資訊科技的應用 77
醫療產業數位資訊科技應用 78
製造業數位資訊科技應用 79
人物介紹◆台灣半導體教父：張忠謀 80

Ch4 產業棲息地理論與「5+2與六大核心產業」的發展路徑 81

5+2產業與六大核心戰略產業的定位 81
「5+2產業」的競爭力 83

顯示性比較優勢指數RCA
（Revealed Comparative Advantage Index） 87

產業棲息地理論與產業螺旋發展的「5+2產業」
與「六大核心」產業 88

1.生醫產業的智慧醫療 90

2.智慧機械 91

3.亞洲・矽谷 92

4.綠能科技 94

5.循環經濟 97

6.國防產業 99

7.新農業 101

人物介紹◆企業投資領航者：郭台銘 103

Ch5 數位新南向的產業發展戰略
——雙螺旋效應的意義 105

數位新南向的願景 105

新南向戰略的國際產業棲息地發展模式 106

DIMEs架構下綜合戰略思維 108

台灣與新南向主要國家的經貿關係 110

新南向的經貿性質與產業競爭力 115

①越南 115

②泰國 118

③馬來西亞 120

④新加坡 122

⑤澳大利亞 124

以數位科技推動新南向的重要性 125
數位新南向的產業棲息地螺旋發展型態 130
新南向產業棲息地數位轉型螺旋發展 131
新南向產業棲息地數位轉型螺旋發展型態 131
台灣數位科技新南向的產業棲息地遷移 134
台灣數位新南向的「雙螺旋效應」 135
整合推動數位新南向組織架構 135
人物介紹◆台灣壓克力之父：許文龍 138

Ch6 從企業的製造現場探索產業棲息地與產業競爭力：台中精密機械園區與大肚山產業創新基金會的功能 139

台中地區機械產業的產業棲息地探索 139
台中精密機械園區企業競爭力條件 140
從製造現場看企業與產業的必要性 141
產業棲息地企業間學習模式 150
台中地區精密機械產業生態與新南向的戰略 152
人物介紹◆數位轉型驅動者：劉克振 155

Ch7 新時代新產業政策下的金融政策與財政政策 157

新產業政策形成的必要性 157
新金融、新財政與新產業政策的架構 159
在數位轉型過程的金融與財政政策 163

新金融政策與新財政政策的特徵 168
新產業政策中財政與金融政策的政策意涵 170
人物介紹◆商業思想家——微笑曲線：施振榮 171

Ch8 台灣永續經濟發展新模式：產業棲息地理論的時代意義 173

永續發展需要穩定的生態系統 173
軟硬體的系統設備：產業靜態環境的建置 174
目前台灣產業群聚分布與重整：進階版的產業棲息地形成 176
石化相關的產業群聚 176
資訊電子與電機相關的產業群聚 177
機械相關的產業群聚 177
金屬相關的產業群聚 177
產業動態戰略策略的實踐意義：朝向「最適」產業棲息地的發展路徑 178
數位轉型發展—產業棲息地移動的波及效果 179
雙螺旋效應（產業升級，高度化產業形成） 182
產業棲息地形成需要克服的課題 183
人物介紹◆晶圓代工理念先驅：曹興誠 185

Ch9 結論　過去的省思與未來展望 187

人物介紹◆台灣產業英雄榜 192

後記 193

參考文獻 208

附錄 212

Ch 1

緒論　本書的課題與分析視角

本書課題背景

眾多國家在經濟成長過程中經歷了不同的階段，從初期的快速成長階段進入到成熟期的緩慢時期，一個國家的經濟或產業要持續發展必須尋找推動前進的核心要素，例如S字型技術發展模式[1]以及第二曲線[2]等理論，都強調技術創新以提供企業重新找回成長的原動力。2020年COVID-19疫情使得全世界的社會經濟陷入混亂，從生活到教育，從生產製程到商業活動都涵蓋其中。國際環境變遷不止於此，近年來美、中貿易談判陷入僵局，南海地緣政治局勢緊張，加上俄烏戰爭爆發，都更加提高了全球發展的不確定性。另一方面，在疫情爆發期間凸顯眾多國家的醫療物資缺乏自主性，這加速美、日等國對現階段國際生產分工體制的重新評估，規劃生產據點如何轉移，以及重新定義戰略產業的內涵。加上疫情蔓延，國與國之間不信任感的提高，促使一些國家強化彼此在政治與經濟之間的關係，加速了國際地緣政治體制的重新佈署與高科技產業供應鏈戰略夥伴的結合。例如台、美、日的半導體晶片設廠投資案和美、日、澳、印四國組成的印太戰略「四方同盟」就是一些明顯的例子。從圖1-1的形勢發展可知，台灣已經進入了一個新的國際政治經濟時代，對台灣的政治經濟體制而言是一項全新的挑戰。

台灣在過去「開發獨裁」（Developmental Dictatorship）的政治體制之下，發展之初以第一級產業的輸出形態轉為進口替代（Import Substitution），之後再以出口替代（Export Substitution）轉型為出口擴張（Export Expansion）形式創造了高度經濟

---

1 Freeman, C., Clark, J., Soete, L. (1983). "Unemployment and technical innovation: a study of long waves and economic development." *Journal of Economic Issues*,17(3),803-808.

2 此概念是由查爾斯・韓第（Charles Handy）提出的「第二曲線」（The Second Curve），可以參考查爾斯・韓第（2020）《第二曲線：社會再造的新思維》，天下文化。

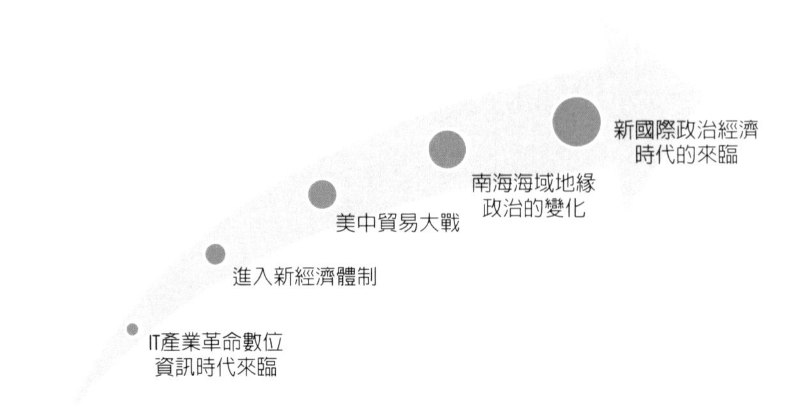

圖1-1　新國際政治經濟時代的發展進程

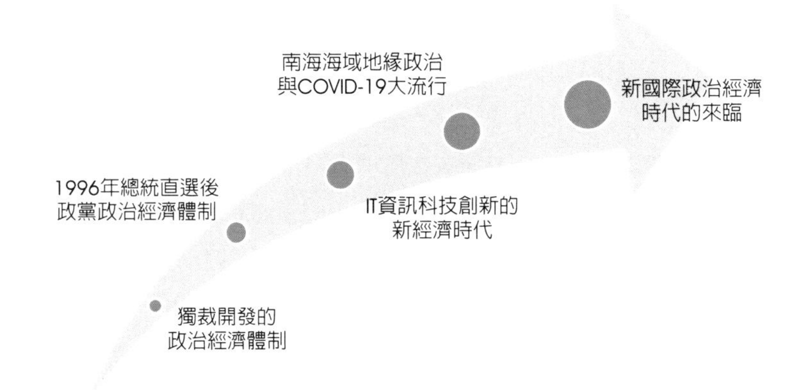

圖1-2　台灣政治經濟體制的發展進程

成長。這是由農、工產業的產品，勞動力以及金融市場之間相互關聯建立的「雙重經濟成長模式」完成的經濟發展模式。直到1996年總統的直接民選，台灣開始進入民主政黨時期，邁向政黨政治的經濟體制，圖1-2說明了台灣政治經濟體制的發展進程。

台灣進入政黨政治的經濟體制之後，經濟發展速度趨緩，其主要的背景有：①資金外移，國內投資下降；②海外生產據點持續擴大，產業外移的空洞化問題；③雖然台灣加入WTO擴大貿易規模，但也增加產業結構調整的困難性，造成產業附加價值無法有效提升；④貿易比重增加使得經濟結構失衡更加嚴重，增添發展的風險，促成經濟成長率缺乏穩定性；⑤國際分工體制下的進口貿易方式，使得國人的薪資所得成長趨緩；⑥過度依賴中國市場以及三角貿易體制之下，經濟體質脆弱等。

上述眾多原因促使台灣的產業結構調整不順利，很難帶動產業升級，造成長期低經濟成長率，但在半導體高科技產業上突破這樣的侷限，以科技創新結合傳統產業也能創造高度化產業升級，例如精密機械等。特別是IT、半導體等高科技產業的創新帶動IOT、AI以及大數據平台的廣泛應用，以及之後深度學習技術的開發，以5G技術的產業結合，從生產、流通到消費都產生革命性的改變，台灣進入新經濟時代。更因南海海域地緣政治與COVID-19大流行等因素，台灣隨著新經濟時代與國際社會進入了另一個階段的新國際政治經濟時代。過去支撐台灣經濟發展的財政政策，金融政策以及產業政策已經無法滿足新時代的需求，未來的政治經濟策略必須調整以符合現實的環境變化。本書將探討過去，並重新評估與規劃的戰略思考是時代變遷的應有作為，例如推動交通產業科技化（5G/6G智慧交通體系的應用；創新跨域整合——科技與產業的結合）與轉型觀光產業優質化或是結合區域產業體系化等都是佳龍擔任交通部長時提出因應新時代需求的具體思維。

在上述的背景下，台灣邁向一個新時代也走入新經濟體制的發展階段，這意味著我們的經濟社會環境已經改變了，這個趨勢不僅是在國內逐漸醞釀也在全世界快速擴展。過去政治經濟理論的提出往往是為了解釋時代所面臨的課題並希望提出解決之道，所以理論當中隱含著當時社會、政治與經濟的樣態。當社會、經濟環境產生了變化，解決方法的理論與政策也勢必做些調整以符合時代的需求。基於此，本書提出另一種不同觀點主張——產業的棲息地區隔理論（habitat segregation theory，簡稱為產業棲息地理論）為作為分析新時代新經濟的主要論述基礎。棲息地區隔理論將從產業內部的結構角度建立核心論述，以此做為推動台灣永續經濟發展策略的論述基礎。過去台灣經濟成就呈現多元的產業發展，而產業結構的基礎則來自企業經營，企業成長的原動力在於技術創新，這樣思維以經濟學熊彼得最為有名。我很認同熊彼得的創新思維是帶動企業成長，產業創新被視為是一種創造性破壞（creative destruction），技術創新是產業發展過程中的一種轉變（Transitions），它包含了產業發展的過渡期、產業棲位遷移以及技術高度化等各種變化。

棲息地區隔理論可視為一種複雜系統（complex system）的思維，結合跨領域之間的理論分析新時代下台灣產業未來發展願景，借助解剖學與生態學的學理建立一套產業棲息地觀念規劃經濟發展藍圖與策略。從產業棲息地理論架構可以劃出產業的經緯度，找出各產業所處的座標，當座標變動時則意味著產業移動原先的棲息地，代表產業發展程度與競爭力可能已經產生了變化。產業棲息理論是追求一國產業最適發展可能探索，此理論的論述建立在多元的領域之中，產業的內部理論與經濟政策的外部策略。內部理論包含了生物學與生態學的思維，也涵蓋醫學思維在內的產業關聯理論，當然傳統的產業經濟理論是本書的重要基礎。另一方面，推動產業棲息的外部策略是來自產業政策，這是屬於政治經濟學的研究範疇，是跨領域所建立的理論，也是屬於綜合性的經濟政策，本書將以這些視角進入這個思維領域。

再者本書的棲息地理論分為靜態與動態兩個層次的分析，前者重點在一個時間點的產業座標定位分析，後者聚焦在產業棲息地的移動路徑觀察。靜態分析的第一步驟是確認各產業座落棲位，這將有助於分析產業現狀的競爭力。而判斷產業棲位座落指標可以利用產業關聯分析的影響力係數（effect ratio）、感應度係數（response ratio）、加工係數以及替代係數，這些數據將可以顯示產業技術發展程度。產業棲息理論的動態分析又可分成兩個構面來論述，一個是延續靜態分析的四項指標的歷年變化，再推測產業棲位的未來發展趨勢。產業螺旋發展模式將透過中間投入與附加價值作為判斷產業棲位高度化的變化，呈現3D產業結構的分析手法。因此，產業棲息地理論不僅是分析產業發展橫向或是縱向的棲位遷移，也會隨著技術創新產生的附加價值並觀察產業高度化的提升幅度。在產業棲息理論的實踐上政府扮演重要角色，這包含產業棲息地環境的塑造、推動產業棲位的移動以及產業技術的創新等策略規劃。

以產業棲息地分析台灣產業之際，必須先行掌握目前產業的發展狀況，5+2產業發展與六大核心戰略產業是蔡英文總統當前的經濟政策核心，這也是本書分析的出發點。2022年佳龍擔任數位新南向的無任所大使，肩負將台灣科技產業向外擴展的大任，因此本書也會將這個部分加入未來經貿發展的新課題。基於國際的政治與經濟環境變化的考量，本書所討論的政治經濟議題的背景涵蓋短期、中期以及長期的「政治時間軸」與「戰略時間軸」，即2024年（短期）→2028年（中期）→2032年（長期）。具體而言，從2022到2032這未來的十年是台灣的「政治時間」，這存在著格外不同的意義。從大歷史的時間角度觀之，2024年對台灣來說，將是一個重要的時間點。這一年是台灣正式進入大航海時代的400週年，也是台灣參與世界的第400年，同時也是台灣將進行總統選舉的一年。相較於站上世界舞台400年，現在的台灣其實仍是個年輕的民主國家，1996年總統直選至今不過25年，也因此台灣意識的形成、台灣與世界關係的再定義，將會被視為此世代的主旋律。雖然歷經了李登輝時代的「寧靜革命」，從民主轉型、民主鞏固到民主深化，也由於是透過「分期付款式」的民主轉型歷程，台灣至今仍在「償付尾款」，所以必須同時處理著多重的內外轉型課題。以民主選舉的政治時程來看，2024繼任的總統若順利連任的話，任期將會到2032年為止。對民主台灣的「政治時間」而言，除每隔四年的總統選舉週期，亦無法忽視中國每隔五年一次的政治週期，以及相關的政治時程。2021年是中國共產黨建黨一百年的一年，也是中國國家主席習近平要打破由鄧小平所訂立「十年」執政遊戲規則的關鍵一年。而中共第十九屆六中全會所處理的第三份「歷史決議」，象徵第一個百年結束，同時以習近平連任的「承前啟後、繼往開來」開啟第二個百年。即便面對以美國為首的外部強大壓力，二十大前的中國，六穩（穩就業、穩金融、穩外貿、穩外資、穩投資、穩預期）與六保（保居民就業、保基本民生、保市場主體、保糧食能源安全、保產業鏈供應鏈穩定、保基層運轉）仍是習近平邁向長期執政的首重目標。但在2022習近平確立長期執政體制後，中國政治體制的不可預測性大增，也因此在台灣政權轉移前後（2024、2028），或是中國共產召開人大會議（2027、2032）的前後，特別是有所重合的時間區間，為維護長期統治的正當性，中國增加對台灣經濟或是軍事壓力的可能性將大增。而2027年中國除將召開二十一大，也將迎接「建軍百年」。十九屆五中全會上中共已提出「加快國防和軍隊現代化，實現富國和強軍相統一，確保2027年實現建軍百年奮鬥目標」的決議。這意味著，2024年上任的台灣領導人，勢必面對來自中國更強大的壓力，而從政治時程來看，這樣的壓力從2022年開始，一路延續至少到2032年，二十二大的權力變動，甚至到2049年中國建政百年為止。這也是為何本書要分析台灣未來國家政治經濟發展的原因。[3]本書目的在於提醒讀者須注意國際政治與經濟局勢

[3] 林佳龍（2022），「台灣準備好了嗎？——台灣未來十年國家願景：挑戰與因應」，台灣制憲基金會演講。

已經來到轉折點（turning point），未來台灣的經濟產業發展必須提前布署，提出有別過去的思維建構未來的發展藍圖。新時代與新經濟的新財政，新金融以及新產業的戰略，如圖1-3所示。簡單說明如下：

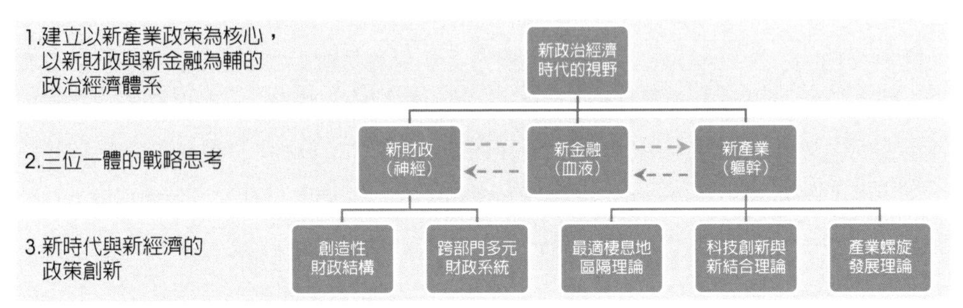

圖1-3　新政治經濟時代的視野架構

本書的戰略思維是將新政治經濟政策的財政政策、金融政策以及產業政策建構成為「三位一體」之體制。所謂「三位一體」體制是以新產業政策為核心，以新財政與新金融為輔的政策體系，這將有別於過去傳統的財政金融以及產業的政策作為，可視為新政治經濟政策下「三位一體改革」（The Trinity Reform）的新思維。

「三位一體改革」的思考是強調以新產業政策作為新政治經濟政策之戰略核心，產業是一國的經濟發展軀幹，必須依賴完善的神經系統（財政）與通暢的血液循環裝置（金融）輔助才能永續發展。新政治經濟體制下的發展策略是透過新財政與新金融的交互運作下推動新產業政策，建構一個新時代經濟的發展模式。新財政政策包含了創造性財務結構的調整與跨部門之間多元任務的財政系統的建立。而新金融政策除了以數位金融科技建構穩定與流暢的金融機制外，並以數位科技促進金融創新，換言之新金融時代除了維持經濟血液的順暢還要能夠活化金融體系的新陳代謝。在新財政與新金融的戰略體制下，新產業發展戰略才得以實現。

另一方面，在新政治經濟體下的產業政策的戰略目標在營造一個產業共存共榮的產業發展環境。台灣產業結構以中小企業為主，不同產業在市場上存在明顯差異的競爭力，如單純從經濟學的完全競爭理論或是達爾文的進化論作為產業發展的思維基礎時，不具競爭力或是初創期的企業可能很快就被迫退出市場，某些產業也將

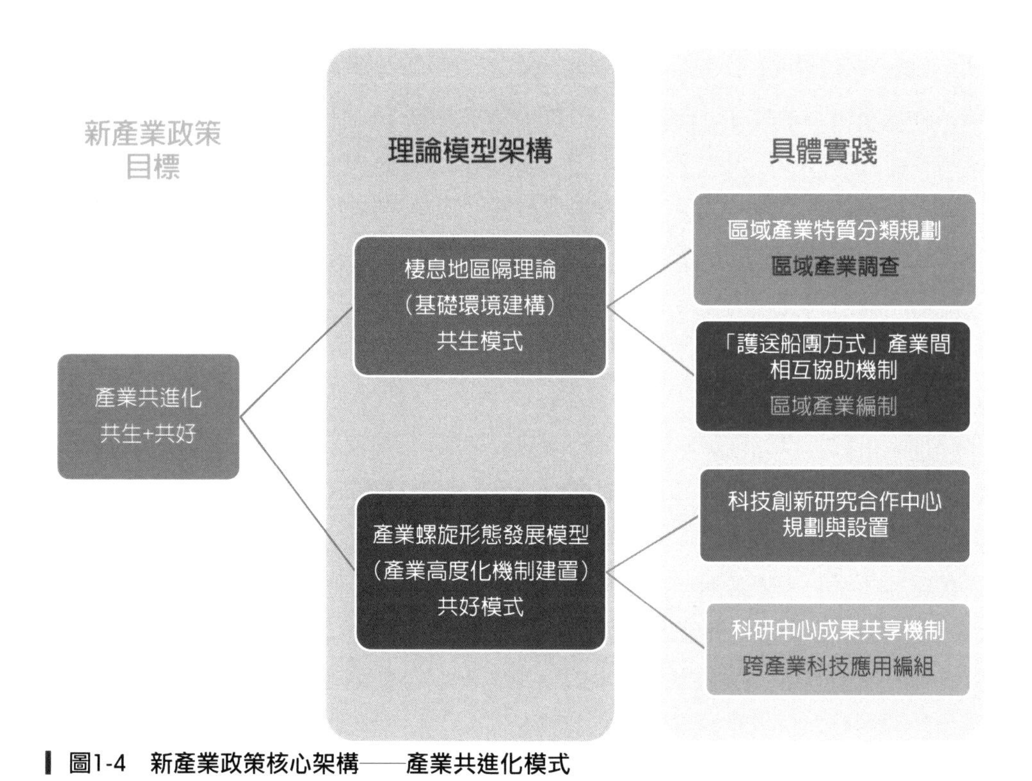

圖1-4 新產業政策核心架構——產業共進化模式

會逐漸消失，這樣的結果不符合前述的新政治經濟時代需要一個「完結型」產業生產鏈以及建構「自主性」產業的戰略目標。這也是新政治經濟體制下需要面對的新經濟時代課題。

一個新產業政策的建構思維可以從生態學與軍事作戰角度來探討，首先以生態學觀點掌握新產業政策的政策意涵，生態學上常以河流作為研究題材。溪流河川可以依其坡度、河道、流速等因素都可分為上游、中游、下游及河口等四個區段，每個區段都有獨特的生態環境，棲息著不同的魚群。例如，石斑、苦花喜歡棲息在水溫低於攝氏20度以下寒冷水域的激流中，棲息地位居於水質清澈、水流湍急、溶氧度較高的上游；溪哥則喜歡棲息於較涼溫性水域，常分布於中下游水流較緩慢之區域；羅漢魚（俗稱尖嘴仔）則屬於表層性魚種，常見於平地河川的下游。從生態系的棲息地區隔理論可以觀察到一個現象，溪流河系區隔不同的生存空間與生存時間，棲息著幾乎相同生活方式的不同群體生物，以共同分享河川自然資源避免競爭的共存現象。當台灣可以在新財政與新金融政策配合之下，制定各種法律制度以及高科技研究中心的資源共享機制營造出棲息地區隔理論的產業生態環境時，各產業之間不僅是共生共存的關係，還會因高科技創新資源共享使得產業共進化的外溢效應產生，這也是「三位一體」體制複合式政策的目的。

過去單純共生共存的產業政策無法面對已經到來的新政治經濟時代挑戰，最明顯的例子是戰後日本「護送船團方式」的保護政策。「護送船團方式」屬於一種軍事戰術，就像是航母戰鬥群的「護航」方式，在勤務中配合調整與戰鬥群中速度最慢船艦一致，以保證整體艦隊能夠同時前進的安全措施。日本以此方式應用在金融，教育或是特種產業時，意味著即使缺乏經營效率也能夠共同生存下來的「不倒神話」，這種發展方式已經無法有效推動今後的產業發展。本書提出的產業棲息地區隔理論不只是「護送船團方式」的保護政策，透過高科技創新技術的資源共享，讓各產業善用自身優勢特質加以應用，以達到產業的共生與共進化。

圖1-4是建構產業發展共進化模式以做為新產業政策核心，台灣產業分布以規模性與特質性可以分成北科、中科、南科等三大核心區域，每個區域都具有不同的產業特質。本書主張以這三大核心區域為中心，以此建構台灣的短期與中期產業棲息地區隔模式，經過產業不斷地進化提升競爭力與附加價值之後，將可以邁向最適產業棲息地發展模式，以及追求永續產業發展目標。借用熊彼得創新的理論技術新結合概念，利用空間與時間創造產業異質化特質提高競爭力，其中北、中、南科技園區與大肚山精密工業結合就是一個很好的開始。一條溪流河川的永續生存需要生態環境的適度維持，同樣地經濟的永續發展需要一個最適產業棲息地的發展環境，如何建立一個共存共進化的產業環境則是本書討論的主要課題。換言之，最適產業棲息地的發展環境關係著產業地理區位規劃與國土規劃，也是一項同質性與異質性的產業佈局。

本書分析方法

產業棲息地的分析架構是跨域角度的結合，以靜態與動態的時間差異論述台灣產業發展的分析手法，如圖1-5所示。

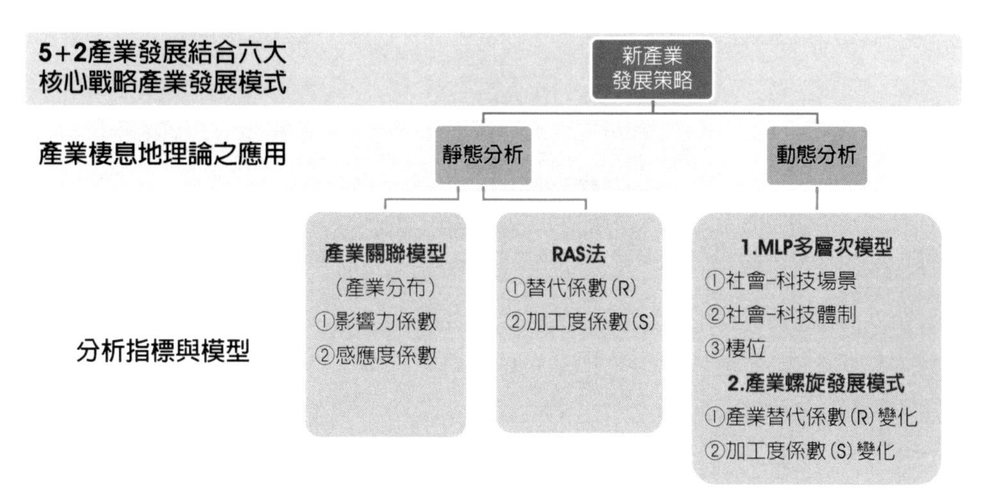

圖1-5　本書分析技術方法

從醫學解剖原理來說，產業關聯分析可稱是經濟的解剖學，以產業關聯基本表為基礎，在一定期間展示台灣各產業的經濟狀態。由產業基本表計算出各產業的投入係數矩陣（input coefficients matrix）、Leontief逆矩陣（Leontief's inverse matrix）等，透過各期投入係數矩陣計算影響力係數與感應度係數[4]的科學數據分類各種產業特質。而在產業結構變化觀察是以RAS法推估加工係數與替代係數作為產業生產技術變化的代理指標，由上述的四項係數可定位出台灣各產業座標的產業特性與競爭力[5]。在產業經濟理論上，圖1-6與圖1-7的產業分類座標可以代表產業的特性與競爭力，本書在探討過去與未來的產業實務發展時，將以這些分類手法作為分析，並將結合圖1-6與圖1-7可以繪製成圖1-8有助於優勢產業的建立。

坐落在圖1-6的影響力係數表示當某一產業部門增加一個單位的最終需求時，對各產業的生產需求的波及程度，係數越大表示對其他產業的影響程度就越大，即具

---

[4] 計算公式分別為，影響力係數$e_j=\frac{\sum_{i=1}^{n}b_{ij}}{\frac{\sum_{i=1}^{n}\sum_{j=1}^{n}b_{ij}}{n}}$,j=1,2,...n；感影度係數=$r_i=\frac{\sum_{i=1}^{n}b_{ij}}{\frac{\sum_{i=1}^{n}\sum_{j=1}^{n}b_{ij}}{n}}$,j=1,2,...n.另外，RAS法的調整是預測年(t)的投入係數矩陣，其中為替代係數矩陣，為基準年投入係數矩陣，為加工度係數矩陣。

[5] 本書關於此部分之計算公式與數據是參考林佳龍、洪振義（2022）「台灣產業的特性與競爭力之變化：產業關聯分析法之應用」新政治經濟學研究室（NPERO），NEPRO Working paper。

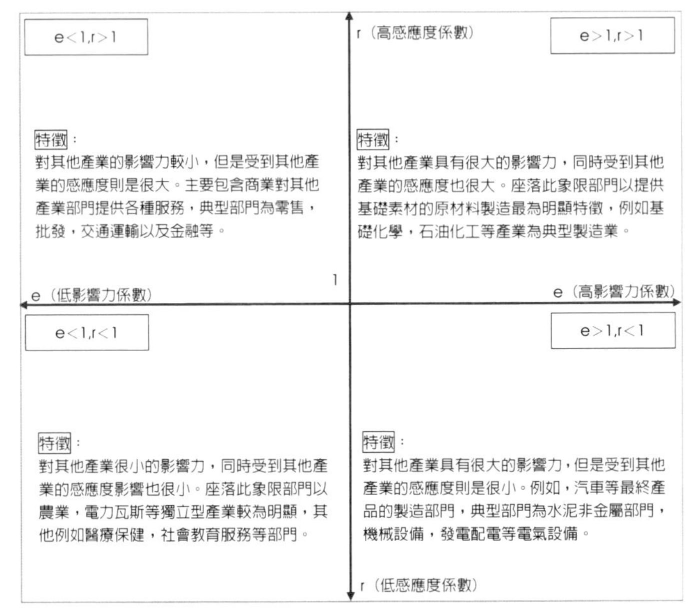

圖1-6　影響力係數與感應度係數的產業分類

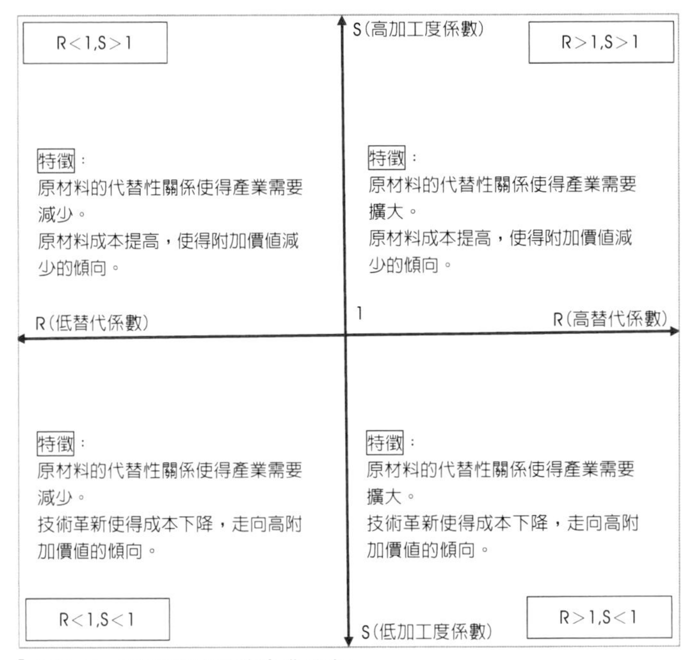

圖1-7　R與S調整後的產業分類

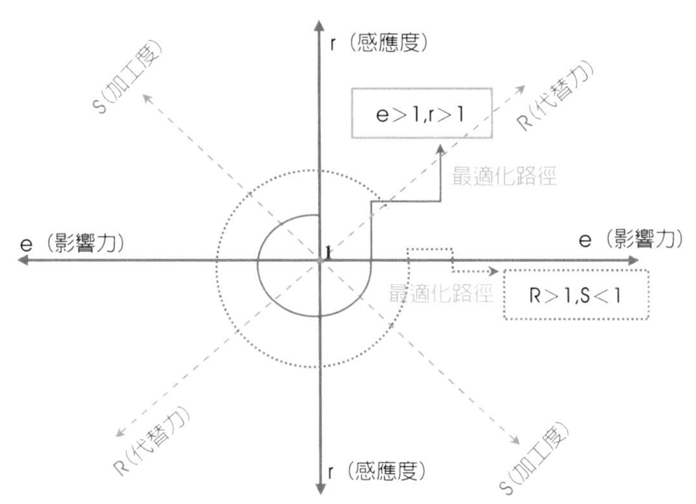

圖1-8　產業競爭力的最適棲息地移動

備產業向後關聯的影響。而感應度係數則表示當每一產業部門之最終需要皆變動一單位時，對特定產業產品需求產生的總變動量，即此特定產業的感應程度，屬於產業向前關聯的效果。

因為產業發展是持續性的，所以需要從靜態到動態的掌握才能正確掌握產業的未來發展，特別是動態的分析。動態重點在時間差的產業棲息地觀察與未來棲息地轉變的掌握，可以從各年期實際與未來的影響力係數與感應度係數，以及加工係數與替代係數來獲知。動態分析如同生物的有機成長觀點分析產業變化，這也是進化經濟學（evolutionary economics）所關心的課題。我們對台灣產業所重視的地方並不單只是在變化或成長，也需要知道產業變化過程中的發展模式以及關鍵因素。英國經濟學者馬夏爾（Alfred Marshall, 1842～1924）對於經濟學的研究觀點曾經說：「經濟學家的聖域與其說是經濟動學，還不如說是在經濟生物學」（“the Mecca of the economist lies in economic biology rather than in economic dynamics”），他認為經濟是一種進化過程（evolutionary process），在這個過程當中，技術（technology），市場制度（market institutions），以及人們偏好都會隨著人們的行為而進化（evolve），因此政治經濟學可被視為「廣義上生物學的一個分支」（economics is a branch of biology broadly interpreted）。基於此觀點，本書分析新經濟的核心觀點就是建立在這樣的思考哲學之上。更具體而言，本書的分析視角是以揭開多樣生物種類的共存機構的「群落生態學」（community ecology）與測定生態系統的物質循環和能源循環流程的「生態系生態學」（ecosystem ecology）為思考基礎，借以「群落生態學」與「生態系生態學」的思考統合作為建構區域產業間的共生模式做為提出產業棲息地的論述基礎。

台灣產業的結構與分布是以中小企業為主體，接近於生態學上的生物多樣性（biodiversity）現象，而我國產業結構是屬於完結型（full set type）的發展，也呈現產業多樣性的分布。當提升到個別生物層級以上，探討物種間與環境的相互作用是屬於生態學進化生物科學之研究範疇，本書將借助此概念，討論多元個別產業與區域環境之間相互作用的關係，被視為是進化經濟學觀點。由於產業間的生存發展受到周遭環境條件的巨大影響，政府如何營造良好產業棲息地環境是新時代新產業政策的重要任務，可以從「群落生態學」與「生態系生態學」之間互動機制思考台灣產業發展。本書為了達到這個目的，以引進生態學觀點結合產業的螺旋發展模式以及MLP多層次模型作為產業發展的動態分析，是以有機成長觀點探討產業發展型態。同時當台灣產業面對快速變化的時代，整合各種資源並提出較為完善的產業棲地環境思維與規劃，有助於建立有利於台灣產業的發展條件，而產業棲息地環境之建構成敗與政府政策之間存在密切關係。

接下來我想說明產業螺旋發展模式（Spiral Pattern of Industry Development），如圖1-9所示。產業螺旋發展模式的架構可分成橫縱平面以及第三維高度的空間。橫縱平面可將產業棲息地分成四個象限，每個象限都可以表示發展階段不同特徵的產業生態區位。而第三維高度表示產業高度化程度，意味著科技創新可以提升產業高度化並創造更高的附加價值。由於產業之間為了能夠維持共存，在某種程度上的製造環境上需要具備差異性。因為產業會因為高度化在市場結構上能夠佔有一席之地，這就形成產業的生態區位或是稱之產業生態棲位（niche）。生態棲位的各個產業具備專業化與異質化的獨特地位，這也是新產業群聚架構的基本單位，此棲位是創造產品新價值的基地，所以營造產業生態棲位是新產業政策推動重要核心之一。

而位居在生態環境系統的各產業生態棲位，具備以下幾點特質有：

1. 產業生態棲位是作為產業基本生存的環境單位，棲位內涵不單只是代表地理空間（市場）的意思，還包含棲位內各項資源與競爭者之間的關係。產業生態棲位可以是一個產業對應一個棲位，也可以多種產業共處於一個棲位之內，這將被視為產業之間共生機制之重要組合結構。換言之，影響產業棲息地環境因素軸心的產業生態棲位，在多元空間中佔有特殊領域之位置，而多元空間的產業生態棲位環境因素，例如，交通基礎建設，水電供給狀態，科技資源豐富性，人力資源等，同屬於一個產業間存在多個產業生態棲位環境資源的競爭關係。產業生態棲位依賴在產業生態系統（ecosystem）機制之上，而產業生態系統的建立則需要考慮產業的輸入環境，系統裝置以及產業輸出環境，即是產業生態系統=產業的輸入環境+系統裝置+產業輸出環境。

本書認為維繫著棲息地環境的健全發展有助於個生態區域的生存，對於產業生態系統經營（ecosystem management）體制的建立是新產業政策推動產業棲息地基礎建設的第一步。

2. 由於產業間競爭使得產業專業化定位以及市場變動可能性是存在的，稱之為產業生態區位移動（niche shift）。產業生態區位移動可以分為水平移動（horizontal shift）與垂直移動（vertical shift），前者為產業轉型效果，後者則是產業升級效果，本書中所強調的數位資訊科技將會促使產業間移動的速度。

為了方便說明，以表1-1說明分佈於產業棲息地的產業生態棲位。每個棲位代表一家企業經營某種產業。加上，與世界各國相比之下，台灣的產業種類相對完整，意味著生產供應鏈也較為完整，這有助於產業間技術與零件的交互應用。如果從產業關聯理論作解釋的話，當產業與產業之間存在密切關聯，產業間生產投入比例的提高使得彼此之間的影響層面將更加廣泛，這樣的關係將有助於提升產業活動的經濟乘數效果。四個象限棲位代表各種產業在市場競爭力與成長率高低的生態分布，隨著產業的發展與科技創新，高成長與低成長的產業競爭力將會產生變化，產業將隨著競爭力的變化而改變其產業生態座標棲位。同時圖1-9「螺旋形態的產業發展模式」的高度代表科技創新與技術進步產生的附加價值，越往上意味產業可以創造越高的附加價值，產業發展路徑也會隨著競爭力與成長率會像螺旋形態而提升。理想的產業發展應該是座落在第一象限的「高成長高競爭力產業」，但從過去產業的發展經驗知道，要達到這樣的狀態並非短時間可完成的，需要各種條件的配合。事實上，一國產業發展不必然都是要以座落在第一象限產業為目標，每一個象限之產業都各有屬於適合自己的發展模式，共享各個產業最適棲息地的各種資源，透過科技創新或是技術結合建立異質化條件就能夠擁有產業生態棲位的優勢，創造更高的附加價值。

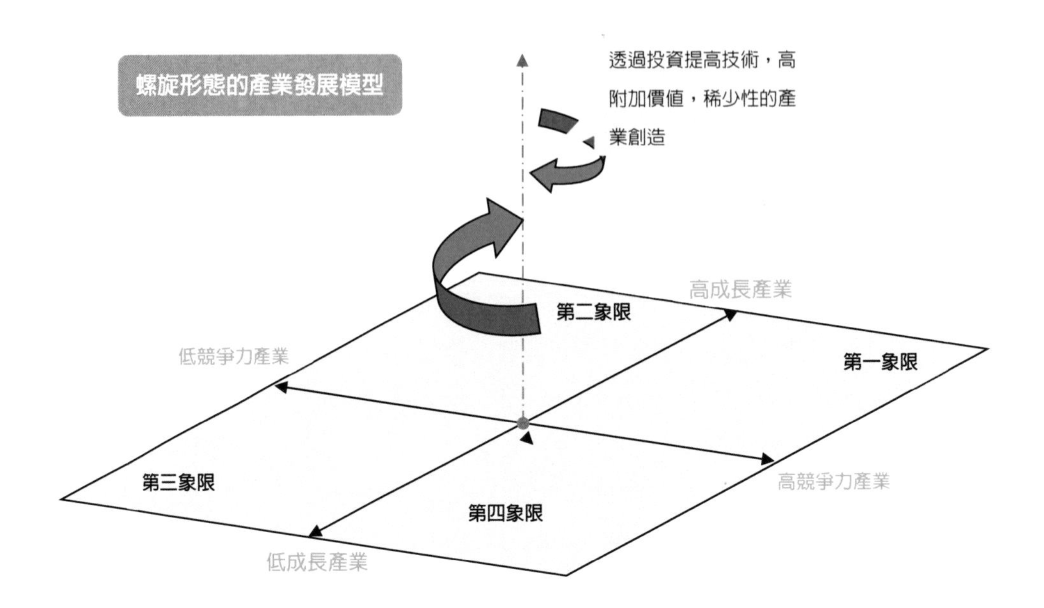

圖1-9 螺旋形態產業發展模型

當然產業棲息地並非固定的，產業研究創新與技術進步或是產業轉型都可能產生移動。例如從圖1-9看產業棲息地的可能發展方向，當產業座落在第三象限的「低成長低競爭力產業」的生態棲位上時，可以透過產業的努力與策劃朝向第二象限的「高成長高低競爭力產業」；第四象限的「低成長高競爭力產業」；或是更具產業優勢的第一象限「高成長高競爭力產業」發展。由於座落在第三象限的產業屬於「低成長低競爭力產業」，這些產業狀態無法用過去的生產模式或品質生存，產業屬性偏向傳統產業或是衰退產業。當改變這些產業往第四象限發展時，必須提高產業競爭力，研究開發與創新就成為必須選擇的途徑，當然也能提高該產業的附加價值。最困難的棲位移動是由第三象限的「低成長低競爭力產業」到第一象限「高成長高競爭力產業」，這需要兼顧提升產業的成長率與競爭力，是產業轉型或是產業升級才能達成，這將會是一個產業結構調整的重要關鍵。

表1-1代表分佈於產業棲息地的產業生態棲位，而每個棲位代表一家個別企業經營某種產業。與世界各國相較之下，台灣的產業種類相對完整，意味著生產供應鏈也較為完整，這有助於產業間技術與零件的交互應用。

表1-1 產業生態棲位的分布與移動（niche shift）

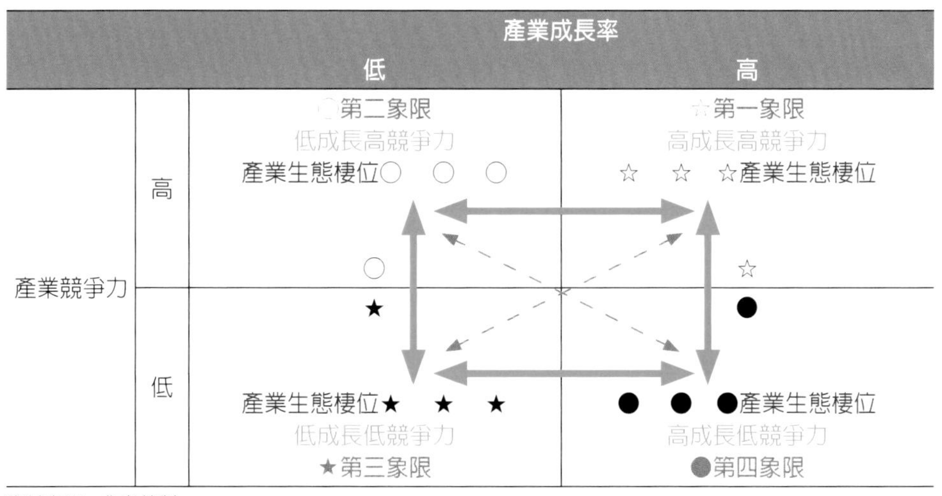

資料來源：作者繪製。

註：表中雙向箭頭直線皆代表產業水平移動，代表產業進行轉型革新。

如果從產業關聯理論解釋的話，當產業與產業之間關係密切，產業間生產投入比例的提高使得彼此之間的影響層面比較廣泛，這在創造的經濟乘數效果上也會比較明顯。像台灣在80、90年代大量投資海外生產據點，最受影響的是第三象限低成長低競爭力之相關產業，這是以傳統勞力密集產業最具代表性。在這個象限內的傳統產業依賴大量低薪資勞動力，也有眾多競爭者存在，此時市場已經進入成熟與衰退階段，使得企業面臨財務的高風險，企業如要持續經營，轉型已經是無法避免的改革。可惜的是，很多傳統產業選擇移轉到中國大陸，放棄台灣生產據點。但是還是有一些傳統業者堅持產業的生存，轉型到其他象限發展，例如從第三象限移轉到第二象限，第一象限或是第四象限，每種象限的移動，產業需要具備各種不同條件，包含財政，金融或是技術等支援。新時代新經濟的台灣作為，必須有別80、90年代應變措施，才不至於造成過去幾十年來的經濟困境。

台灣新產業政策的最大目標在於幫助所有願意持續永續發展的產業都能夠如願，透過新財政與新金融的特別條例提供一個有利於產業水平移動的過程，這種移動過程有的是提高產業競爭力（第二象限），有的是提升產業成長率（第三象限），或是兩者都獲得改善（第一象限）。這種改變除了資本之外，還需要各種技術的提供，但是最重要的關鍵還是產業如何找到屬於自己的產業生態棲位-niche位在哪裡？台灣在80、90年代大量投資海外生產據點，最受影響的是第三象限低成長低競爭力之相關產業，這是以傳統勞力密集產業最具代表性。在這個象限內的傳統產業依賴大量低薪資勞動力，也有眾多競爭者存在，此時市場已經進入成熟與衰退階段，使得企業面臨財務的高風險，企業如要持續經營，轉型已經是無法避免的改革。可惜的是，2000年以後還是有許多傳統產業選擇移轉到中國，放棄台灣生產據點，但是還是有一些傳統業者選擇堅持產業創新的發展模式，轉型到其他象限。例如從第三象限移轉到第二象限，第一象限或是第四象限，每個象限的移動，產業需要具備各種不同條件，包含財政，金融或是技術等支援。新時代新經濟的台灣產業發展必須有別80、90年代為借鏡才不至於造成過去幾十年來的經濟困境。

未來台灣面對新經濟所提出各種新產業政策的最大目標在於幫助所有願意持續永續發展的產業都能夠如願達成目標為政策方針，透過新財政與新金融的特別條例提供一個有利於產業水平移動的過程，這種移動過程有的是提高產業競爭力（第二象限），有的是提升產業成長率（第三象限），或是兩者都獲得改善（第一象限）。這種改變除了資本之外，還需要各種技術的提供，但是最重要的關鍵還是產業如何找到屬於自己的產業生態棲位-niche在哪裡？因此新產業政策可視為是一種新產業群聚的科學策略。產業最適棲息地區隔理論的發展模式能否順利的重要關間在於產業螺旋形態發展模型的實踐，在這裡我們先介紹這個模型的思維邏輯。

「螺旋形態的產業發展模式」的推動一方面需要提高附加價值，另一方面需要建立市場需求（Rothwell & Gardiner, 1985；kline, 1990），提高附加價值是產品差異化的目的，也是企業得以生存的關鍵。而投資存在著不確定性與報酬回收疑慮，使得民間企業無法大量投資在研究開發，造成投資不足的重要原因（Pindyck &Solimano, 1993; Ferderer, 1993; Huizinga, 1993）。政府可以居中在研究開發上扮演重要角色，往往引領產業結構形成與轉變，從眾多的文獻顯示由政府主導的研究開發可以解決一部份的產業發展與環境的改善，並帶動民間企業投資（Carmichael, 1981; Lichtenberg, 1984; Mamuneas& Nadiri, 1996; Adams, 1998）。現階段的台灣經濟，如能在政府與民間共同分工協力之下，研究開發投資提高品附加價值之外，深入規劃產業屬性，建立「有效選擇」與「區隔」的推動機制兼顧提升產業的成長率與競爭力，這是提倡的產業「棲息地區隔理論」與「螺旋形態的產業發展模式」的目的所在。本書提出最適棲息地區隔理論作為新政治經濟體制下新產業政策的基礎戰略工程。圖1-9顯示產業最適棲息地區隔模式的需要建立以下幾點特質：

①產業群聚；②異質化—存在產業的生態棲位（niche）；③研究創新資源共享—區域性的研發技術創新中心設置；④培養多元利基產業存在；⑤能夠具備產業螺旋形態發展理論；⑥共生共存共進化的新產業發展機制（競爭關係的迴避）

接下來我想介紹產業動態發展的另一個分析手法，這是MLP多層次模型（multi-level perspective），本書將利用模型說明我國產業在棲息地的移動過程。在MLP架構下，可以有效說明產業棲息地移動的過程，從社會—科技技術轉型觀點，認為轉型過程是屬於非線性型的發展型態，並透過由外向內的社會—科技場景（Socio-technical landscape），社會—科技體制（Socio-technical regimes）以及棲位（niches）等三個層次的共同作用之下，經過長期間的相互關連建立了共進化（co-evolve）效應，這包含了以下①～③轉型過程。

①棲位創新（niche-innovations）透過學習過程、價格、性能改進以及來自強大團體的支持提升了內部動力；②外部場景層次（landscape level）的變化對社會—科技體制形成壓力；③社會—科技體制的不穩定為棲位創新開啟了機會之窗（windows of opportunity）。企業與產業在①～③轉型過程的結合（alignment）使得創新產品能夠與現有社會技術體制主流市場的競爭當中取得突破（Geels and Schot,2007）。MLP說明技術創新下，不僅取決於產業棲位內的條件狀況，還關係到現有社會技術體制層面的發展程度。另一方面，技術創新亦可強化產業棲位的成功過程，並決定社會—科技體制是否能夠帶來轉型的重要關鍵。因此，MLP的構成可分為三個層次，分別為社會—科技場景，社會—科技體制以及棲位，這可以從圖1-10中更進一步說明。

社會—科技場景

最上層為社會—科技場景，屬於產業所面對各種的外生變數框架（exogenous context），包含了氣候與資源稟賦條件、山川地貌、都市構造等硬體因素，以及政治體制、經濟成長、資源價格、物價變動、社會習慣以及文化制度所形成的軟性因素。

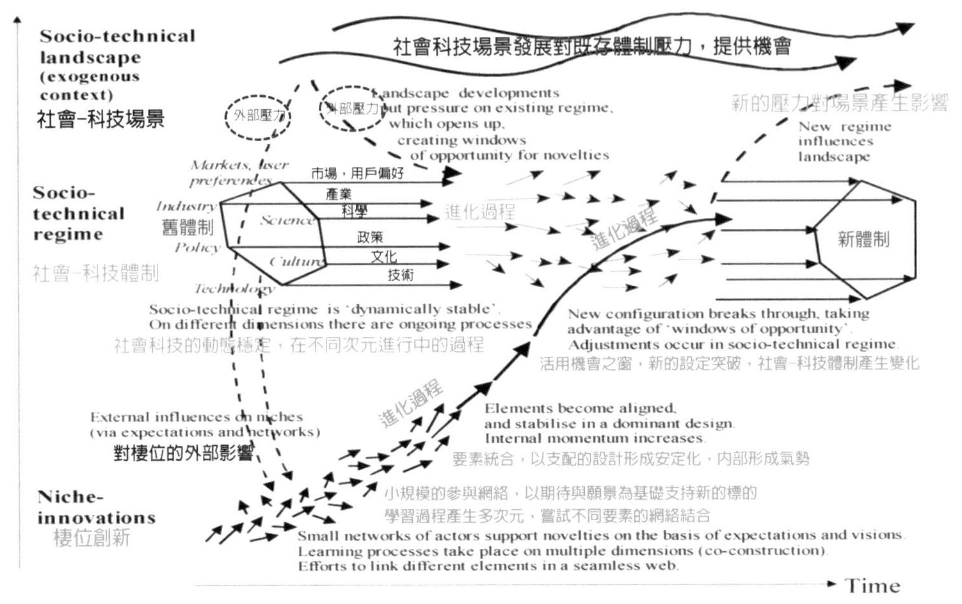

圖1-10　MLP多層次社會科技的場景—體制—棲位之間的相互作用
資料來源：Geels and Schot（2007,p.401）

社會—科技體制

第二層範圍包含了生活主流的相關產業，以及這些產業相關的共有硬體、制度、機構、社會文化和行動參與者等。這些產業相關的社會科技體制是在共同遵守的規則、制度、習慣以及文化等社會因素下形成的，圖1-10左邊構成的六角形項目，分別為技術、文化、科學、市場／用戶偏好、產業以及政策等六個因素。

棲位

MLP架構下最基層是產業棲位，可視為個體的微觀層次企業。產業棲位像是在一個溫室裡，提供創新點子的實驗空間，可以保護它們不受主流科技的市場競爭影響。在棲位內的產業有些技術可能會落後，但或許也有機會順利地成長、茁壯之後和主流科技一較高下。所以此棲位層次被認為是產業創新的「孵化室」（incubation rooms）。然而透過外部的壓力與競爭對產業的棲位與社會—科技體制究竟是帶來強化關係還是破壞性結果呢？來自外部破壞性的社會—科技場景壓力將造成對產業的社會—科技體制不穩定，並促使棲位技術創新建構「新的」社會—科技體制。

產業發展過程中面臨不同階段的挑戰，可能是透過科技創新更上一層樓發展或是產業停滯與衰退，由於產業轉型型態不只一種，轉型路徑也可能發展途中轉換或微調，例如德國自1990～2014年發生的電力轉型過程，大致符合「替代型」的轉型路徑；而英國的電力部門轉型則屬於「修正型」的轉型路徑，本書將產業轉型歸納以下四種的可能路徑：

（1）「修正型」的轉型路徑（Transformation pathway）

「修正型」的產業轉型受到當既有勢力（Socio-technical regime）面對外界壓力（即Socio-technical landscape）和新科技挑戰（niches-innovation）調整方向，例如當化石燃料公司開始研發再生能源，讓傳統火力發電與再生能源兩者並行或逐步汰舊換新。「修正型」轉型常發生在社會—科技場景變化較為溫和，而棲位層次的科技尚未成熟時產生的變革。

（2）「解體再重整型」的轉型路徑（De-alignment and re-alignment pathway）

「解體再重整型」的轉型是在既有第二層的社會—科技體制遭遇突然且大規模社會—科技場景的外力衝擊（如戰爭）而崩解，最基層企業棲位創新趁勢而起，結合新聯合陣營取代了已經拆解的社會—科技體制，在產業相關系統的解體再重整過程中可能帶來長期的不穩定狀態。

（3）「技術替代型」的轉型路徑（Technological substitution pathway）

由於既有社會科技體制下的參與者與新進入者之間的市場競爭，往往後者以較新的技術可能驅逐前者。一旦科技創新取代現有的技術之後，並隨著外溢效應技術和社會的共同進化過程，使得社會科技體制產生變化，這是屬於「技術替代型」的轉型。

（4）「重組型」的轉型路徑（Reconfiguration pathway）

由於來自外部的社會科技場景的壓力，在社會科技的體制上融入了創新學習效果和外溢效應的發揮作用，使得整個產業體系的基本結構逐步發生重組或是重新排列。在此轉型過程當中，社會科技體制參與者所展現出新的發現、新的主張、新的原則以及新的實踐方法。換言之，隨著時間變動，社會科技體制內部累積了新的事物，這將促使體制的參與者考慮多種選擇，這也將導致社會科技體制在技術和社會方面因素上產生更大的變化。產業重組轉型就是以新的社會科技體制逐漸從舊體制內部中出現，棲位參與者（例如供應商）和社會科技體制參與者之間通常是協調合作的相互作用關係。

產業轉型是長期持續性的變化過程，將此過程劃分幾個不同階段有助於理解產業發展特徵是非常重要的，因為這將可以顯示經濟社會整體系統的變化狀態，產業轉型與變動包含了不同種類的變化過程。換言之，既存的經濟社會系統結構的弱體化結果將會促使新的系統誕生。

本書的分析對象

台灣產業發展進入新時代的經濟階段，我認為需要透過產業轉型與升級創造新的產業發展型態，同時科技創新的新結合將會提高附加價值，改變產業體質，這也是政府目前重視的產業發展方向，其中以5+2產業與六大核心戰略產業最具代表，本書所討論的對象產業將集中在這些產業上。5+2產業與六大核心戰略產業是蔡英文總統先後提出的經濟政策，這兩項措施前後呼應關係密切，對考量未來產業發展時至為重要。而本書將整合5+2產業與六大核心戰略產業做整體思考，並提出個人的產業政策思維。另一方面，除了分析5+2產業與六大核心戰略產業之外，佳龍過去擔任台中市長期間所提出的大肚山科技產業計劃藍圖也要納入本書的分析範圍之中，也是企業與產業之間共生、共好的合作案例，有助於掌握台灣產業上、中、下游的發展趨勢，也較能制定企業與產業之間的戰略運用。而分析大肚山科技產業之際，佳龍將從當地企業製造現場的產品製造設計思想（Product Architecture）以及現場組織能力（Organizational Capabilities）作為分析的兩大主軸，因為製造設計思想與組織能力可以看出企業的競爭力，而製品的設計思想的更能展示出企業的創新能力。

過去解釋亞洲的經濟發展模式最具代表理論為雁行形態發展論（flying geese pattern of deveiopment），之後隨著自由化，國際化的進展將此理論擴展成雁行形態的國際傳播，2000年後的全球化更進一步改變了國際分工體系。佳龍認為在美中貿易戰與COVID-19大流行下已經改變了國際經濟體制以及地緣政治，台灣經濟面臨前所未有的新時代新國際框架，過去雁行形態經濟發展模式或是國際版雁行形態已經無法有效提供我國未來的經濟發展。因此，我在本書提出以產業棲息地區隔理論說明國內產業的未來發展趨勢並以國際版的產業棲息地發展模式推動數位新南向政策的論述基礎。

上述偏向理論架構的介紹，其主要目的是希望方便讀者在閱讀之際，能夠更深入理解我長期間對台灣產業發展的想法與主張，在之後的各章節將以儘量省略艱澀的理論說明而是以實務性的產業分析為主。

本書採用的分析視角與過去著名的《藍海策略》（2005）與《藍湖策略》（2022）不同，並非本書的產業棲息地策略較為精進，而是在於分析對象以及規畫目標的差異，以至於需要建構不同的分析手法與視角，整理如表1-2所示。

表1-2 藍海策略、藍湖策略與產業棲息地策略的比較

策略內涵	藍湖策略	藍海策略	產業棲息地策略
策略思考	價值定位	價值創新	產業間共生共進化
策略分析視角	1. 四種生態系統（利基者—關鍵者—支配者—提供者）策略 2. 三項營運策略（高築牆—廣積糧—緩稱王）	1. 策略草圖 2. 四項行動（降低—創造—提升—消除）策略 3. 重建市場邊界	1. 產業生態區位的移動（水平—影響力係數與感應度係數） 2. 產業螺旋發展模型（垂直—替代係數與加工度係數） 3. MLP多層次模型—產業轉型模式 4. 現場製造的設計思想與組織能力
策略分析層級	1. 屬於Microeconomic Analysis 2. 具備生產要素特質（生產中間財／零件）的企業建立垂直整合與水平分工創造利基產品，關鍵或特殊零組件 3. 從藍池塘到藍湖	1. 屬於Microeconomic Analysis 2. 生產或銷售最終財的企業如何透過降低成本與差異化建立新市場效益，並尋找無人競爭的新市場空間。	1. 包含Microeconomic（大肚山新創企業）、Mesoeconomic（產業區位）Macroeconomics（產業棲息地的建立） 2. 從產業棲位、產業棲息地到新產業政策下的新經濟體制。 3. 產業新南向政策的發展（國際版產業棲息地理論）
策略產業性質	製造業（中間財）	製造業或銷售業（最終財）	製造業（中間財與最終財）與服務業，並擴延伸到國際貿易領域

策略內涵	藍湖策略	藍海策略	產業棲息地策略
策略對象	製造工程的垂直整合與水平分工的企業間	以製造或銷售商品的單一企業為主角	企業與產業或跨域企業與產業之間
策略的經濟效益規模	企業間（線的經濟效益）	主要企業（點的經濟效益）	企業與產業（面的經濟效益），加上雙螺旋效應，屬於多維產業發展模式。
策略形成的產業生態系統	生產關鍵零組件、原料以及智慧財產（技術）等建立企業內的生產生態系統。	企業以藍海策略推動自家產品的跳脫紅海的競爭格局，產業生態系統較為單一性。	企業間形成產業棲位的共生，產業棲息地構成共好的環境，而產業螺旋發展模式提供產業共進化的誘因，此理論策略是以建立較具**完整性與穩定性的產業生態系統**為策略目標。

資料來源：林佳龍整理製作。

Ch2

台灣產業成長因素變化過程

台灣經濟發展過程[1]

在經濟思想史上探討經濟發展與產業結構課題時，常以威廉・配第（William Petty，1623年5月27日－1687年12月16日）所著作的《政治算數》（1690）做為早期代表研究論點，這也是他透過大量觀察以及數量分析等方法對當時社會經濟現象進行分析，並指出大部分勞動人口被製造業與商業所吸收雇用。經濟學者Clark提出有名的Petty-Clark法則（Petty-Clark's law）就是建立在威廉・配第的論述基礎之上。Petty-Clark法則是研究產業結構變化的早期文獻，該法則說明產業結構會隨著經濟發展逐漸由第1級產業移轉到第2級產業、第3級產業，Clark（1951）研究更進一步指出一個國家隨著經濟繁榮之後，農業的勞動比例就逐漸降低[2]。台灣經濟也歷經多階段的發展，由第一級產業的輸出形態之後逐漸轉換為進口替代（Import Substitution）與出口替代（Export Substitution），再到出口擴張（Export Expansion）等各種階段。過去研究亞洲新興工業化國家（newly industrialized economies, NIEs）的經濟發展原因時，常以資本累積（capital accumulation）或是吸收同化的觀點（assimilation view）作為論述的理論基礎[3]，前者強調投資累積資本與最適資源分配以發展經濟，後者認為國內企業來自外國的新技術，透過吸收與同化等學習效果發揮了企業家精神與創新，創造亞洲的經濟奇蹟。因此，從外國吸收與同化的技術改變產業結構被視為是經濟發展過程中的重要元素。進入70年與80年代初期，

---

1 參考林佳龍、洪振義（2021），〈探討台灣產業結構的變化以及成長變動要因〉，台灣智庫working paper，並加以修改。

2 Clark, C. G. (1951), *The Conditions of Economic Progress*, London: Macmillan.

3 參考Nelson, R. R. and Pack, H. (1999) "The Asian Miracle and Modern Growth Theory", *Economic Journal* 109(457): 416-36.

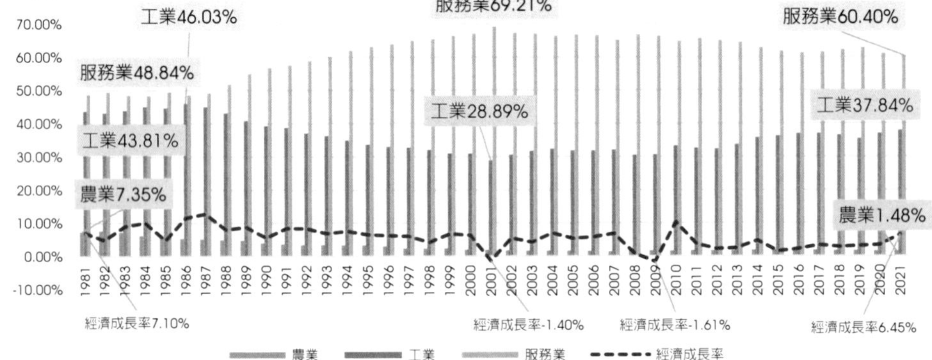

圖2-1　台灣三級產業結構與經濟成長率變化

資料來源：總體統計資料庫（nstatdb.dgbas.gov.tw，瀏覽日2022/04/20）繪製而成。

世界發生兩次石油危機，打亂了台灣高度經濟成長的步調，之後也遭遇多次的發展瓶頸，雖然安然渡過了「中等收入陷阱」（middle income trap），產業結構轉型（transformation of the industrial structure）難題有待解決之際，90年代遭受股市泡沫，經濟再度受創，2008年的世界金融危機貿易大幅衰退，突顯台灣經濟結構脆弱的一面。2019年武漢肺炎重創世界經濟，2022年俄烏戰爭加深地緣政治的動亂不安。新國際時代的到來，台灣面臨國內外環境的巨變，加上IT產業革命數位資訊時代進入新經濟體制，如何發展永發展儼然已經成為必須嚴肅思考的課題，這對我國的政治經濟體制而言將會是全新的挑戰。

從具體數據來看，從1981年到2021年的台灣產業結構與經濟成長率變化中，如圖2-1所示，可以觀察出在這段期間歷經多次的產業結構起伏變化。將近40年間的國際環境條件變化，台灣歷經了自由化、國際化以及全球化的經貿潮流，除了2001年與2008年分別遭遇國際的網路泡沫經濟、世界金融危機的衝擊之外，皆呈現正成長。中國與台灣先後加入WTO都成為世界貿易組織一員，世界正式掀起全球化的序幕，經貿交流擴大帶動經濟成長，在產業結構上也產生變化。

1981年我國農業、工業與服務業分別占全體產業的7.35%、43.81%和48.84%比例，到了1988年服務業已經超過50%，而農業的比例則大幅降低，這樣現象隨著台灣進入WTO之後更加明顯，第1級產業對經濟成長率的貢獻度逐漸式微，另一方面服務相關產業的比例則逐漸提高的趨勢成為常態。到了2021年三級產業比例分別為農業的1.48%、工業的37.84%以及服務業的60.40%，依據數據顯示我國經濟已經進入低成長階段，要恢復如過去的高成長需要更進一步的產業結構調整與產業升級才有機會。從台灣工業化發展過程來看，在1986年達到最高的46.03%，之後逐年下降，被一些研究視為已經有「脫工業化」（post-industrial society）的現象[4]。但是在2001年達到低點的28.89%之後，2021年再度攀升到將近38%左右水準，這是否會再度回到過去的高度製造業的產業結構，未來應該持續觀察[5]。台灣經濟發展型態，早期的勞力密集產業結構，再以資本密集提升到技術密集的生產方式。由於台灣在半導體等相關電機以及精密機械等產業的高競爭力，意味著知識密集相關產業將會是扮演未來產業發展的關鍵因素。構成產業結構變化原因很多，是隨經濟發展或是技術進步還是人力資源的知識創造而變化？另一個問題在於產業結構的變化機制是怎麼形成的？這在學界有很多討論，也並沒有一致的結論。面對這些疑問，從過去台灣經濟發展的觀察，我認為產業結構變化或是轉型有時候是伴隨著經濟成長產生相互關聯所呈現的樣態，這些特徵例如，資本累積、技術創新、商業模式、都市化形成以及消費型態等。從1990年代算起過去30幾年來，台灣面臨產業外移、資本流失以及國內投資下降，再加上以中國為代表的東南亞國家的競爭，在這些國際貿易條件變化下，造成國內的資本累積減緩與阻礙技術創新，往往使得產業結構的變化容易受制於國際貿易狀況而定，增添了我國經濟發展的不確定性（indeterminate）。

關於以上的論述，60年代開始對產業結構轉型與否著重在經濟體的產業構成變化、產業別的就業構成變化、農村與都市之間的人口移動以及非農業的資本與勞動比變動等特徵都有一些討論，以美國經濟學家庫茲涅茨（Simon Smith Kuznets, 1901年4月30日－1985年7月8日）最具代表，他將工業化程度視為經濟成長的動力

[4] 1962年美國社會學者Daniel Bell（1919-）提出「脫工業化社會」（post-industrial society）的概念，有些學者將社會區分為傳統社會與產業社會，而Daniel Bell將「脫工業化社會」帶入人類社會發展的第三個階段，之後經濟學者借這個名詞帶到經濟學領域裡說明產業發展狀態。

[5] 關於「脫工業化」稱呼有時候用「deindustrialization」（請參考Singh, 1977；Rowthorn and Ramasamamy, 1997），也有採用「post-industrial」，兩者在經濟意義上就有很大的不同，而當「deindustrialization」來說明「脫工業化」時，在意義上與「產業空洞化」（hollowing-out）接近，而關於台灣產業變化是屬於哪一種，需要有更多的資料與數據釐清，今後我研究團隊將持續觀察與分析這方面的變化。

（Kuznets, 1966）[6]。但是進入70、80年代之後，由於經濟生產條件與國際經濟環境都產生變化，關於這樣的議題有些研究提出不同主張。例如，經濟成長需要經過產業間相互關聯才會產生結構性的變化（Chenery,1979[7]）；產量與就業的結構變化是促進生產性提高的重要條件（Abramowitz,1983[8]）；或是主張產業結構變化與GDP成長之間的關係並非外生變數，而是由各產業的供給與需求等內部各種因素相互作用所形成的結果（Matthews et al.,1982[9]）。這些的研究論點，大部分能夠確實能夠說明台灣在80年代之前的經濟成長與產業結構的形成。但是之後經濟發展形式有了改變，由於國際經濟體制與中國改革開放政策使得國際環境條件與國內經濟結構起了很大的變化，中國投資優惠與廉價勞工的「磁吸效應」（magnetic effects）吸引國內外鉅額資本以發展經貿，成為我國在國際市場上的強大競爭對手，也減緩台灣經濟發展與產業結構調整的速度。國內的產業外移和大量資金流失對經濟產生不良影響，前者容易造成產業空洞化，後者是由於缺乏R&D資金投入，這將不利於產業升級進而造成產業結構失衡，這也反映在2000年之後，全球化雖然為我國提高貿易量，但也使得經濟結構與產業結構上的失衡，經濟成長的趨緩與不確定性的提高。

台灣初期經濟成長是透過投資與貿易出口創造就業機會與發展產業，確實反映出Petty-Clark法則現象。隨著國際市場的自由開放要求，在競爭過程中產業創新速度往往無法跟上以中國或東南亞國家等競爭對手的價格策略，對台灣在國內外的市場上產生巨大壓力，促使一部份產業外移，造成國內工作的消失超過工作的創造，經濟無法如同過去那樣地持續成長（Spence,2011[10]）。有些研究指出，90年代國際經濟環境的產業結構變化因素需以不同角度討論，提出了內生的經濟成長理論（endogenous growth theory）觀點，並透過數理模型分析產業結構，發現在消費過

---

[6] Kuznets, S. (1966), *Modern Economic Growth: Rate, Structure and Spread*, New Haven: Yale University Press.

[7] Chenery, H. B. (1979), *Structural Change and Development Policy*, New York: Oxford University Press.

[8] Abramowitz, A. I. (1983), "Partisan Redistricting and the 1983 Congressional Elections", *Journal of Politics*, 45(3), 767-770.

[9] Matthews, R.C.O., Feinstein, C., Odling-Smee, J. (1982), *British economic growth*. Oxford University Press: Oxford.

[10] Spence, M. A. (2011), *The Next Convergence-The Future of Economic Growth in a Multispeed World*. UWA Publishing.

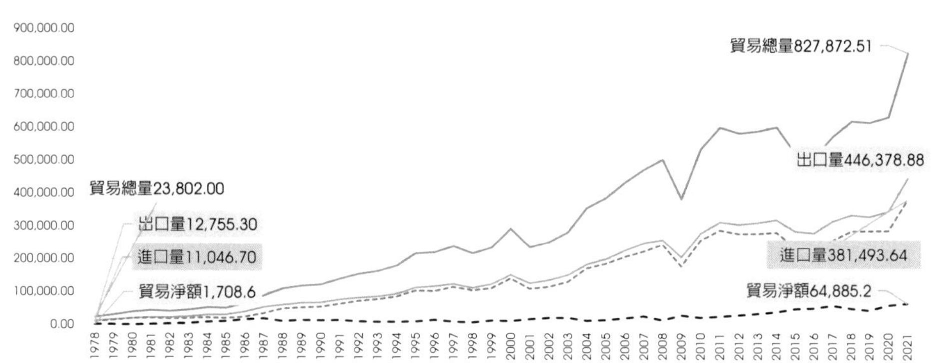

圖2-2　台灣進出口總值與貿易淨額

資料來源：總體統計資料庫（nstatdb.dgbas.gov.tw，瀏覽日2022/04/20）繪製而成。

程中所產生的所得效果與消費的相對價格效果（Matsuyama, 1992[11]; Kongsamut et al., 2001[12]）。這些資料也說明了在80年代和90年代經濟成長帶來所得的提升，以及市場開放的相互競爭產生價格的相對變化，促進產業之間要素資源再分配，這使得生產要素替代彈性越小效果就越大。也就是說，當物價變動與市場力量之間驅動結構性變化是造成生產力和所得提升的關鍵因素，當然企業R&D的技術進步也是促進產業發展的重要關鍵。

從上面台灣經濟發展可知，產業結構變化背後存在眾多因素的變化過程，在不同時期形成不一樣產業結構的變化機制，顯然「時間」也是一項重要因素。借用經濟學者Michael Spence的話，「靜態的世界觀向來具有強大吸引力。成長導向的政策所犯下的嚴重錯誤之一，便是找出一套可行的公式，然後長時間執迷其中，而不願改變」，這句話也道出經濟發展過程中，產業結構轉型是非常困難的，因為持續經濟成長與產業結構轉型之間存在著與時俱進的共同機制。

另一方面，進出口貿易已經占整體經濟結構的主要部分，使得貿易量成為產業結構變化的重要因素，圖2-2為我國1978年至2021年間的進出口變化。1978年台灣

[11] Matsuyama, K. (1992), A simple model of sectoral adjustment, *The Review of Economic Studies*, 59(2), 375-387.

[12] Kongsamut, P., Rebelo, S., Xie, D. (2001), Beyond Balanced Growth, *Review of Economic Studies*, 68, 869-882.

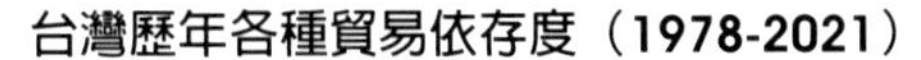

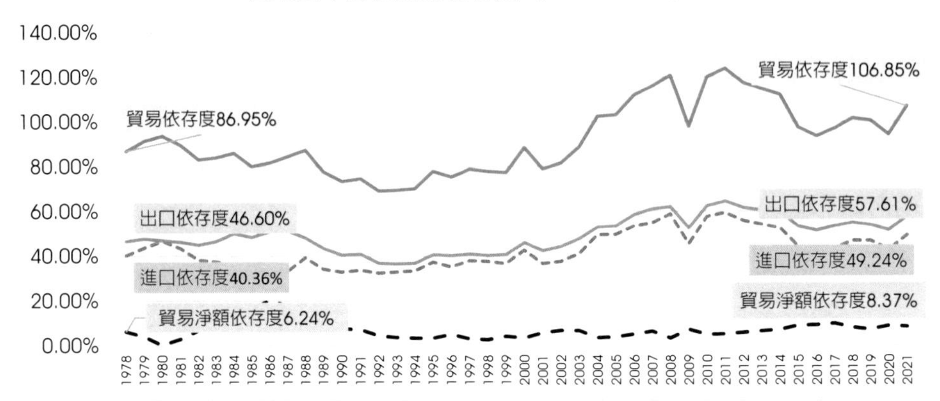

圖2-3　台灣各種貿易依存度的變化

資料來源：總體統計資料庫（nstatdb.dgbas.gov.tw，瀏覽日2022/04/20）繪製而成。

的貿易總量才238億美元的規模，之後在1985年之後，隨著台幣升值與股票市場的活絡，在貿易量呈現大幅成長，進出口的貿易已經逐漸成為台灣經濟成長的重要因素。之後，貿易金額規模更加擴大，2008年突破5,000億美元。但是隨之而來的世界金融危機重創世界經濟，造成2009年的貿易量大幅下降到3,823億美元。美國次級房貸所引爆的金融危機產生副作用超過5年，世界經濟才逐漸好轉，2018年貿易量超過6,000億美元。但隨之而來的是改變國際局勢幾件大事，美中貿易大戰，COVID-19疫情，俄烏戰爭，乃至美國眾議長裴洛西訪台引發中國實彈演習台海危機。儘管如此，台灣憑藉著高科技產業的競爭優勢，在2021年的貿易總值創下歷史新高點的8,278.72億美元，進出口分別達到3,814.93億美元和4,463.78億美元的規模。圖2-3表示貿易量與進出口占GDP產值的比例，接下來從這些比例觀察台灣的出口依存度（degree of dependence on export）、進口依存度（degree of dependence on imports）以及貿易依存度（degree of dependence on foreign trade）的變化，可以顯示貿易特質。

上圖中顯示，1978年貿易、進口和出口的依存度分別為86.95%、40.36%以及46.60%，到了2011年達到最高點，分別創下123.87%、59.37%與64.51%的高水準比例，之後這三項的依存度呈現下降趨勢，到了2021年分別為106.85%、49.24%和

57.61%，顯示台灣對貿易的依賴程度有了轉變。對外貿易依存度的轉變值得我們注意，並須要同時比對產業結構調整方向才能精準掌握未來台灣經濟的可能發展趨勢。為了能夠深入觀察各產業的結構變化，以下將延續上述的數據基礎，檢驗我國的各產業的結構變化，並分析變化因素，故建立產業關聯成長要因模型（Input-Output Growth Factor Model）[13]以利觀察1981年至2020年長期間的台灣產業變動，並比較不同時期變動因素的差異[14][15]。

經濟成長變動因素

在這裡先從全體產業的成長變動要因來觀察，表2-1為我國歷年的產業結構變化要因，前兩期是以國內最終需要、輸出以及技術投入是構成我國經濟成長與產業結構變化的三大原因。接著1989年是台灣產業結構轉型時期，在這之前的1981-1984與1984-1989的產業結構變化還是來自國內最終需要與輸出兩個因素為主所產生的效果。90年代台灣正逢股市泡沫的經濟成長假象，股市泡沫破滅正是界在1989-1994這段期間，加上我國貨幣升值持續進行，產業結構發生變化，經濟成長因素只有國內最終需要具有2,721,123百萬元的正向貢獻之外，其他包含輸出在內的其餘四項因素則對經濟成長皆呈現負效果。

---

[13] 成長要因模型是以開放競爭型的產業關聯模型為基礎，拆解兩個時間點的產業關聯模型所建立的成長要因模型，此除了模型能夠維持長時間的觀察之外，還能比較不同時期產業結構的變化。成長要因模型將配合我國主計處所公佈的I-O基本表之年份，以3年與5年為一個區間推估將近40年間經濟成長中的產業結構轉變。同時，將成長要因模型可以將產業結構變化拆解成「國內最終需要」、「輸出」、「最終財貨輸入」、「國內自給率」以及「投入技術」等五個因素，這些因素符合上述我國長期間不同階段的經濟發展與產業結構變化的分析，有助於釐清我國在不同時期所形成的結構變化因素。

[14] 主要參考林佳龍、洪振義（2022），〈台灣產業成長變動因素分析（1981-2020）：產業關聯成長要因模型之應用〉，台灣智庫working paper，這是我與其他同好研究夥伴在台灣智庫的研究成果之一，目前還持續進行中。

[15] 在決定哪種研究模型可以展現經濟成長與產業結構變化之間相關時，研究團隊認為以產業關聯表建立的成長要因模型除了可以推估經濟成長規模之外，也能夠比較各產業之間的結構變化，以及產業結構變化因素的差異程度，更有別於傳統計量經濟模型著重於少數產業的分析。

表2-1 台灣產業結構的變化要因（1981-2020）

單位：百萬台幣[16]

要因／年期	(a) 國內最終需要	(b) 輸出	(c) 最終財貨輸入	(d) 國內自給率	(e) 投入技術	合計
1981-1984	1,165,480 (44.47%)	861,110 (32.85%)	5,601 (0.21%)	33,900 (1.29%)	554,860 (21.17%)	2,620,951 (100.00%)
1984-1989	2,821,205 (71.67%)	1,125,675 (28.60%)	-261,500 (-6.64%)	-323,758 (-8.23%)	574,544 (14.60%)	3,936,166 (100.00%)
1989-1994 (股市泡沫與貨幣升值)	**2,721,123 (154.73%)**	**-42,281 (-2.40%)**	**-498,289 (-28.33%)**	**-421,983 (-24.00%)**	**-178,40 (-10.14%)**	**1,758,570 (100.00%)**
1994-1999	3,008,011 (98.98%)	418,582 (13.77%)	-2,881 (-0.09%)	-130,448 (-4.29%)	-254,407 (-8.37%)	3,038,857 (100.00%)
1999-2004 (WTO加盟)	1,720,005 (42.83%)	2,406,275 (59.92%)	-821,123 (-20.45%)	-115,080 (-2.87%)	825,921 (20.57%)	4,015,998 (100.00%)
2004-2006	3,763,647 (54.47%)	3,193,003 (46.21%)	-51,528 (-0.75%)	-35,059 (-0.51%)	39,480 (0.57%)	6,909,543 (100.00%)
2006-2011 (金融危機)	7,077,130 (96.83%)	4,562,550 (62.43%)	242,823 (3.32%)	-4,825,300 (-66.02%)	251,600 (3.44%)	7,308,803 (100.00%)
2011-2016 (後金融危機)	**-133,843 (-2.58%)**	**-3,145,846 (-60.60%)**	**732,468 (14.11%)**	**3,629,214 (69.91%)**	**4,109,537 (79.16%)**	**5,191,530 (100.00%)**
2016-2020 (COVID-19)	-3,664,753 (-204.26%)	1,346,097 (75.03%)	-361,561 (-20.15%)	831,528 (46.35%)	3,642,873 (203.04%)	1,794,184 (100.00%)

資料來源：林佳龍、洪振義（2022），〈台灣產業成長變動因素分析（1981-2020）：產業關聯成長要因模型之應用〉，台灣智庫working paper。

註：括弧（）為占該期間的百分比。

台灣歷經將近3年的股市泡沫造成的經濟衝擊之後，景氣逐漸恢復。但是1997年爆發亞洲貨幣危機以及美國LTCM（Long-Term Capital Management）的經營破綻衝擊造成國際金融市場的不穩定，使得國內企業投資一時頓挫。在1994-1999期間的國內自給率與投入係數都呈現負效果，這對經濟分別造成-130,448百萬元（-4.29%）與-254,407百萬元（-8.37%）規模損失。而在這段期間是以國內最終需要因素是帶動經濟成長的主要因素，約有3,008,011百萬元的經濟貢獻，占全體成長的98.98%，創

[16] 計算單位以百萬台幣，這是因為主計處公布歷年產業關聯表所採用的基本單位，本書採用模型為了與原資料的一致性。

下最高的比例。

接踵而來是21世紀到來，隨著「千禧年」期待的國際經貿榮景效應，各國還是充滿期待與不安的兩種心情，中國與台灣先後加盟世界貿易組織（World Trade Organization,WTO），在1999-2004期間世界更加深化國際間分工體制以及貿易的規模，促進貿易大幅度的成長。在這段期間的2004年貿易依存度高達101.93%，其中，出口對經濟成長貢獻度為59.92%，相當於2,406,275百萬元，已經超過當年度國內最終需要貢獻度42.83%的1,720,005百萬元。另外，這期間由於企業為因應國際市場競爭提升經營效率增加資本投資，投入係數也產生正面效果創造825,921百萬元，經濟貢獻度為20.57%。接下來台灣加入WTO之後的經濟效益逐漸發酵，在2004-2006期間經濟成長當中，除了出口持續增加之外，國內最終需要也大幅提高，這對經濟成長貢獻了3,763,647美元，對整體經濟成長貢獻度有54.47%。而在最終財貨輸入與自給率這兩項因素依然對經濟成長產生負面影響，分別造成經濟損失有51,528百萬元、35,059百萬元。其中，最終財貨輸入已經獲得明顯改善。另一方面，2007年揭開世界金融風暴的序幕[17]，2006-2011正處在金融危機風暴之中。從表1的數據表現來看，在金融危機前4年當中，台灣平均還超過6%的經濟成長率，但是短期上的出口遭受嚴重衝擊記憶猶新。在這段期間的國內最終需要與輸出對經濟成長創下新高，分別為7,077,130百萬元與4,562,550百萬元，這也說明了2011年之後國內消費與出口已經恢復相當水準。但是需要注意國內的自給率產生負面影響，造成高達到4,825,300百萬元對經濟損失，其規模占全體經濟的66.02%，這也意味著金融危機台灣企業對製造的不安，一部份的中間財貨或是最終財貨以進口方式取代國內製造，顯示金融危機雖然沒有立刻產生影響，但對當時經濟發展存在著「磁滯效應」（hysteresis effect）的短暫現象。金融風暴歷經四年之後，並沒有完全塵埃落定，國際上景氣低迷現象持續進行，而消費大眾的負財富效應也使得國內消費趨於保守，國際貿易呈現大幅衰退，從表2-1的數據可以得知。

在世界金融危機尚未完全恢復之際，2011年日本爆發大地震、大海嘯以及核電廠爆炸的複合式災害，震驚全世界。在2011-2016期間，國內最終需要與輸出是阻

[17] 一般對此次的世界金融危機爆發以2008年雷曼投資銀行倒閉為起點，但是事實上在2007年下半年就已經暴露出第五大券商貝爾斯登（Bear Stearns）經營危機，被視為這次金融危機的引爆點。

礙經濟成長的兩大因素，造成經濟損失規模分別達到133,843百萬元與3,145,846百萬元，這是80年代以來未曾有的現象。金融危機等國際事件的經濟衝擊說明台灣經濟結構與產業結構的脆弱，企業提升自給率與投入生產技術因應，也形成這個時期帶動經濟成長最大的因素，其經濟規模分別為3,629,214百萬元、4,109,537百萬元，貢獻度則為69.91%與79.16%。

從2016年的國際股市，匯率市場或是歐盟一些國家財政改善等經濟表現，明顯已經擺脫2008年金融危機的影響，平靜的國際經濟環境並沒有維持很久。2017年揭開了美、中貿易談判序幕，至今尚未解決彼此之間的政治經濟癥結，世界第一與第二經濟體之間的貿易對抗的結果將波及全球經濟的穩定，國際經濟投下一顆不穩定的因子。美、中之間政經矛盾尚未解決，在2019年底在中國武漢爆發冠狀病毒造成COVID-19大流行，重創世界經濟規模，影響所及超出過去經驗的想像。從第二次世界大戰之後所引發的國際事件大多在於地緣政治衝突，石油危機，金融風暴或是重大天然災難等外部衝擊，雖然也有發生過多次病毒或是毒氣的傷害，但是被控制在局部區域或是特定部門範圍之內。COVID-19大流行涵蓋範圍，地理上幾乎是涵蓋全球，經濟上從生產、流通到消費的全面性受挫，社會民生活動的停頓，更造成數百萬人生命健康的喪失等，無從估算這些損害究竟有多大。諷刺的是，人類貪婪與霸權橫行，2022年2月與8月爆發了俄烏戰爭、中國在台灣四周實施軍事實彈演習，造成地緣政治的國際局勢緊張，直到現今（2022年9月）都還在進行中。

2019年底疫情爆發之初，台灣基於過去經驗以及對中國資訊的掌握，小心翼翼提前佈署防疫工作，並採取各項嚴格防範措施，將疫情可能造成傷害降至最低，為台灣的經濟社會提供將近1年半時間能夠安定生活，以及企業持續推動生產活動的環境。換言之，COVID-19大流行雖然對民生社會活動和消費上造成嚴重影響，並重挫國內相關產業的經濟活動，也因為在國人極力配合之下，使得防疫相關單位以及醫療人員的努力可以有效控管，這段期間地整體經濟還是呈現正向成長，這可從表1的數據獲得證實[18]。

[18] 雖然疫情與俄烏戰爭尚未停止，但基於主計處資料公布時間，以最新數據為基礎，只能推算到2020年，後續影響評估台灣智庫研究團隊將持續進行。

產業結構變化的因素存在著獨自的特性與競爭力的差異，因此接下來將依不同時期的產業關聯表整合為七大部門[19]，觀察不同產業特質在不同經濟發展時期的成長變化因素。

國際匯率變化與國內股市泡沫的產業成長變化因素（1989-1994）

80年代中期之後，很多國家對美元貨幣呈現大幅升值趨勢，從表2-2可以確認當時匯率變化與股市泡沫對產業成長的影響程度。在貨幣升值[20]與股市活絡下，國人消費能力提升，也造就了國內最終需要的增加，其中以服務業成長最為明顯，對此時期經濟成長增加了2,790,446百萬元，貢獻本期經濟成長約176.62%，這是由於財富效應所產生的結果。國人購買力上升，除了在服務相關產業上消費之外，對農業、食品加工業與基礎建設關聯產業的需求也跟著增加。但是進入90年代初期的股市泡沫破滅的經濟衝擊，對經濟也開始產生負面的影響，其中以輕工業關聯產業減少578,511百萬元為最多，化學關聯產業與機械關聯產業分別減少489,223百萬元，255,076百萬元，而造成這三部門產業負成長來自出口、最終財輸入、自給率以及投入技術等四項因素。由於台幣升值，加速生產成本壓力大的傳統產業（輕工業關聯產業）外移至中國或東南亞國家，這是此時期產業結構變化的一大特徵。

19　行政院主計處因不同時期調整產業別數量，故每3年或是5年的I-O基本表產業並不一致，本研究為了導入成長要因模型模型，需經過產業整合，實質化之後，再推估實質化之後的投入係數、Leontief逆矩陣。為了觀察產業別，依其產業特質再整合為七大部門，分別為農業、食品加工業；輕工業關聯產業；化學關聯產業；鐵、非鐵關聯產業；機械關聯產業；基礎建設關聯產業；服務關聯產業。例如，2001年與2006年基本表分別為162部門與166部門，將2006年整合為162部門之後，再以2001為基準年，2006年為比較年，經過實質化再整合為七大部門。另外，2020年的產業關聯基本表是結合主計處公佈各種總體經濟指標、年度產業產值、各產業貿易等相關數據推估編制，再帶入模型計算。

20　台幣升值係受到1985年廣場協議（Plaza Accord）的影響，以美國為首，加上日本、德國、法國以及英國的財政部長和央行總裁（通稱G5）於紐約廣場飯店（Plaza Hotel）達成協議，聯合干預外匯市場，誘導美元對主要貨幣的貶值，當時美國透過美元貶值提升出口競爭力以改善國際收支。

表2-2 國際匯率變化與國內股市泡沫的產業成長變化因素

單位：百萬台幣

年期＼要因	(a) 國內 最終需要	(b) 輸出	(c) 最終財 輸入	(d) 國內 自給率	(e) 投入技術	合計
1. 農業、食品加工業	3,078	3,962	3,558	16,862	-3,845	23,614
2. 輕工業關聯產業	3,897	-182,723	-108,256	-104,830	-186,600	-578,511
3. 化學關聯產業	76,211	-8,300	-74,091	-102,229	-380,812	-489,223
4. 鐵、非鐵關聯產業	178,302	22,836	-24,042	-27,624	-149,977	-506
5. 機械關聯產業	175,584	-39,049	-200,244	-83,201	-108,167	-255,076
6. 基礎建設關聯產業	180,592	-49,394	-37,756	-15,952	11,694	89,185
7. 服務關聯產業	2,103,460	210,387	-57,458	-105,009	639,067	2,790,446
合計	2,721,124	-42,281	-498,289	-421,983	-178,640	1,579,930

資料來源：林佳龍、洪振義（2022），〈台灣產業成長變動因素分析（1981-2020）：產業關聯成長要因模型之應用〉，台灣智庫working paper。

加入WTO前後的產業成長變化因素（1999-2004）

台灣加盟WTO之前需要有所準備，以因應帶來未來產業的機會與衝擊，政府與企業必須認識到國際貿易條件即將改變，產業技術的提升是強化競爭力的必要手段。從表2-3的數據可以明顯看出，除了基礎建設關聯產業之外，投入技術的提升對經濟成長增加了825,921百萬元規模，相當於該期間產業成長貢獻度的20.57%。在WTO體系下國內外貿易更加自由化，透過國際分工和三角貿易（triangular trade）關係，大量進口中間零件，同時出口組裝完成品到消費市場，雖然增加整體貿易總額，但也促使國內產業自給率的下降。產業自給率的降低將衝擊國內產業生產，進而影響相關產業的就業與減少所得，從表2-3中可知，在這期間對出口與進口都產生影響，前者增加了2,406,275百萬元，後者則帶來821,123百萬元損失。所以對整體經濟而言，台灣加盟WTO在貿易淨效果上來看還是巨大的。

一旦加盟WTO，必須遵守國際組織所制定的各種規範，自由競爭以及沒有歧視前提的自由貿易體制對台灣衝擊最大產業在輕工業與農業，兩產業部門的經濟損失分別為438,509百萬元、58,225百萬元規模。另外，此期間成長最大的產業為服務關聯產業和化學關聯產業，各有1,656,732百萬元和1,524,347百萬元，各占41.25%、37.96%期間的成長貢獻度，又以出口增加最大的機械關聯產業，創下了1,186,666百萬元規模，占全體出口總額的49.32%。

表2-3　加入WTO前後的產業成長變化因素

單位：百萬台幣

年期＼要因		(a) 國內 最終需要	(b) 輸出	(c) 最終財 輸入	(d) 國內 自給率	(e) 投入技術	合計
1.	農業、食品加工業	-35,018	5,061	-9,701	-24,161	5,594	-58,225
2.	輕工業關聯產業	-176,850	-195,954	-46,160	-37,405	17,860	-438,509
3.	化學關聯產業	527,640	685,455	-51,234	57,385	305,101	1,524,347
4.	鐵、非鐵關聯產業	179,083	210,000	-29,666	-68,310	169,790	460,898
5.	機械關聯產業	214,784	1,186,666	-589,099	-67,214	117,194	862,331
6.	基礎建設關聯產業	17,196	34,334	-7,039	-291	-35,776	8,424
7.	服務關聯產業	993,171	480,712	-88,225	24,916	246,159	1,656,732
合計		1,720,006	2,406,275	-821,123	-115,080	825,921	4,015,999

資料來源：林佳龍、洪振義（2022），〈台灣產業成長變動因素分析（1981-2020）：產業關聯成長要因模型之應用〉，台灣智庫working paper。

2008年金融風暴期間的產業成長變化因素（2006-2011）

從表2-4無法看出金融危機爆發期間對台灣經濟衝擊程度，反而是呈現表現亮麗的正成長，主要原因是重大影響期間集中在2008年下半到2009年之間的短期效應。加上當時政府提出各項貨幣政策以及巨額的振興計畫等[21]，舒緩一部份的經濟損失。所以基礎建設關聯產業的國內最終需要增加了1,037,800百萬元規模，整體的國內最終需求提升了7,077,130百萬元，同時在這個部門的技術投入所產生的效果也有3,141,000百萬元，這在本期間其他部門所沒有的現象。金融危機衝擊較為沉澱之後，台灣最具優勢的出口競爭力使得輸出額增加了4,562,550百萬元，以機械關聯產

[21] 例如，推動4年總經費5,000億元以擴大公共建設為目的「振興經濟擴大公共建設投資計畫」；調降貼放利率；856.5億元的「消費券特別預算」等措施。

業與化學關聯產業的成長最為顯著，分別增加1,611,540百萬元，1,295,740百萬元。另外，金融風暴期間國內自給率下降所產生的經濟損失高達4,825,300百萬元，這說明了世界金融危機的衝擊提升了企業經營風險控管意識，除了與基礎建設或是相關的鐵、非鐵關聯產業之外，在技術投資上都趨於保守，呈現負成長。

這段期間國際上瀰漫在金融風暴引發的一些國家的金融與財政危機，亞洲幾個主要出口國也遭受短暫強力衝擊，一時失業率提高，以及重挫經濟成長率。經過一段時間後雖然餘波盪漾，但衝擊力道已經大幅下降，帶動世界經濟成長的亞洲持續進行，進入後金融危機的成長階段。

表2-4　金融風暴期間的產業成長變化因素

單位：百萬台幣

年期＼要因		(a) 國內最終需要	(b) 輸出	(c) 最終財輸入	(d) 國內自給率	(e) 投入係數	合計
1.	農業、食品加工業	338,800	90,300	1,647	-150,900	-536,600	-256,753
2.	輕工業關聯產業	142,520	68,380	-9,108	-101,500	-206,800	-106,508
3.	化學關聯產業	1,196,290	1,295,740	-29,551	-1,386,400	-326,200	749,879
4.	鐵、非鐵關聯產業	604,430	642,080	54,937	-552,100	490,300	1,239,647
5.	機械關聯產業	1,358,910	1,611,540	155,142	-1,923,400	-198,600	1,003,592
6.	基礎建設關聯產業	1,037,800	134,270	1,291	-149,700	3,141,000	4,164,661
7.	服務關聯產業	2,398,380	720,240	68,465	-561,300	2,111,500	514,285
合計		7,077,130	4,562,550	242,823	-4,825,300	251,600	7,308,803

資料來源：林佳龍、洪振義（2022），〈台灣產業成長變動因素分析（1981-2020）：產業關聯成長要因模型之應用〉，台灣智庫working paper。

後金融風暴的產業成長變化因素（2011-2016）

歷經3年金融危機後的經濟衝擊，台灣在產業結構上有了變化，從主計處的資料庫數據顯示，2009年之後製造業比例提升以及服務業比例下降，從前面台灣三級產業結構與經濟成長率變化來看，直到2021年還是維持這樣的趨勢。表2-5中顯示，這段期間對經濟成長貢獻最大還是服務關聯產業，但是由於金融危機造成負財富效

表2-5 後金融風暴的產業成長變化因素

單位：百萬台幣

要因 年期	(a) 國內 最終需要	(b) 輸出	(c) 最終財 輸入	(d) 國內 自給率	(e) 投入技術	合計
1. 農業、食品加工業	367,419	382,091	21,653	70,897	-31,573	810,486
2. 輕工業關聯產業	-333,224	123,754	47,164	68,466	237,479	143,639
3. 化學關聯產業	-395,225	-1,680,829	-20,315	1,908,313	493,731	305,676
4. 鐵、非鐵關聯產業	-147,539	-410,930	56,521	225,011	283,825	6,889
5. 機械關聯產業	-387,105	-607,645	424,899	708,814	1,318,058	1,457,021
6. 基礎建設關聯產業	-494,550	-401,695	40,578	207,639	310,365	-337,664
7. 服務關聯產業	1,256,380	-550,592	161,966	440,075	1,497,651	2,805,481
合計	-133,843	-3,145,846	732,468	3,629,214	4,109,537	5,191,530

資料來源：林佳龍、洪振義（2022），〈台灣產業成長變動因素分析（1981-2020）：產業關聯成長要因模型之應用〉，台灣智庫working paper。

應（negative wealth effect）與大量失業，促使服務關聯產業的成長速度趨緩。企業為因應金融危機衝擊以及國際原油價格大漲的成本提高，致力於生產技術的提升以維持競爭力，其中以服務關聯產業和機械關聯產業最明顯，分別創造了1,497,651百萬元與1,318,058百萬元的經濟規模。另外，金融危機爆發之初的振興經濟擴大公共建設投資已經結束，經濟景氣尚未完全恢復之際，基礎建設關聯產業呈現337,664百萬元的負成長，雖然政府透過一些公共支出以帶動部分的經濟效果之外[22]，民間企業在這方面投資還是趨於保守。

本期間結構變化因素主要來自國內最終需要與輸出的大幅衰退，分別減少了133,843百萬元和3,145,846百萬元。一直以來國內最終需要與輸出是帶動台灣經濟成長的兩大因素，而形成負成長現象是除了70年代石油危機之外不曾發生過，這也是刺激企業極力投入技術提升維持競爭力的重要原因。而在製造業方面呈現正成長，特別在農業與輕工業皆有810,486百萬元與143,639百萬元的成長規模。機械關聯產業是台灣主要發展產業，儘管此期間的國內最終需要與輸出成現少有的負成長現象，

[22] 請參考Hong and Li (2015)。

但在最終財輸入、自給率以及投入技術三個因素帶動下，整體增加了1,457,021百萬元規模，此部門占了全體經濟成長的28.07%，經濟表現可說依然亮麗。

COVID-19爆發的產業成長變化因素（2016-2020）

2016年的國際經濟表現可視為是金融危機塵埃落定的時刻，然而卻是新時代即將來臨的風雨中的寧靜。如前所述，接踵而來的是美中貿易戰爭的開始，印太戰略發足[23]，COVID-19大流行，俄烏戰爭以及中國導彈演習等，這些不只是國際政治經濟的衝突，而是國際政治經濟結構層級的調整，本書定性這是一個新時代新經濟的開始，本期的產業成長變化即是處在新時代前沿的觀察。

COVID-19爆發，影響最大的經濟活動在於民生社會與貿易活動，國內最終需要遭受史無前例的重創規模，高達3,664,753百萬元的減少，也影響了最終財輸入，這可從表2-6中得知。值得注意的是，疫情危機竟使台灣的產業成長因素中的輸出，國內自給率以及投入技術這三項都呈現正成長，其中投入技術因素高達3,642,873百萬元，這也證明了台灣產業競爭力，產業出口也創造了1,346,097百萬元的經濟貢獻。當疫情發生之際，影響國際分工的製造，特別是醫療相關產業已經構成國家安全的問題，台灣也提出關於確保關鍵物資供應的民生及戰備產業的規劃，透過民間合作，在各種緊急時刻提供國家社會所需要的民生或是戰備關鍵物資，從口罩到醫療及民生用品，也從能源到糧食供應，建立以國產為主的產業鏈。武漢肺炎爆發之初，國內口罩非常匱乏，當時佳龍擔任交通部長，積極協助台中地區的精密機械業者建立口罩國家隊，在極為短暫時間內建立生產線，並達到充分滿足國內需求，行有餘力並支援國際其他國家，推動人本主義價值的外交。

COVID-19危機並沒有打垮台灣的經濟社會，反而激起國人的患難中相扶持的精神，疫情控制得宜，經濟衝擊降到最低，民生社會以及經濟活動得以順利運轉，2020年台灣全年的經濟成長率為2.98%，這是所有已開發國家中表現最好的成績，隔年的2021年經濟成長率更達到6.28%，也創下11年來的新高紀錄。

---

[23] 美國在2017年12月18日公布《美國國家安全戰略報告書》（National Security Strategy, NSS）揭示印太戰略，之後延續發展「四方安全對話」（Quad），「印太經濟架構」（IPEF）等自由民主體制國家的地緣政治與經濟的結盟。

表2-6 COVID-19爆發的產業成長變化因素

單位：百萬台幣

年期＼要因	(a) 國内 最終需要	(b) 輸出	(c) 最終財 輸入	(d) 國内 自給率	(e) 投入技術	合計
1. 農業、食品加工業	-67,601	7,359	3,511	19,893	-77,959	-114,796
2. 輕工業關聯產業	-658,268	49,986	2,807	8,985	25,233	-571,257
3. 化學關聯產業	-962,087	156,416	-5,162	4,707	-332,920	-1,139,047
4. 鐵、非鐵關聯產業	-309,070	101,797	-40	58,233	-52,075	-201,155
5. 機械關聯產業	-3,896,398	567,997	-351,350	585,032	3,923,425	828,705
6. 基礎建設關聯產業	-23,019	29,432	-5,190	4,449	-280,558	-274,886
7. 服務關聯產業	2,251,690	433,110	-6,137	150,230	437,727	3,266,619
合計	-3,664,753	1,346,097	-361,561	831,528	3,642,873	1,794,184

資料來源：林佳龍、洪振義（2022），〈台灣產業成長變動因素分析（1981-2020）：產業關聯成長要因模型之應用〉，台灣智庫working paper。

主要高科技產業的技術創新

上面所談論的COVID-19爆發之後台灣經濟好表現受到國際肯定，其中重要原因是高科技產業帶動整體產業發展的結果，這可以從表2-7中的推估結果獲得證明。表中這五大產業部門的總成長規模為2,561,423百萬元，這相當於全體成長的1.43倍（=2,561,423百萬元/1,794,184百萬元），可見當疫情衝擊其他產業造成經濟損害時，這些高科技產業的製造為我國創下了高附加價值的經濟效果，特別是電子與半導體相關產業的貢獻。

表2-7 主要高科技的產業成長變化因素

單位：百萬台幣

年期＼要因	(a) 國内 最終需要	(b) 輸出	(c) 最終財 輸入	(d) 國内 自給率	(e) 投入係數	合計
1. 半導體	-288,986	162,060	-218,340	-171,579	1,488,744	971,899
2. 被動電子元件	-14,159	7,817	-9,409	-4,341	84,851	64,759
3. 光電材料及元件	-94,267	68,613	32,904	55,401	503,336	565,987

年期 \ 要因		(a) 國內最終需要	(b) 輸出	(c) 最終財輸入	(d) 國內自給率	(e) 投入係數	合計
4.	其他電子零組件	-291,826	56,772	22,464	576,971	649,508	1,013,889
5.	發電、輸配電機械	-80,486	4,631	112	2,274	18,357	-55,111
合計		-769,724	299,893	-172,269	458,726	2,744,796	2,561,423

資料來源：林佳龍、洪振義（2022），〈台灣產業成長變動因素分析（1981-2020）：產業關聯成長要因模型之應用〉，台灣智庫working paper。

疫情期間國內對高科技產業的需求也產生嚴重影響，減少了將近769,724百萬元，其中對電子零組件和半導體相關產品的影響較大。由於國際上對半導體的需求旺盛，透過進口相關中間產品需求大增，使得半導體相關的最終財輸入與國內自給率對經濟成長產生負面影響，其規模分別有218,340百萬元、171,579百萬元。儘管如此，半導體強大的技術能力，在投入係數因素的優勢下創造了1,488,744百萬元的經濟成長。另一方面，電子零組件的成長模式與半導體不同，最終財輸入與國內自給率都呈現正成長，其總規模為1,013,889百萬元。本期的高科技相關產業以發電、輸配電機械相關部門受到疫情影響最大，在國內最終需要就減少了80,486百萬元。

台灣高科技產業的感應度係數與影響力係數的變化

儘管COVID-19重創各國經濟，台灣經濟的好表現原因在於高科技產業的競爭優勢，這可以從90年中期到疫情爆發後的各項數據表現得到具體說明。表2-8是高科技產業的感應度係數與影響力係數的歷年變化，這兩項指標可以做為評估市場競爭力。從1996年到2020年間，高科技產業的感應度與影響力係數的變化雖有起伏，但前後比較之下都呈現上升，這5部門產業在市場上對其他產業都具有很大的影響力（大於1）之外，也同時受到其他產業感應度（大於1）也很大，這意味著這些產業的重要性大幅提高。由於科技創新日益精進，面對國內外消費市場需求，而這些部門為了維持經爭力也逐漸由資本密集產業特質轉型為資本與知識密集產業型態。這也是台灣的科技產業能夠在新經濟時代能夠佔一席之地的重要因素，也反映在前面表2-7中技術投入產生巨大經濟效果。

表2-8　台灣高科技產業感應度與影響力係數（1996-2020）

半導體	影響力係數	感應度係數	光電及元件	影響力係數	感應度係數
2020	1.4265844	3.9699758	2020	2.0654716	2.3544363
2016	0.764153	2.507278	2016	1.240623	1.067483
2011	0.999398	2.578289	2011	1.218048	0.926003
2006	1.047009	2.737054	2006	1.237846	1.045316
2001	1.114998	2.361689	2001	1.36083	0.923309
1996	1.052911	2.262292	1996	1.230928	0.701456
通訊傳播設備	**影響力係數**	**感應度係數**	**電子零組件**	**影響力係數**	**感應度係數**
2020	1.8274886	1.4074206	2020	1.8163407	2.4935171
2016	1.150371	0.578487	2016	1.112075	1.36529
2011	1.136606	0.450644	2011	1.255734	1.076722
2006	1.225528	0.429895	2006	1.178807	1.157583
2001	1.258042	0.441685	2001	1.130983	1.364758
1996	1.218878	0.467857	1996	1.184067	1.30442
發電輸電配電	**影響力係數**	**感應度係數**			
2020	1.9387817	1.5846888			
2016	1.197591	0.847883			
2011	1.27871	0.723063			
2006	1.427648	1.094408			
2001	1.240223	0.848657			
1996	1.250494	0.801043			

資料來源：林佳龍、洪振義（2022），〈台灣產業感應度與影響力變化之分析（1996-2020）〉，台灣智庫 working paper。

台灣高科技產業替代係數與加工度係數的變化

高科技產業競爭力指標除了上述兩種係數之外，還可以從替代係數與加工度係數的水準來觀察，表2-9可以比較2016年與2020年間的變化。替代係數可以判斷市場需求趨勢，加工度係數則反映產業成本高低，影響附加價值的多寡。替代係數越高（大於1）代表市場擴大增加生產；加工度係數越低（小於1）表示產業成本越低，附加價值提高增加利潤。在替代係數變化上表現越來越大，國內外市場的需求越多，這在疫情期間國外需求大幅增加可以得到驗證。而在加工度係數的變化呈現不一致的表現，除了發電及配電相關產業之外，其他都還處在高利潤水準（小於1）。

表2-9　台灣高科技產業替代係數（R）與加工度係數（S）（1996-2020）

半導體	替代係數（R）	加工度係數（S）	光電及元件	替代係數（R）	加工度係數（S）
2020	1.486736	0.81377	2020	1.351515	0.832516
2016	0.872397	0.736417	2016	0.842875	0.052772
通訊傳播設備	**替代係數（R）**	**加工度係數（S）**	**電子零組件**	**替代係數（R）**	**加工度係數（S）**
2020	1.81882	0.615257	2020	1.844388	0.68468
2016	0.892867	0.4046	2016	0.876966	1.650623
發電配電	**替代係數（R）**	**加工度係數（S）**			
2020	0.931595	1.02233			
2016	0.756698	1.144417			

資料來源：林佳龍、洪振義（2022），〈台灣產業替代與加工度變化之分析（1996-2020）〉，台灣智庫 working paper。

將上表的係數繪製成象限圖，這可以更清楚看出高科技產業的變化程度。圖2-4在2016年時，電子零組件與發電配電部門座落第二象限（R<1,S>1），顯示當時的市場需求沒有明顯增加趨勢，而成本部位較高，沒有產生很高的附加價值。而半導體、通訊傳播設備和光電及元件等三部門則在第三象限（R<1,S<1）上，此區位表示產業在市場需求上沒有明顯增加趨勢，但具備成本優勢提升企業的附加價值。2020年疫情蔓延國際之際，除了發電配電部門還是停留在第二象限之外，其餘四項的高科技產業移動到第三象限（R>1,S<1），這表示產業市場需求擴大的同時，也能兼顧附加價值的提升，這是企業競爭力促使高科技產業移動到更佳的棲位。

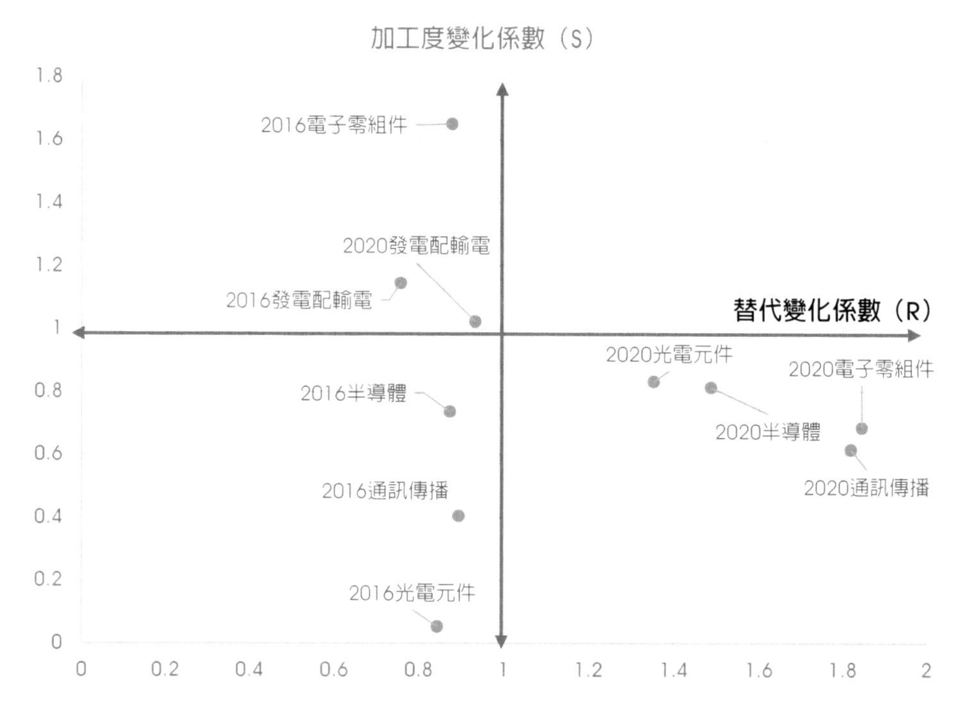

圖2-4　高科技產業替代係數（R）與加工度係數（S）的變化

資料來源：表2-9，林佳龍繪製。

台灣經營之神

王永慶

1954年王永慶申請美援貸款投資生產PVC塑膠粉，創立福懋公司，之後更名為台灣塑膠公司。由於當時只以一次加工的塑膠產銷無法擴展企業經營，於是王永慶決定在1958年成立南亞塑膠公司，投入塑膠的二次加工，台塑生產的PVC塑膠粉取得疏通管道。之後為了進一步拓展塑膠產品市場，在1963年成立三次加工的新東塑膠加工廠，主要為生產各式各樣的民生必需品，並為當時的台灣創造大量出口的機會（參照wikipedia.org），至此王永慶建立完整塑膠三級加工產業鏈工程，為台塑集團的塑膠王國揭開序幕。石化及塑膠產業的衍生產品在日常生活中可或缺的重要產業，除了滿足國內需求之外，也提供到國際市場，如同本書在第二章我國經濟成長要因分析中指出，化學關聯產業發展扮演重要角色。王永慶以台塑的塑膠工業為起點，奠定原料及加工基礎之後，將公司集團更朝向產業垂直整合，邁向多角化經營。

台塑集團事業成就很大部分來自王永慶的企業經營哲學，他認為「理念就是生產力，是要有追根究柢的精神，凡事合理化，止於至善」（〈王永慶經營學理念即生產力〉，《亞洲周刊》，2007年24期）。點點滴滴的「合理化」是王永慶經營理念核心之所在，為了讓台塑全體員工都能達成目標理解這個道理，他認為需要建立「制度」。因此，王永慶為了企業的永續經營，落實企業集團的經營權與所有權分離建立「制度」，以傳承規劃股權避免家族經營成為企業發展絆腳石。王永慶以制度經營企業使得台塑集團事業持續發展，橫跨塑膠、煉油、石化、纖維、紡織、電子、能源、運輸、重工、生物科技、醫療、教育等各種領域（參照wikipedia.org）。

Ch3

數位資訊科技與社會經濟
——進入新經濟時代

在過去20年當中，國內眾多議題就常常提出台灣將面臨高齡化與少子化人口結構問題，這些會隨著經濟社會環境的變化對社會生活以及經濟活動產生重大影響。為了解決這些問題，既存的社會與經濟之運作機制也必須做適度調整，除了貫徹合理化，效率化之外，如何面對今後整體社會經濟體系的生產性、多樣性以及信賴性的要求，在此基礎之下能否建立具有創造性的社會經濟體系也是我們必須正視的課題。21世紀初期在高科技半導體產業發展帶動網際網路之應用，掀開科技資訊新時代的來臨[1]，一些主要的先進國家也紛紛開始制定IT（Information Technology）相關產業的國家戰略目標[2]。由於數位科技的進步與創新，使得資訊取得與傳遞的模式有了革命性的改變，數位資訊的靈活應用將拉近政府、企業以及家庭之間距離，如何建構一個完善的社會經濟生態系已經是我國進入新經濟劃時代的重大課題。2020年蔡英文總統提出「六大核心戰略產業」中，強調資訊及數位產業的重要性，將透過研發新世代半導體技術建構AIoT之應用場域，善用台灣高科技產業優勢籌組5G國家隊，強化ICT技術創新，將台灣塑造成為智慧型的國家與國際5G供應鏈的核心基地，建立世界級的應用場域。

本章探討新興產業的數位資訊科技將會為我國未來的社會經濟面向帶來怎樣的改變，而在這之前則須先行確認過去資訊技術的發展型態。由於我國的數位資訊科

[1] 雖然在2000年3月至2001年之間，美國科技股為主的NASDAQ（那斯達克綜合指數）大幅下跌，引發網際網路泡沫，但是之後反而激起另一波的網際網路的商業活動的榮景，加速了科技創新與應用的步伐。

[2] 例如鄰國日本在2001年制定「e-Japan戰略」（世界最先端的IT國家）；2006年「IT改革戰略」；2010年邁向「u-Japan」的國家目標（ubiquitous network的社會體制建立）；2015年的「i-Japan戰略2015」都是因應數位資訊革命的到來提出的政策與戰略目標。

技能力是隨著世界各國經貿發展逐漸累積的，有其必要從過去的發展過程觀察此產業的發展模式，再分析對未來台灣經濟與社會的影響。

台灣資訊科技的發展模式

一國產業技術進步會面臨兩個問題，一個是技術變化是緩慢的，另一個是技術的選擇問題。在資金資不足的後進國家（late comer）如何決定資本的合理配置對未來的經濟發展至為重要。而在各種可能的計畫當中，如何選擇最合適的項目則需要具備完善的投資評估機制以做為產業部門之間的投資分配和生產部門的技術選擇的基準。過去我國的經濟社會歷經了技術以及低度發展（technology and underdevelopment）的惡性循環，當時的經濟策略是「以農業培養工業，以工業發展農業」，希望達到工業部門的技術變化影響農業發展，達成兩大部門之間的生產要素移動產生（雨露）均霑效果（Trickle-down effect），並在技術的雙重（technological dualism）理論下初步完成台灣的工業化。

台灣產業技術的發展歷經了「追趕型工業化過程」（the catch-up process of industrialization），其中資訊相關產業就是一個典型代表。經濟發展之初的台灣是屬於後進國與後進工業國（late-starting industrializer），透過經濟追趕過程以縮短工業化時程，並減少與先進國家的所得水準落差。此階段在政策指導之下，透過政府體系下的金融機構協助企業建立起產業的組織架構，包含政府與民間，產業的組裝端與供應端之間的資訊共有系統。參與這時期的經濟活動，除了本國企業資本之外，還來自歐美及日本等先進國家的海外投資，當時台灣相對經濟發展程度相對落後與資金不足，政策性的外資優惠措施確實吸引國際企業來台投資。從產業組織論的觀點來看，引起國際企業的海外直接投資誘因有①促進企業的競爭優勢②可以處於市場不完全性，造成競爭的排除效果③生產據點的多元化，具有分散風險的效果（Hymer, 1960）[3]，在此同時國際企業將提供企業內部的經營資源，促成技術的國際移轉效果，可以改善我國的社會福祉。在進入生產的工業化過程中，從技術密集

[3] Hymer, S. H. (1976). "The international operations of national firms, a study of direct foreign investment." The MIT Press.

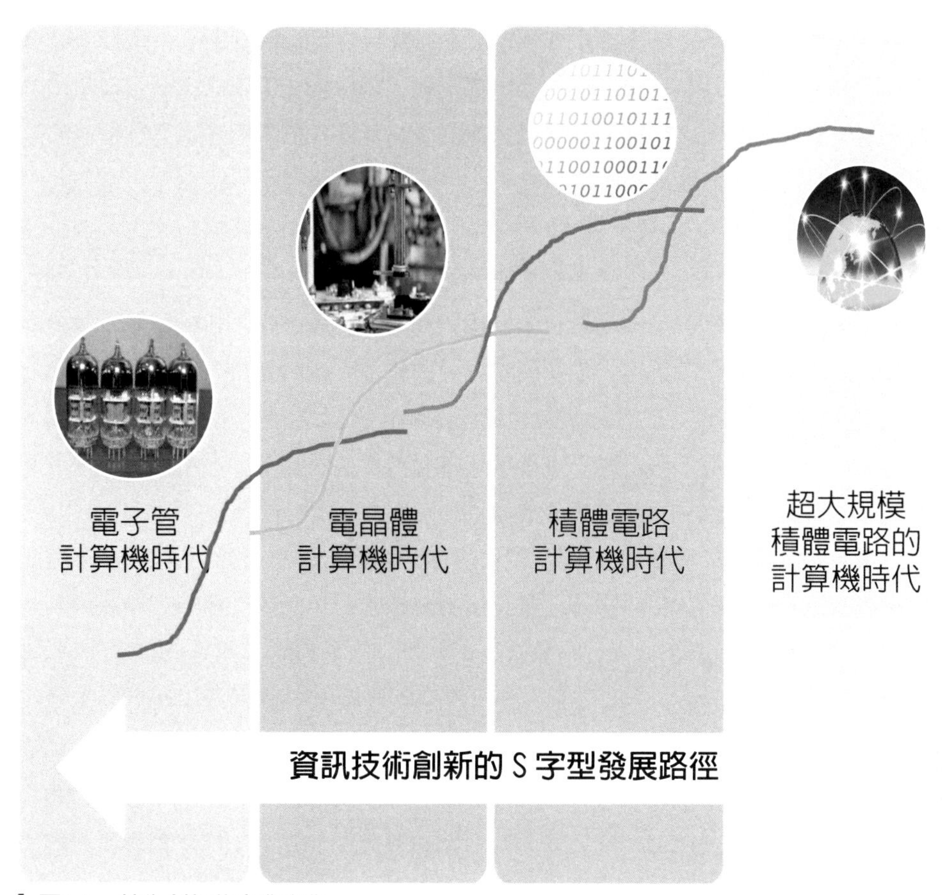

▎圖3-1 技術創新的產業進化

度較低的勞力密集產業逐漸發展為輸入替代與國內生產的經濟體制，導入先進工業國家已開發完成的各項技術與知識節省產業發展的資金與時間，而具備生產技術能力對台灣產業而言是透過先進國家的技術移轉（technology transfer）[4]與技術形成（technology formation）[5]以奠定工業化的基礎。技術變化與產業結構變化之間存在

---

[4] 來自先進國家的技術移轉方式有幾種型態，主要為①透過政府及公部門機關無常的技術協助②基於技術合約技術許可證的提供③以直接投資方式參與台灣企業的經營④以統包契約（full-turnkey contract）的生產設備，安裝以及技術指導等之方式。

[5] 由於各產業特質的不同，在技術形成的種類也呈現不一樣，依其生產技術可分成三種①製品技術②生

密切關係（Dosi, 1982）[6]，以技術移轉方式達到技術變化是帶動過去台灣經濟發展的重要因素。而技術往往是經過無數的替代過程中產生變化，新的技術也常常由舊技術經過改良而成的，技術創新是一個持續的或是週期性的現象，從過去台灣的經濟發展過程也可以觀察這樣的軌跡形成。

圖3-1是以技術變化分析產業發展頗具盛名的S字型技術發展模型，說明技術發展軌跡歷經開發，成長以及成熟等過程（Freeman et al., 1982）[7]。這是始於技術創新與聚集，透過「創新的聚集」的新技術應用於市場，而產業「創新的集聚」效應造成新舊技術之間的就爭關係。「創新的聚集」與傳播的同時進行，引發後進技術的模仿與採用或是透過改良逐漸降低競爭關係，此時已達到S字型曲線上方臨界點，意味著先前的技術創新效應已經失去優勢，唯有再次以新技術開發創造另一條新的S曲線，如圖3-1所描繪的眾多S曲線交疊型態[8]。

我國新經濟社會的願景與數位資訊科技的發展息息相關，從過去技術產業發展的經驗與文獻的研究結論可以掌握一定程度的未來趨勢。英國經濟學者馬歇爾說：「自然不是飛躍的」（natura non facit saltum），但是熊彼德則認為經濟主體可以透過技術創新（innovation）以非連續的方式達到經濟發展，特別適用在近年來數位資訊科技快速發展之下的經濟社會體制。過去傳統方式的經濟發展對我國而言已經走到了盡頭，面對未來新社會的發展目標，台灣也必須做出必要的調整以符合新經濟社會的發展需求。台灣進入數位資訊科技的新經濟階段，未來資訊科技發展除了部門間均霑效果之外，還可以觀察技術典範[9]與技術軌跡（technological paradigms and technological trajectories）所引發的產業創新（Dosi, 1982），並從兩者之間的變化過程分析技術進步的發展型態。技術典範被定義為一個解決技術問題的模型或是模

產技術（操作技術，組裝技術及加工技術）③製造技術。

6 Dosi, G. (1982). "Technological paradigms and technological trajectories: A suggested interpretation of the determinants and directions of technical change," *Research Policy*, 11(3): 147-162.

7 Freeman, C., Clark, J., Soete, L. (1983). "Unemployment and technical innovation: a study of long waves and economic development," *Journal of Economic Issues*,17(3),803-808.

8 這個概念類似查爾斯・韓第（Charles Handy）在1980年代所提出的「第二曲線」（The Second Curve）。

9 典範paradigms語意來自希臘文，含有「模式」pattern意思，以科學的基礎作為支配理論的框架，所以技術典範是以自然科學的技術原理解決經濟問題的一種模式。

式，技術軌跡則是技術典範解決問題的活動模式，並從創新過程中的連續性變化造就了技術軌跡，也從不連續的創新當中造就了技術典範。換言之，資訊科技創新的連續性是延續技術典範（或稱主導技術）的軌跡，並以漸進的方式改善技術，而不連續性則是打破既有的技術典範尋找新的突破性方案以促進技術的提升，台灣資訊技術的發展型態與上述的S字型曲線變化過程具有一定程度的相同路徑。這樣的創新過程中將累積資訊相關產業的成功和失敗經驗以創造出有形（如新產品或新的解決方案）或無形（如特定領域的知識）的技術應用，這些新技術往往是在市場因素（例如新機會）和制度因素（企業和政府結構）的複雜交互作用之下廣泛地被應用。

以技術創新以及S字型曲線模型觀察台灣的資訊相關產業發展時，從「產業聚集」（industrial agglomeration）與「產業群聚（群集）」（industrial cluster）角度來論述是有效的，前者是地理上的產業聚集，後者是產官學組成的產業發展基地。兩者間可以跨域，跨地理以及跨時間的產業間的結合，這包含資訊科技在內的各種產業發展過程都可能透過「產業聚集」的方式進行生產，加工以及研究建立價值鏈。也可能進入「產業群聚」方式結合成為共生結構的產業鏈中的成員。不管是以「產業聚集」或是「產業群聚」哪種形式都能夠以技術創新以及S字型曲線發展產業。但是不可否認這兩種形式在成效上還是存在差異。地理上的「產業聚集」與Network上的「產業群聚（群集）」的結合將形成台灣整體產業生態系系統，我們可以稱之為「NETWORK產業群聚」，這也是產業棲息地發展模式，也可視為未來台灣科技島的發展藍圖。

早期台灣從區域性的工業區或是加工出口區周邊的「產業聚集」方式發展產業，之後在扶植高科技產業政策之下，結合產官學「產業群聚」的科學園區模式促進產業高度化，提高附加價值並促成我國完整的產業價值鏈。隨著半導體以及精密機械的產業日益發展，在中部與南部區域分別成立台中科學園區和台南科學園區，除了擴大高科技產業規模之外，也考量產業特性分散生產據點與區域的均衡發展。

以某個程度來說「產業聚集」與「產業群聚（群集）」雖然在定義上以及營運上有所區別，但還是脫離不了區域以及地理的型態限制。產業的集聚與群聚的結合方式確實帶來巨大的經濟效果，也帶動台灣幾十年來的經濟成長。然而，COVID-19大流行的突發事件為了防疫措施確實也重創了以集聚與群聚的生產方式，加上，近年來資訊科技產業的快速發展，AI、IoT以及大數據平台的廣泛應用，在產業的生產，管理以及行銷上都能超越過去的區域與地理上的客觀條件的限制。未來的產業以及企業的經營模式透過網際網路的生產，管理以及行銷的模式已經具備可行性與必要性，不僅可在一國之內推動，更能推向跨國際之間的經營模式。因此，新時代的台灣經濟或產業發展的必須適應這種模式，並建立這種經營機制因應潮流，本書所提出的產業棲息地發展模式就是以網際網路的資訊科技應用所建立「產業群聚」的棲息生態鏈。

數位資訊革命的社會經濟影響層面

當面對數位資訊科技發展與普及應用，社會經濟的活動將可以透過互聯網取得大量信息，有時候往往自己也成為向社會經濟體制下傳遞信息的主體，而這些資訊很大部分通常是免費的，這將顛覆了過去經濟理論中「邊際成本遞增法則」（The law of increasing marginal costs）的概念。由於數位資訊科技的革命性發展改變了資訊取得與傳遞模式，如同表3-1所列舉的幾個重要項目那樣，將對我國的社會經濟產生多層面的影響。這是由於資訊及通訊技術（Information and Communication Technologies, ICT）所產生的新經濟社會機制，這被稱為數位經濟（digital economy），而數位經濟以各種創新數位科技的結合，並建立跨域整合平台與創新服務模式，以網際空間（cyber space）重塑其經濟價值。過去技術所產生的經濟效應普遍規律是，在技術提出到廣泛使用以及經濟效應的出現之間存在著時間落差。例如蒸汽機從發明到經濟效益的創出經歷了約80年時間；被視為第二次工業革命（Second Industrial Revolution）的電動發電機發明也將近40年後（four decades）才真正開花結果[10]。而ICT的特點是呈指數型的發展，「摩爾定律」（Moore's Law）就是一個典型例子。摩爾定律是指從半導體積體電路（LSI）製造和生產的觀察，長期趨勢發現一個經驗規則，就是指一個尺寸相同的晶片上，因製程技術的提升，所容納晶體管的集成密度每18個月翻一倍，意味著性能也將可能提升一倍。

---

[10] Paul, A. D. (1990) "The Dynamo and the Computer: An Historical Perspective on the Modern Productivity Paradox", *American Economic Review*, Vol.80, No.2, pp.355-361.

表3-1 數位資訊革命影響的面面觀[11]

數位資訊革命主要影響層面	
	1.市場效率的提升 — 資訊更加自由與公開促進市場機制的靈活應用
	2.多樣性資訊流通社會的形成 — 多元資訊提供豐富社會的創新能力
	3.資訊錯置現象的改善 — 即時資訊傳遞降低資訊不對稱與市場錯置的各種成本
	4.區域間生產性的提高與均衡 — 提高區域間的經濟價值創造以及均衡發展
	5.工作方式的改變與人力資本的多樣化 — 提高人力資源移動彈性以及互動交流頻率
	6.深化企業間的資訊網絡 — 建立跨域企業結合基礎提高產業創新
	7.社會生活與消費模式的改變 — 多元生活與交易型態將提升社會經濟活動的機動性
	8.資訊相關產業的成長與創新 — 提升產業附加價值與促進產業升級
	9.數位資訊的資本存量快速累積 — 豐富產業創新基礎與經濟發展
	10.資訊通訊技術化進步 — 建立智能產業社會以及智能經濟體制

數位資訊革命將帶動了資訊產業化（industrialization of information）與產業資訊化（industrial informationization）相互關聯的產業乘數效應，以此建立的新經濟與新社會體制，並深深影響到台灣未來的整體發展模式。資訊產業化的發展型態是指資訊相關的各種服務相關活動將會隨著資訊化導入而獨立發展成一個新的產業，或是因為產業資訊化造就了因設計，廣告等資訊相關活動的新創產業（企業），而且這種現象在整體經濟發展當中將會越來越多。而產業資訊化則是以各個產業在生產活動當中提高投資在資訊相關的勞動力及中間要素，這不僅會帶動資訊相關產業的直接需求，還能夠產生因產品的設計，色彩或是廣告等面的衍生需求（derived demand）。而數位資訊的取得與傳遞模式變革是否真的能夠豐富我們整體的社會經濟？這是當代我國社會必須重視的議題。從過去經驗，ICT要普及成為各產業的通用技術（General-purpose technologies）之應用是否如同過去一樣需要經歷相當時間呢？持有這樣疑問的人確實存在，然而ICT的通用技術是作為應用在廣泛範圍內且多種目的之基礎技術，也能夠扮演誘發社會以及經濟相關領域創新的特性。

[11] 數位資訊科技發展影響層面非常廣泛，橫跨了社會、產業以及經濟，作者只整理其中較具代表性的10項。

ICT科技創新可以透過擴大資訊相關產業的成長、深化資訊科技產業的資本存量以及資訊通訊技術化等三種效果對經濟產生了影響[12]。由於ICT的進化促進了數位經濟的進化，而共進化的結果也創造近年來流行的共享經濟（sharing economy）與零工經濟（gig economy）的蓬勃發展[13]，這種現象也可從表3-1中觀察得到。

5G發展改變ICT的產業結構——移動通訊系統的普及

本書強調產業棲息地導入的產業螺旋發展模式核心引擎則在ICT的技術創新，這在一些研究上[14]也指出企業的投資與改革可以透過ICT投資效果已累積資本提高企業的生產力，與技術創新提升TFP（全要素生產率）充實人力資本。由於移動資訊系統普及，ICT除了帶動企業自身的經營革新之外，還能將創造ICT以外產業的跨域結合效果。換言之，ICT技術創新從企業擴展到產業的傳遞過程並能促進更進一步的總體經濟發展。其中，透過5G移動通訊系統的應用也將能改變我國ICT的產業結構，隨著移動通訊系統從通訊基礎設施演變為生活基礎設施，ICT產業結構發生了重大變化。以AI-IoT與5G的結合能夠提升我國產業競爭力之外，也能夠為社會面帶來更好的環境品質。傳統上的5G產業結構被區分幾個層級，這包含了基礎設施建設，營運商服務，終端與行業應用，隨著移動通訊系統發展，5G的結構產生了變化，特別COVID-19疫情之後對經濟社會在生活或是商業模式上與過去都有明顯的不同。

從21世紀以後的移動通訊產業生態系統發展確實改變一國ICT的產業結構[15]，台灣也不例外。特別近年來的科技收集能力提升，透過動態、龐大且多變化的結構性和非結構性資料的蒐集，並進行儲存、轉換、串流、傳輸、分析等過程之後，引進

---

[12] 參考日本平成18年版的《情報通信白書》，P.12。

[13] 關於此部分的ICT可參考這篇論文，Bukht, R., Heeks, R. (2017) “Defining, Conceptualising and Measuring the Digital Economy.”, Development Informatics working paper.

[14] Corrado, C., Hulten, C., Sichel, D. (2005), Measuring capital and technology: an expanded framework, Board of Governors of the Federal Reserve System.

[15] 2000年代ICT生態系統為互聯網趨勢和3G的傳播; 2010年代ICT生態系統為智能手機的普及; 2020年代ICT生態系統為5G時代的來臨。

巨量資料計算技術、分析以及應用，更加豐富了ICT產業結構中的服務市場領域ICT的產業結構涵蓋了終端・設備、網絡、平台、內容・應用等每一層級，當層級間參與者在競爭與合作過程中，ICT產業生態就會產生變化。一般而言，3G時代帶動多媒體影音的新階段，4G擴大App加值應用開拓智慧型手機新時代，而5G則引爆全時高速智慧連網新生活。在2010年代的4G時代，用戶所使用的終端主流已經從過去的功能型手機轉向智能型手機，這將促使互聯網與移動通訊之間融合，手機用戶已經可以透過智慧型手機進行廣告，搜尋以及支付等功能。有了互聯網與移動通訊結合的平台功能，一般商店可以在網路平台與用戶更進一步互動，智能手機所帶動一連串過去無法採用的商業模式。由於終端標準化與服務分離，將會促使垂直整合模式更加開放[16]，帶動ICT產業結構更多元。今後更會因5G的普及，在超高速大容量、極低時間延遲以及多元同時連接等功能上獲得明顯的提升，這將促進新的垂直統合模式，也將擴展到交通，醫療，金融、國防以及防災監控等各領域。

5G發展帶動社會生活的數位化

由於社會結構變化產生的少子高齡化、經濟發展失衡造成人口都市的過度集中以及環境破壞的自然災害頻傳，使得我們致力以ICT解決這些問題。2019年COVID-19病毒的蔓延，世界各國人們的健康受到極大威脅，社會與經濟遭受巨大損失，各國採取了一切極盡可能的方法來解決這個問題，ICT發揮極大的作用，5G時代將扮演更重要的關鍵角色。

佳龍在2019年擔任交通部長，積極推動頻譜政策的規劃與協調，使得國內電信業者近年來在5G業務的推廣上有顯著的進步，並帶動市場上良性的競爭與合併。由於5G時代下的數位匯流，必須兼具追求規模經濟的水平整併，同時追求範疇經濟的垂直應用拓展時代，這是具備資本，技術與服務的密集度極高的產業特性。

少子高齡化的社會到來所引起勞動人口的減少，將會造成降低勞動力的投入，如果不提升每一位勞動者的生產性的話，將遭致經濟規模縮小以及勞動力不足問題，這會對未來的經濟發展產生負面的影響。企業為了要提高勞動生產性有兩個方

---

[16] 參考日本令和2年版的《情報通信白書》，P.82。

式，一個是不增加勞動力投入下提高產品的附加價值；另外一種是沒有增加產品附加價值，引進機械化，智慧化的ICT設備以減少勞動力的使用提升勞動生產性。因此，導入ICT可以紓解一部份人口老化與少子化的勞動力不足問題。另一方面，由於ICT的引進提升生活品質，跨越地理限制所產生的地方人口流向都市所造成過度集中問題也可以獲得改善，將人才留住在地方，為農村或是部落提供地方創生的活力。換言之，透過5G與ICT的數位科技創新不僅對我的社會經濟產生巨大改變，也能夠帶來其他的效益，例如，工作環境品質提升，也促進勞動品質的向上；跨越鄉村都市的地理限制，擴大市場；對於育兒，照顧親人或是身體不自由的人們將會提供遠距工作的機會。

COVID-19大流行加速了社會數位化的必要性，利用ICT來維持人們的生或與經濟活動，並抵抗疫情蔓延，今後台灣的數位轉型將會擴大到各個領域，5G之下的數位化革命將會扮演關鍵角色。從數位化革命將更進一步帶來新的產業革命，透過以5G通訊系統的遠端操作，實現了產業的「無線化」。產業的「無線化」將改變了產業結構，實現了「無線的產業化」時代。

5G與ICT的應用領域

應用數位資訊科技於生活、社會、經濟以及國家治理等各項層次，技術進步與勞力技術的提高使得人們生活與社會的活動更便利與安全；促進企業的經營與生產的效率，以及增加對數位資訊科技投資發展產業；也能提高政府組織的治理效率，由此可知數位資訊科技不僅提高實質上的生產力，還包括無形資產和無形資本，這將推及到各行各業。本節就一些各產業領域導入數位資訊科技之後，討論其中的效益。

交通數位資訊科技應用

結合數位化、ICT、5G等資訊科技導入交通領域，可以建構「行人、車輛、道路」一體化的智慧交通系統（Intelligent Transport Systems, ITS）。ITS的先進道路設置對駕駛與行人能夠提供舒適，安全以及效率的交通路況，同時也改善了交通堵塞，減少交通事故，這些都是有助於能源節省與減少氣體排放的環境改善。智慧交通系統是經由系統平台處理來自四面八方各層級的複雜資訊，運用人工智慧、影像辨識、ICT、5G等技術的溝通與連結，推動智慧運輸技術的相關應用及產業發展，建立移動科技產業的生態系。這些也是佳龍在擔任交通部長期間非常重視的運輸政策，以5G帶動交通技術，以服務創新與產業發展，涵蓋智慧鐵道、智慧旅運、智慧車聯網、智慧海空港以及無人機等產業。為了智慧交通系統的建置，政府提出相關政策配合企業投入研發與創新，以提升國內自主的研發能力，透過技術創新開發具有市場競爭力的產品或服務。

發展智慧交通系統將可提升產業的附加價值，並優化產業結構，同時也可以開拓國際新市場創造商機，這是我極力推動台灣數位新南向的動機之一。智慧交通系統的建置需要多元科學領域與產業的配合，例如，汽車，資通訊的電子電機以及智慧道路相關基礎建設等。智慧交通系統的成立將為國內產業創造新的市場需求，能夠帶動經濟成長與增加就業的一項建設工程。由於未來的智慧交通系統與智慧城市發展可能平行並進，在交通流動以及商品的配送上，涵蓋了包裹、快遞服務以無人機與實體人員的複合遞送方式進行，建立高效率與高智慧的區域物流，將影響力擴展到服務產業，提高整體的經濟效益。因此，智慧交通系統需要建立在以下幾項基本條件。

1 具備智慧交通管理能力

智慧交通系統橫跨多元的科技領域，由於關連到「行人、車輛、道路」的生命與財物的安全，需要建立一套完整智慧交通管理機制以及監控能力。智慧交通系統的基礎建設在道路與公共設施設置攝影監測等設備，並以5G傳送經過數位化、AI等影像解析與判斷後，針對行人與車輛移動的交通狀況充分掌握實際狀況與收集當下複雜因素等情報資訊。透過高度化大數據平台對交通狀況做預測，精密與確實的管理能力，減少交通事故確保安全，將有助於制定安全‧效率的交通對策。

2 建立車輛流量與車距的管理機制

以高科技所建立的智慧交通是現代化都市的趨勢，行駛車輛與行人參雜其間的都市空間需要有效管理才能營造都市的安全環境，其中車輛流量與安全車距控制（Automatic Gap Control, AGC）系統將是未來智慧交通所需考量的重要課題。透過大數據平台取得數據分析，並由車間的距離信息AGC系統精確地控制車間距離與速度，以防止追撞保持車間安全，同時還可以進一步降低車油耗及增加道路通行能力。

觀光數位資訊科技應用

觀光品質的提高是邁向觀光先進國家的基本要求，佳龍在主持交通部期間就積極導入數位資訊科技促進觀光產業高度化，並擴大觀光產業層面，結合振興區與農村再生的多元策略，這將有助於促進經濟發展及創造就業機會。再擴大ICT應用於國內外的觀光事業，基本設施有無線區域網路（LAN）、HP多種語言對應（包含團體）、SNS社交網路服務等，這些都是善用於數位資訊科技活絡觀光市場的具體措施，特別針對COVID-19之後的國際旅客提供更便利的觀光服務。面對未來台灣觀光發展包含了都市，鄉村以及自然名勝等不同性質的觀光範圍，因為不同的觀光性質與特性的區域，在觀光策略上也有不同的思考模式，提供國內外遊客能夠安心便利與舒適的環境傳達各地區的觀光魅力，而ICT應用是關鍵因素。ICT透過公部門，旅遊組織等所建立的網絡將我國觀光的「食、衣、住、行」與「育、樂」可以真實且快速地將各項訊息傳播給國內外遊客。換言之，台灣具備多處天然美景，以及各區域基於自然、文化和歷史等觀光資源，各都有其特色，這使其具有吸引力。多元文化與風土的融入更豐富觀光的內涵，加上各區域發展程度不同，呈現各具特色的旅遊風貌。然而，促進觀光旅遊產業的手段則需要因區域而異，這也取決於社會和經濟條件。如圖3-2，我們可以將觀光範疇分成「都市觀光」、「鄉村觀光」、「自然名勝地觀光」以及「都市文化與歷史觀光」等各種類型，依照觀光類型導入符合需求的ICT應用設計。

ICT、5G可以應用在觀光前的準備到觀光後的評價過程，可從有名AISCEAS（Attention; Interest; Search; Comparison; Examination; Action; Share）的消費者心理模式思考數位資訊科技活絡觀光產業的行銷建構，這是從消費者的心理變化轉為行動之間的整體考量模式。我認為可以透過ICT、5G數位科技結合AISCEAS行銷手法應用於觀光相關服務上，建立線上聯結的一種移動網際網路的商業模式。AISCEAS法

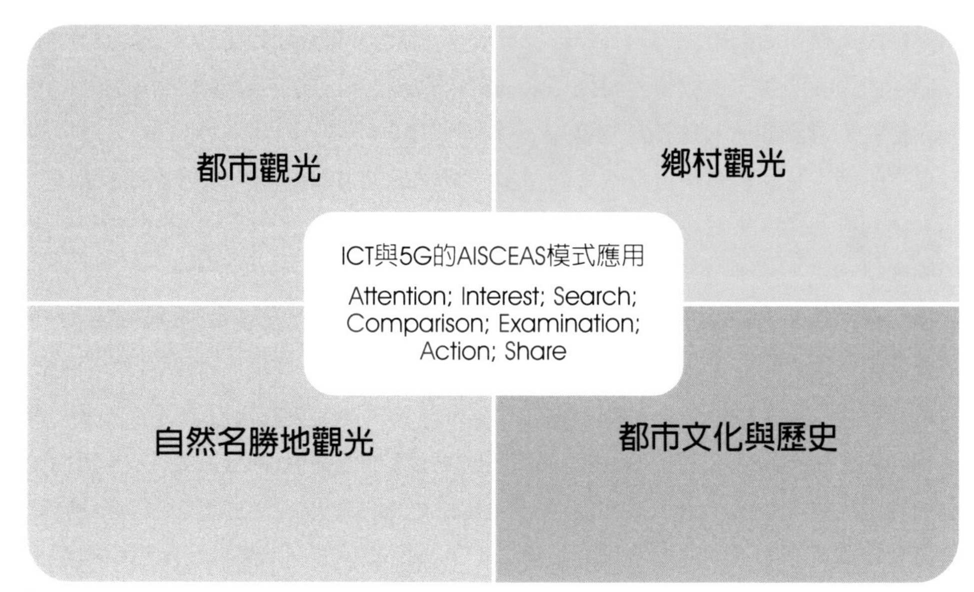

圖3-2 ICT・5G應用與觀光產業的發展

則適合網際網路時代消費者在生活習慣上的決策流程，其步驟為：AISCEAS法則→注意（Attention）→興趣（Interest）→搜尋（Search）→比較（Comparison）→檢驗（Examination）→行動（Action）→分享（Share）。由數位科技觀光網絡引發消費者的注意（Attention）是促進觀光旅遊的第一步，之後將會引起旅客對產品的興趣（Interest），並進一步上網進行搜尋（Search）觀光相關的需求。由於現在消費者很多都是透過網絡和電商的觀光產品資料蒐集，在ICT、5G數位科技促進資訊充分自由之下，經過比較（Comparison）與他人的口碑評價參考與檢驗（Examination）之後再決定觀光的旅遊行動（Action），並透過網路分享（Share），這將會為今後觀光旅客提供重要的參考。

基礎建設業數位資訊科技的應用

近十幾年來數位科技的進步，各領域在數據驅動下，各項基礎建設必須配合跟上腳步，重新設計關於社會生活與產業經濟的各種活動，透過完善規劃，以及活用來自經濟社會活動所生成的各種數據，收集更多元的資訊加以利用，以分析解決我們所面臨的問題。數位資訊科技導入基礎建設業，從工程的勘測到設計，進行施工、檢驗到維護的所有施工工程當中，如何利用ICT等相關建設以更少的人力，以及更少的施工時間以實現更具效率的目標。數位資訊的基礎建設所產生的影響，如從產業關聯的角度來看，所波及的範圍包含了「產業資訊化」與「資訊產業化」兩項的產業需求，前者不限於單一的資訊產業，還涵蓋設計、色彩、廣告等非硬體數位資訊科技在內的相關部門，而後者是指隨著設計、色彩以及廣告等相關活動，由這些活動所建立的新資訊科技產業逐漸普及所形成一個獨立的產業體系。因此，5G與ICT的發展將擴大數位資訊相關基礎建設的需求，「產業資訊化」可以帶動與資訊相關各項產業的生產活動（例如，ICT投資與ICT加工零組件的投入），並增加勞動力和中間投入；而「資訊產業化」則能夠擴大資訊相關服務活動以及促進發展新的獨立產業（例如，創造網路相關服務業），為經濟發展創造新機。由於這幾年來世界各國都遭受到COVID-19與俄烏戰爭等巨大事件衝擊，在安全與巨量資訊的迅速處理考量之下，尖端ICT技能的設計思維與敏捷的開發技術上變得越來越重要，ICT人力資源所需的技能要求不只是在「量的」層次，更在「質的」需求上也呈現相當大的需求。同時為了促進ICT投資效果，進行業務改革和企業組織重整是非常重要的，而首先面臨的問題是ICT人才不足。要推動數位科技的發展與普及，人才的培育是非常重要，基礎建設業的數位資訊轉型需要兩者兼顧。

醫療產業數位資訊科技應用

高齡化與少子化現象使得我國在醫療與長照上的需求逐年增加，蔡英文總統將長照政策作為施政的重點。另一方面，過去醫療資源上也存在一些問題，例如醫生數量上的整體短缺以及區域的分佈不均等問題，尤其是在偏鄉地區醫療機構的缺乏。由於需要看護人數不斷地增加，從看護設施設置到工作人員養成相對的不足，造成醫療相關工作時間的過長和醫療機構整體效率與品質的下降，如何確保醫療照護勞動力，以及專業人才培育也成為急迫性的課題。特別是人口稀少區域、獨居老人，或是老人結構家庭相對較多的地區，在沒有家人可以從旁照顧情況下，將加深了居家護理人員的醫療工作與長期護理設施維持的負擔。因此有時可以活用5G・ICT等數位科技的遠距診斷方式獲得醫療專家的適當建議與指導舒緩一部份醫療資源不足的壓力。這在COVID-19的爆發之後，更加速了醫療產業數位資訊科技應用的必要性，5G・ICT技術能夠處理醫護之間的巨大資料，或是透過5G和VR結合應用，在VR空間進行醫療設備操作說明、討論等雙向交流，並以高解析度視頻傳輸與接收，醫生可以做出更精準、更快速的醫療判斷，採取適當的醫療措施。

5G・ICT技術還可以應用在遠程諮詢，以及建置跨醫療機構的病歷資訊交流環境，除了降低醫療過程的感染風險，還可以減輕病者體力上的負擔。透過5G・ICT技術顯示圖像傳送投影到VR空間有助於遠程區域的複數參與者可以共享VR空間執行醫療行為。醫療的數位資訊科技應用除了改善區域醫療資源的落差之外，還可以連結不同醫學專門的共同會診與醫療行為，以現階段台灣醫療與科技水準是可以達成的。另外，利用5G・ICT技術配備在醫療專車與醫療機構連線，透過高性能超音波檢測、高清晰影像攝影分析儀等提供巡迴於偏僻地區的醫療服務。

製造業數位資訊科技應用

製造業是台灣經濟發展與社會生活提升的基礎，今後的數位資訊科技產業將扮演更關鍵角色，因為數位資訊不僅是製造業，也將是服務業未來發展中不可或缺的元素。數位資訊科技融入於製造業到服務業將能夠促進產業轉型與產業升級的契機，為企業提高附加價值。在第二章分析了歷年台灣產業成長因素，其中製造業的技術提升因素確實為台灣經濟發展貢獻巨大，目前數位轉型的科技應用將會是帶領我國邁向新經濟時代的原動力。5G・ICT數位資訊科技的應用，製造業除了加速全面生產自動化與遠距製程之外，還將以超高速度、大容量、超低延遲以及複數多發時間的連結等功能將大幅提升生產效率。同時，5G・ICT數位資訊科技將持續維持傳統的水平分離組織生態，也將進一步發展新的產業垂直整合並存模式，多元組織共存是數位資訊的科技創新發展的新形態，這個部分我們將在第八章做更詳細說明。

上述說明一些關於5G與ICT的產業應用例子，這只是其中一小部分，數位科技創新也已經逐漸普及到教育學習、防災防疫以及智慧農業等諸多領域，台灣的製造業在國際上受到極大肯定，特別是半導體，電機機械以及電子零組件等的研究創新導入5G與ICT之中，這是新經濟時代不可或缺的設備與技術，將牽引台灣的經濟社會發展方向，也是擴展海外市場的優勢利器。

台灣半導體教父

張忠謀

被視為台灣「護國神山」的台積電（TSMC）——張忠謀博士在1987年擔任台灣積體電路製造股份有限公司董事長，是台灣第一家專門從事晶圓代工的廠商，揭開我國半導體產業發展的序幕。張忠謀博士推動專業積體電路製造服務模式，更以「滿足客戶、品質優於對手」的營運策略，掌握關鍵技術奠定今日台灣半導體相關產業的基礎。

張忠謀博士的經營哲學反映在台積電的企業核心價值，即是「誠信正直」、「承諾」、「創新」以及「客戶信任」。他認為堅持誠信正直是企業品格的展現，是業務執行時必須遵守的法則；堅守對客戶、供應商、員工、股東及社會必須信守承諾，建立彼此之間的互信互利關係；重視創新以確保企業的活力強度，創新不只在技術，在企畫、行銷、管理等各方面更應該積極創造。張忠謀博士重視行銷，他把行銷當作最高任務，深度理解市場透過行銷可以創造額外價值，並強調台積電的商業模式是半導體製造服務，而客戶則是半導體公司。

由於世界經濟發展新模式將以人工智慧（AI）、第五代行動通訊（5G）等新科技廣泛應用，必須仰賴高效能運算（High Performance Computing, HPC）技術，這正是積體電路（IC）的基本功能。2022年Q1全球晶圓代工市佔率台積電高達53.6%，世界第一。當世界遭受COVID-19大流行與俄烏戰爭衝擊之際，反而引發全球爭相搶購晶片，更加凸顯台積電的重要性，半導體等高科技產品已經成為帶動台灣經濟成長的強力引擎，同時也是世界經濟持續成長不可或缺的重要產業。

Ch4

產業棲息地理論
與「5+2與六大核心產業」的發展路徑

5+2產業與六大核心戰略產業的定位

90年代的台灣企業為了將低成本已經逐漸將產業外移到中國或是東南亞國家，2002年我國加入WTO擴大國際貿易規模促使國內企業持續以降低成本的經營方式，反而降低了研究創新的動力延緩產業升級的契機。基於此，蔡英文總統提出「5+2產業」與「六大核心戰略產業」的產業政策就是以台灣既有產業優勢規劃未來發展藍圖，以促進產業升級與產業調整作為戰略目標。

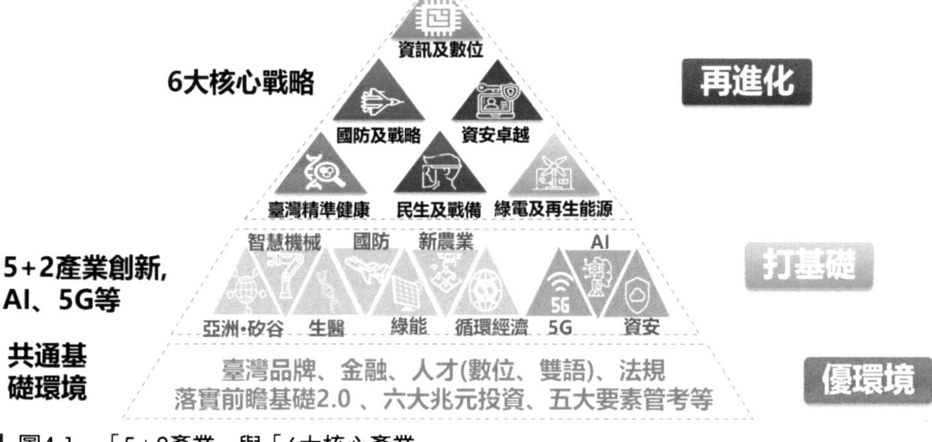

圖4-1 「5+2產業」與「6大核心產業」

資料來源：行政院第3730次會議 國家發展委員會產業發展處（109年12月10日）

從圖4-1可知，「5+2產業」分別包含智慧機械、亞洲・矽谷、綠能科技、生醫產業、國防產業、新農業及循環經濟等領域，而「六大核心戰略產業」是以資訊及數位、資安卓越、臺灣精準健康、綠電及再生能源、國防及戰略、民生及戰備等六大產業。「5+2產業」是以產業創新建立產業創新聚落，強化臺灣系統整合能力下世代產業成長的核心；「六大核心戰略產業」則以「5+2產業」的創新為基礎，台灣進入後疫情時代能夠融入全球供應鏈重組上獲得先機的提前佈署。

上述說明「5+2產業」與「六大核心戰略產業」存在承先啟後的產業連結，兩者可以以表4-1說明「5+2產業」與「六大核心」的產業發展指標與戰略目標。從表中可知，電機機械產業是完成各項產業的基礎，配合資訊數位科技產業進化為智能性產業。佳龍在本書提出產業棲息地理論與產業螺旋發展模式作為「5+2產業」連結「六大核心戰略產業」的戰略思考。

表4-1　「5+2產業」與「六大核心」的產業發展指標與戰略目標

5+2產業	六大核心跨域產業結合	產業發展指標	戰略目標
1.智慧醫療	6-1資訊及數位產業 6-3臺灣精準健康產業 6-6民生及戰備產業 ※電機機械產業	資通訊科技ICT高度化 跨域整合高度化 人本醫療品質	科技醫療應用型
2.智慧機械	6-1資訊及數位產業 6-6民生及戰備產業 ※電機機械產業	半導體與ICT高度化 產業生態的完整性 附加價值	機械生產設備型
3.亞洲・矽谷	6-1資訊及數位產業 6-2資安卓越產業 6-6民生及戰備產業 ※電機機械產業	AIOT的創新高度化 創新生態系的完整性 產業升級	高度科技型
4.綠能科技	6-1資訊及數位產業 6-5綠電及再生能源產業 6-6民生及戰備產業 ※電機機械產業	再生能源比例高低 電力供應科技創新系統 環境品質	綠能科技型
5.循環經濟	6-1資訊及數位產業 6-5綠電及再生能源產業 6-6民生及戰備產業 ※電機機械產業	循環產業高度化 產業循環高度化 永續發展	循環經濟型

5+2產業	六大核心跨域產業結合	產業發展指標	戰略目標
6.國防產業	6-1資訊及數位產業 6-4國防及戰略產業 6-6民生及戰備產業 ※電機機械產業	國防產業最終品自製率 中間零件自製率 國防安全	航空船艦/太空
7.新農業	6-1資訊及數位產業 6-5綠電及再生能源產業 6-6民生及戰備產業 ※電機機械產業	智慧農業高度化 農業經營制度完整性 環境保全與農業所得	糧食民生型

資料來源：作者整理製作。

「5+2產業」的競爭力

從「5+2產業」的競爭力可以知道這些產業座落的產業棲位，有助於討論未來的發展路徑以利提出有效戰略。表4-2是「5+2產業」在2016年-2020年間的相關競爭力指標，這些指標的涵義可以參考本書「緒論」的說明。「5+2產業」可說是台灣未來發展的核心產業，也是產業升級與結構調整的重要關鍵。觀看表中的各項指標顯示「5+2產業」的特徵，其中替代力係數與加工度係數是從產業的投入係數矩陣的變化推估而來，可以看出一個產業在中間生產與中間流通銷售的競爭力，替代力係數可以作為銷售市場的成長狀態觀察，而加工度係數大小可以判斷產業附加價值水準的高低。影響力係數與感應度係數是由產業關聯的Leontief逆矩陣所獲得的數據，這可顯示產業之間的相互波及程度，影響力係數是指對其他產業影響大小的判定係數，感應度係數則是被其他產業影響的判定係數。

表4-2 「5+2產業」的競爭力相關指標（2020）

5+2產業	替代力係數（R）	加工度係數（S）	影響力係數（e）	感應度係數（r）	現階段產業特性
1.智慧醫療（醫療保健）	1.002975	0.846864	1.455011	1.006836	① 替代力強需求增加；附加價值高。② 對其他產業影響力大，感應度高；重要性逐漸增大。
2.智慧機械（機械設備）	0.900896	1.043726	2.133019	1.76231	① 替代力小需逐漸增加；附加價值又逐漸提高。② 對其他產業影響力大，感應度高；重要性大。
3.亞洲・矽谷（半導體相關）	1.267081	0.882374	1.831191	2.131504	① 替代力強需求增加；附加價值高。② 對其他產業影響力大，感應度高；重要性大。
4.綠能科技（電力）	0.788832	1.095647	0.96908	4.309804	① 替代力小需求稍嫌不足；成本較高。② 對其他產業影響力較小，感應度高；重要性逐漸增大。
5.循環經濟（資源回收）	0.97495	0.983583	1.925153	1.6544	① 替代力較小需求逐漸增加；附加價值逐漸提高。② 對其他產業影響力大，感應度高；重要性大。
6.國防產業（公共及國防）	0.961271	0.862199	1.429825	2.005583	① 替代力小需求逐漸增加；附加價值高。② 對其他產業影響力大，感應度高；重要性大。
7.新農業（農林漁牧業）	0.811198	1.149004	0.901126	1.016917	① 替代力小需求較少；成本較高。② 對其他產業影響力較小，感應度高。

資料來源：林佳龍、洪振義（2022），〈台灣產業感應度與影響力變化之分析（1996-2020）〉，台灣智庫 working paper。

註：括弧（）表示產業關聯表分類之產業。

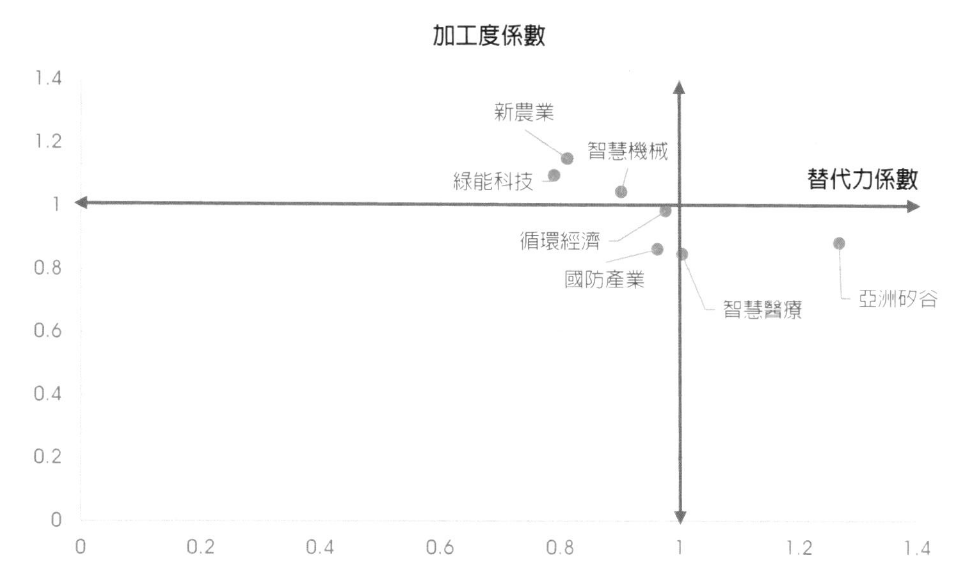

圖4-2　「5+2產業」的替代力與加工度的係數分布
資料來源：由表2數據繪製而成。

從圖4-2「5+2產業」的替代力與加工度的係數分布來看，智慧醫療與亞洲矽谷座落於在第四象限，這也反映台灣半導體產業以及在醫療方面應用的優勢，產業市場特質呈現在替代性大與需求面大，而且由於技術革新降低成本提高產業的附加價值。循環經濟以及國防產業兩項座落在第三象限，市場的替代性小需求少的關係，短期上必須面臨高成本壓力，這主要背景在於這是剛起步不久的產業發展。但是循環經濟是國際潮流趨勢，在新能源政策以及環境保全意識逐漸抬頭的產業發展趨勢，而一直以來的國防產業很大比例依賴外國的提供，近年國防自主性的提高使得國防能夠「產業化」的契機，因此這兩項產業在附加價值上也逐漸提高。

座落在第二象限的產業有新農業，綠能科技以及智慧機械。第二象限的市場特性是替代性較小需求尚不多，這是由於智慧機械與綠能科技在台灣剛起步階段尚未進入市場發展期與成熟期的關係，以至於在生產過程的中間投入成本偏高，壓縮一部份的附加價值。2017年台灣開始實施能源轉型，再生能源逐漸增加將近一步帶動相關產業發展，綠能科技發展也是國際趨勢。智慧機械是產業升級的一環，機械設

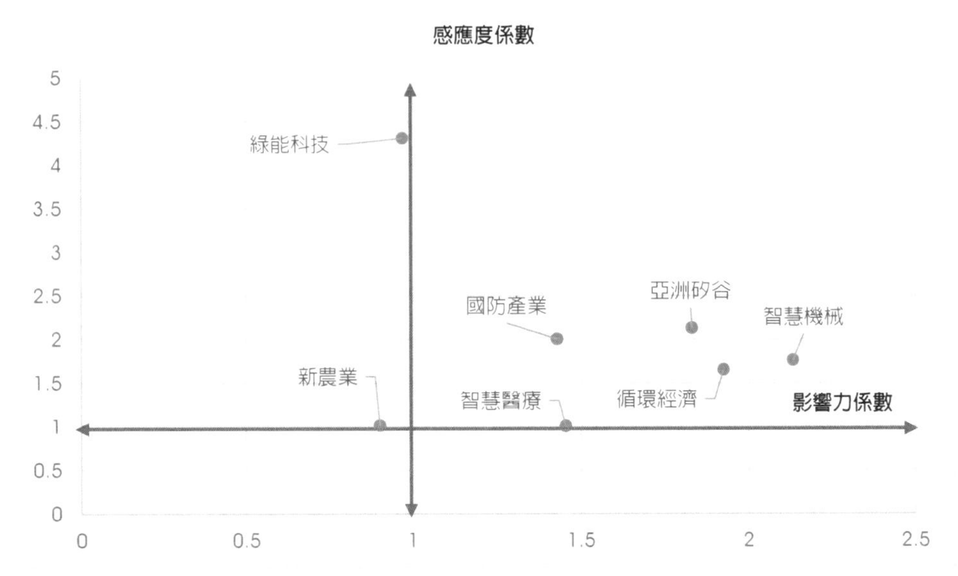

圖4-3　「5+2產業」的影響力與感應度的係數分布
資料來源：由表2數據繪製而成。

備製造是台灣的優勢產業，將半導體與數位科技的結合也將成為我國另一個未來的明星產業。而新農業是農業為基礎，透過農業安全體系的建立與農業行銷策略建立兼顧保障農民、農業發展以及環境永續新典範。由於農業生產條件與市場侷限性，在現階段雖然尚無法達到高需求與高附加價值，在永續農業目標推動下，將以友善環境、消費者安全以及現代化農民等策略，逐漸融入市場以提升附加價值。

另一方面，從圖4-3的產業之間影響力係數與感應度係數來看「5+2產業」的分布狀態，如圖3所示，除了綠能科技與新農業在第二象限之外，其餘5個產業皆座落在第一象限。在第一象限產業的特徵為影響力與感應度（被影響力）都是比較大的產業，換言之「5+2產業」偏向重要性的產業，而在第二象限的產業特徵是對其他產業之影響力較小，受其他產業的影響則較大，在產業結構上呈現較為弱勢，農業是受到生產條件與市場因素的影響，綠能科技是因為剛起步的創新產業，從目前的影響力係數來看，未來將會逐漸靠近第一象限發展。

顯示性比較優勢指數RCA（Revealed Comparative Advantage Index）

另外，本節也可以透過顯示性比較優勢指數RCA（Revealed Comparative Advantage Index）測定台灣的產品或產業在國際市場的競爭力指標，RCA指數的計算是以該產業在本國總出口中所占的份額與世界總貿易額中該產業占世界貿易總額的份額之比例。RCA指數的優點是排除當年度的本國貿易波動和世界貿易總量波動之因素，能夠反映本國在某一產業的出口與世界的平均出口水準比較之下的相對優勢程度。

$$RCA_{ij}=(X_{ij}/X_{tj}) \div (X_{iw}/X_{tw})$$

其中，X_{ij}表示本國（j）出口產品i的出口額；X_{tj}表示本國（j）的總出口額；X_{iw}表示世界（w）出口產品i的出口額，X_{tw}表示世界（w）的總出口值。以RCA指數判斷國際競爭力，當RCA＞2.5時表示本國該產業具有「極強」的國際競爭力;RCA介於2.5～1.25之間則表示本國該產業具有「很強」的國際競爭力;RCA介於1.25～0.8之間則被視為本國的該產業具有「較強」的國際競爭力;而當RCA＜0.8時，則顯示本國的該產業國際競爭力相對「較弱」。

依照上述的計算方式與定義，表4-3為我國製造業較具優勢的電機機械相關產業RCA指數。利用這些數據做為參考將有助於分析「5+2產業」與「六大核心」的產業棲位的移動路徑過程。

表4-3 台灣電機機械相關產業RCA指數（2020）

產業	生產工程分類	RCA指數
一般機械部門	初級原料	8.6242
	加工品	6.9952
	零組件	4.7398
	最終消費品	4.3099
電器機械	初級原料	2.9415
	加工品	3.1534
	零組件	5.2847

產業	生產工程分類	RCA指數
家電部門	初級原料	1.5610
	加工品	1.5833
	零組件	1.0305
輸送機械部門	加工品	8.5877
	零組件	0.18706
	最終消費品	1.09880
精密機械部門	加工品	2.2427
	零組件	1.7350
	最終消費品	24.6487
農業相關部門	初級原料	0.16378
	加工品	0.85838
	最終消費品	8.84718

資料來源：林佳龍和洪振義（2022），〈從RCA指數分析台灣產業競爭力〉，台灣智庫working paper。
註：由「RIETI-TID 2020」資料庫數據計算結果產業分類以聯合國的SITC分類標準。
（瀏覽日2022/05/19,https://www.rieti.go.jp/jp/projects/rieti-tid/data/about_SITC13.pdf）

至目前為止的我國產業生產很多建立在當前的國際分工體制之下，從表4-3電機機械相關產業的製程來看，除了精密機械與一般機械在除了加工或提供零組件的產品具有極高競爭力之外，在最終消費品（完成品）上都還維持相當高的競爭力。而在電器機械、家電以及輸送機械等產業都是以初級原料、加工或是零組件呈現台灣的競爭力優勢。換言之，我國機械電機相關產業的產業鏈相當完整，這對未來推動「5+2產業」與「六大核心」產業的計畫非常有利。另一方面，由於地理環境經營條件的限制，農業部門一直以來是台灣較為脆弱的產業，也反映在RCA數據上，初級原料及加工半成品都呈現競爭力較為弱勢，但在最終消費品上還是具有很強的國際競爭力。

產業棲息地理論與產業螺旋發展的「5+2產業」與「六大核心」產業

從上述的各項競爭力係數可知，可以依照產業特性可以標出「5+2產業」的產業棲息地，及「六大核心」跨域整合綜效的螺旋發展模式，並描繪出產業的最適

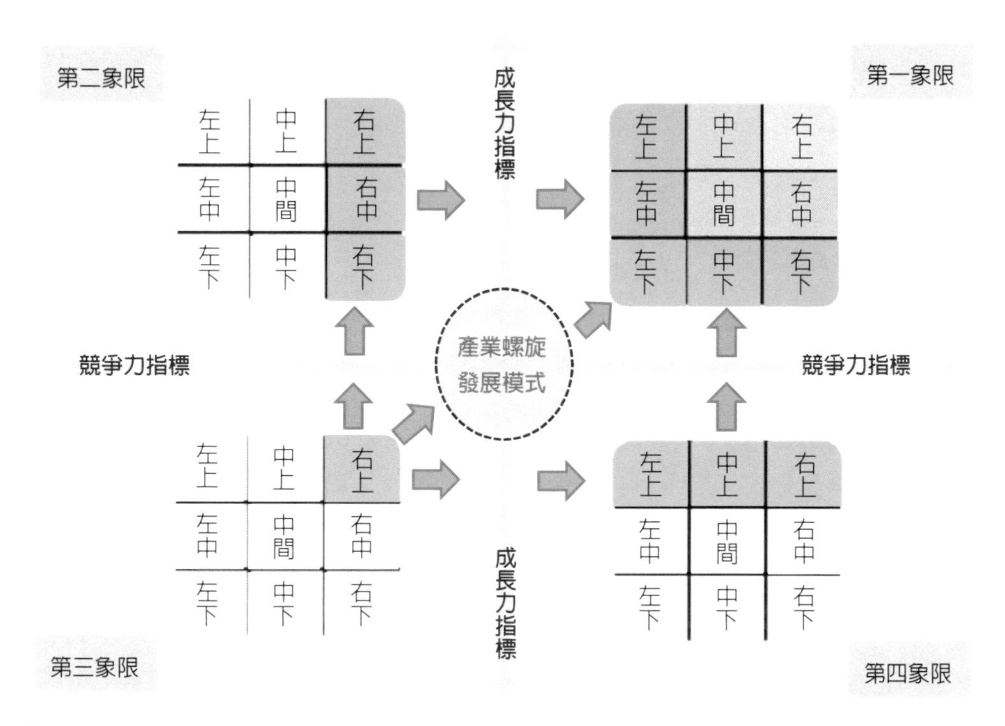

圖4-4　產業棲位移動九宮格

發展路徑。本節將以產業棲位九宮方式格討論「5+2產業」與「六大核心」產業戰略，如圖4-4的四個象限都可以劃分為9個不同的產業棲位，這代表產業在市場上優劣程度。例如，座落第一象限產業九宮格表示企業兼具高成長與競爭力強的特色，但儘管如此不同棲位的企業在成長力與競爭力上的優劣條件不同，各項的指標還是存在差異，以創新提高附加價值的螺旋發展模式將企業推向高成長高競爭力的「右上」棲位（粉紅色）做為戰略目標。圖4.中心部為技術創新的產業螺旋，產業透過科技創新帶動產業升級提升附加價值，促使產業移向更高度化的棲位，這將更進一步產生產業結構的變化。

以下利用產業棲位九宮格概念分別討論「5+2產業」與「六大核心」產業的棲位形成以及棲位移動的發展路徑。

1.生醫產業的智慧醫療（ICT高度化；跨域整合高度化；人本醫療品質）

台灣生醫產業朝向智慧醫療關鍵條件在於資通訊科技ICT高度化與跨域整合高度化，以人本高度的醫療品質為戰略目標，此發展過程可由圖4-5智慧醫療產業棲息地的最適化發展路徑說明。未來的生醫產業將走向精準的健康產業，而關鍵在於能否達成智慧醫療層次，這需要高科技應用與跨域合作。橫軸代表資通訊科技ICT高度化程度，縱軸表示產業跨域合作的程度，中間是表示醫療品質的高度（三維空間），圖4-5中可以顯示智慧醫療的產業棲息地，並從平面四個象限產業棲息地視科技高度化與整合程度變化而產生移動。

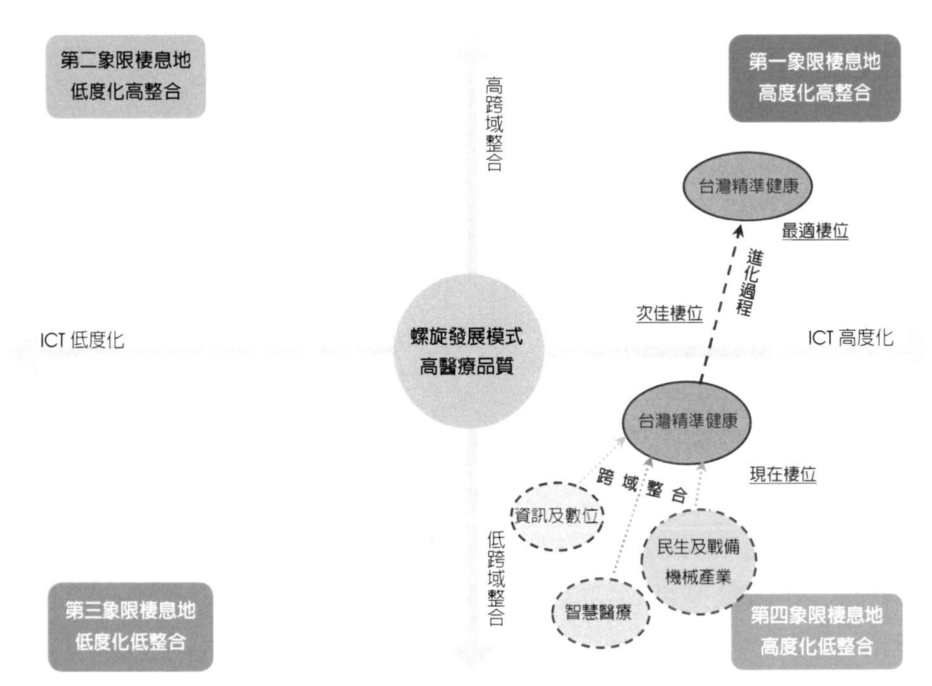

圖4-5　智慧醫療產業棲息地的最適化移動路徑

從表4-2與表4-3的「5+2產業」競爭力各項指標來看，智慧醫療的產業棲息地座落於第四象限「中上」棲位，雖然逐漸走向ICT高度化，但產業間跨域整合尚未完成，這將是未來的努力方向。具體策略首先建構基因及健保巨量資料庫並做為國家級之友善生醫資料分析與分享平台，以此作為開發精準預防、診斷、治療照護系統之基礎，透過台灣科技優勢開發精準防疫產品，再進一步拓展國際的生醫商機。在精準預防、診斷、治療照護系統上，以運用臺灣ICT及特有醫療領域的垂直整合、水平橫向之跨域合作及異業聯盟，打造臺灣精準健康產業價值鏈，從COVID-19大流行之後，防疫體系與醫療產業已經成為國安層級的重要課題[1]。因此，透過台灣極具優勢的機械相關產業、資訊數位科技以及民生戰備等核心產業之間的合作，從跨域創新提升醫療品質達成精準健康的目標，智慧醫療的產業棲位將從第四象限推進到第一象限，透過跨域整合智慧醫療將台灣精準健康進化到最適的棲位以完成醫療體系的ICT高度化與高度跨域整合的產業棲息地。

2.智慧機械（半導體與ICT高度化；產業生態的完整性；附加價值）

機械相關產業在台灣經濟成長中扮演重要角色[2]，特別在加入WTO之後特別明顯。從傳統機械走向高度化的精密機械，並隨著科技創新逐漸轉向智慧機械的製造模式。由於COVID-19以及俄烏戰爭所引發的危機，嚴重影響經濟社會的生活與安全，未來智慧機械的發展戰略不只侷限在產業自身，還需要兼顧整體民生與安全戰備，而引領智慧機械發展需要建立產業生態的完整性，以及整合半導體與ICT的跨域應用。

一直以來，台灣具備完整精密機械生產鏈，這對智慧機械的未來發展奠定良好的基礎，但是在數位科技以及半導體廣泛的應用上，將智慧技術（例如機器人、AIoT、大數據等）導入精密機械，進行智慧化製造，以建立全方位的智慧機械產業。由於智慧機械產業化與產業智慧機械化需要具備完整的產業生態體系[3]，這是邁向智慧機械產業的重要關鍵。再者，推動智慧機械產業可以創造就業機會，也能擴大整廠整線輸出模式，以促進機械設備業者具備提供整體解決方案能力，在國內外

---

[1] 行政院（2021），「六大核心戰略產業推動方案」（110年5月核定版）。

[2] 林佳龍、洪振義（2022），〈台灣產業成長變動因數分析（1981-2020）：產業關聯成長要因模型之應用〉，台灣智庫 working paper。

[3] 例如，建立印刷電路板（PCB）產業、紡織產業、金屬產業、運具產業、工具機產業、半導體設備等六大生態體系。

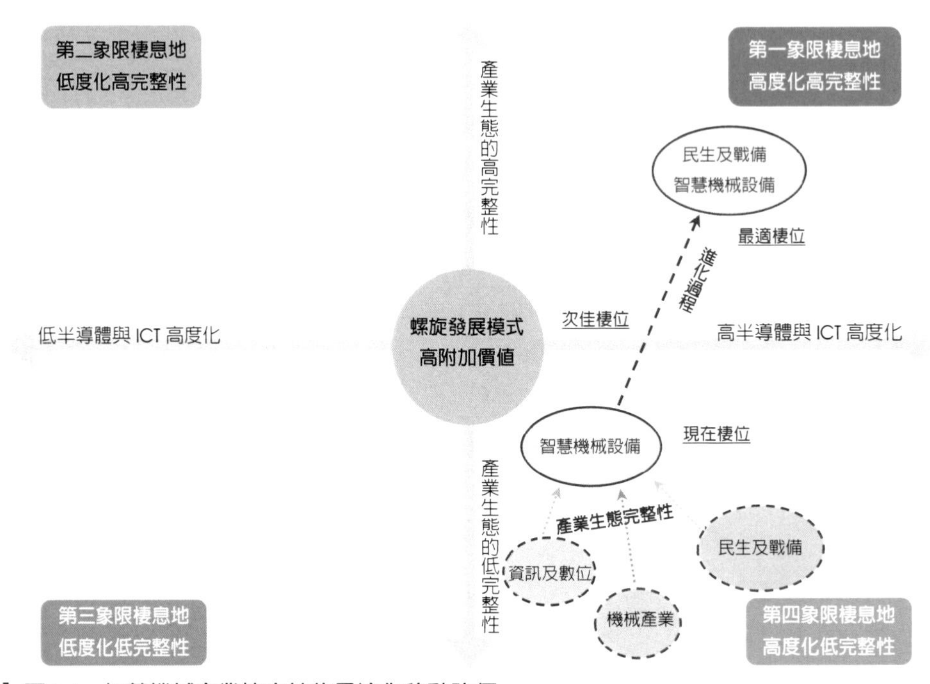

圖4-6 智慧機械產業棲息地的最適化移動路徑

市場上建立差異化的競爭優勢，智慧機械產業被視為產業轉型升級的關鍵策略，而現階段智慧機械產業的九宮格棲位座落在第四象限的「左上」，如圖4-6。這是以智慧機械結合「六大核心」的「資訊及數位」、「民生及戰備」兩項產業的戰略，一方面建構更完整的產業生態系統，同時以「資訊及數位」提升半導體與ICT在機械產業的高度參與度。如此，智慧機械將能從第四象限棲息地的「高度化低完整性」轉型至第一象限棲息地的「高度化高完整性」的螺旋發展模式的戰略目標。

3.亞洲・矽谷（AIOT的創新高度化：創新生態系的完整性：產業升級）

亞洲・矽谷的計畫戰略目標在於建立「一個物聯網的創新生態系」及建構「一個以研發為本的創新創業生態系」，前者以物聯網架構之感測、網路、系統整合等層面出發，協助產業建立自主能量，後者則加速發展次世代AIoT的關鍵核心技術（例如，高階熱像晶片、5G毫米波關鍵材料、自動駕駛決策控制等）。亞洲・矽谷

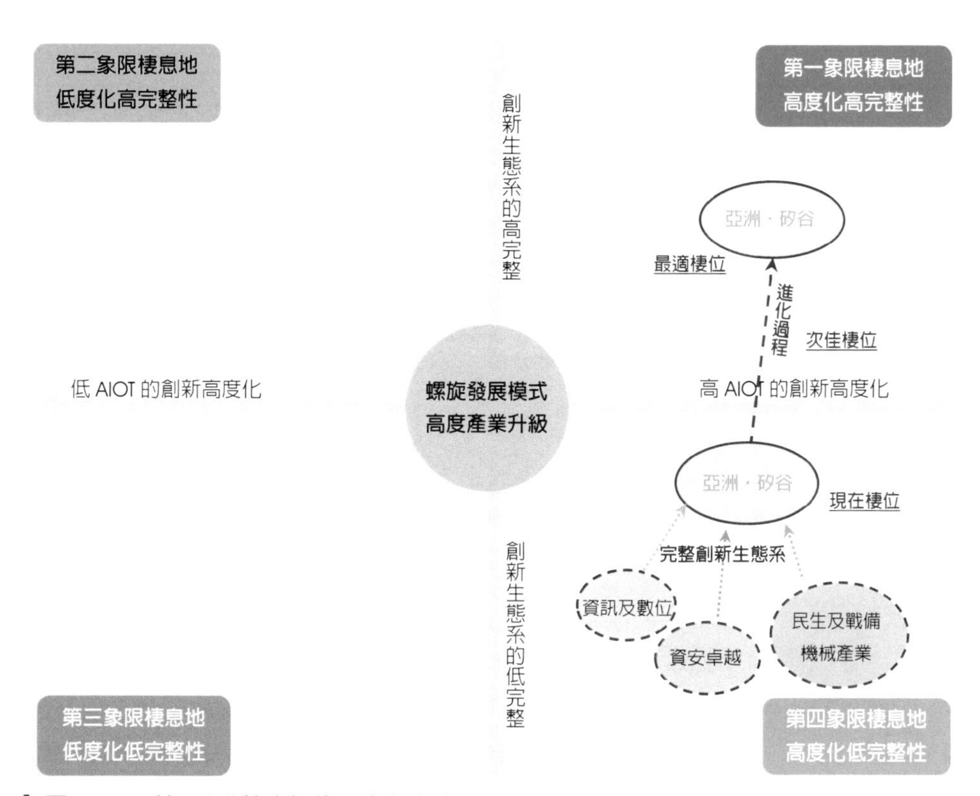

圖4-7　亞洲．矽谷棲息地的最適化移動路徑

策略是引進AI（人工智慧）及5G（第5代行動通訊技術）等數位經濟關鍵技術以擴大AIoT科技應用，並精進新創發展環境，這將以中央與地方合作方式促進跨領域創新與跨區域整合，形成區域的網實群聚並能提供產業創新創業與智慧化多元的示範場域。

依目前台灣在高科技產業的基礎，以及在AIoT科技逐漸廣泛應用之下，產業九宮格約在第四象限的「右上」棲位，意味著亞洲．矽谷的產業競爭力呈現「高度化低完整性」的特性，如圖4-7。未來亞洲．矽谷的策略重心應該提高創新生態完整性。台灣產業永續發展重心在海外市場，而亞洲矽谷計畫正以建構健全的新創產業生態系，使臺灣成為國際的新創孕成基地。

隨著數位經濟快速發展，亞洲．矽谷的計畫內容涵蓋高科技的軟硬體，同時也關係著物聯網架構所必須重視的資安問題，政府和產業對於資安防護及研發人才的需求大增加。亞洲・矽谷也緊密結合在民生與戰備上，所以推動亞洲・矽谷計畫策略需要在資訊及數位、資安卓越以及民生戰備的整合下推動。亞洲・矽谷除了科技創新高度化之外，還須兼顧創新生態系的完整性，這包含了提供創新場域、完備創新法規、完善資金協助、活絡創新人才等措施，亞洲・矽谷被賦予從IT到IoT的全面轉型升級發展計畫[4]。另外，國家發展委員會更在2021年8月提出「亞洲・矽谷2.0推動方案」，此計畫方案是希望將台灣打造成亞洲數位創新的關鍵力量，可以期待亞洲・矽谷的產業棲位將從第四象限的「高度化低完整性」提升到第一象限的「高度化高完整性」。

4.綠能科技（再生能源比例高低；電力供應科技創新系統；環境品質）

經濟成長與環境保全似乎成為必須面臨選擇的問題，過去我國的經濟成長對環境造成了一些傷害，如何降低環境污染還能持續經濟成長已經成為我國發展優質社會的重大課題。另一方面，近年來經濟成長遭遇能源價格的大幅成長，增加對生產條件的不確定性。台灣缺乏天然能源生產，能源要素幾乎依賴進口。2007年之後，國際原油價格的高漲，造成成本的攀升，經濟成長過度依賴能源消耗，眾多的研究成果顯示能源價格的波動造成經濟巨大損失。2022年2月的俄烏戰爭更印證了國際能源價格的巨大波動。因此，能源價格的穩定性不僅影響生產成本，也是影響經濟發展的重要因子，台灣如何克服在此條件下的經濟發展？以產業結構調整作為解決經濟困境的策略，並透過產業結構調整改善台灣經濟體質。近20年來高科技成為台灣經濟成長引擎，但是高科技產業需要不斷研究開發否則容易失去競爭力。有效的研究開發可以提升生產效率與創造附加價值，效率提升除了可以減輕能源消耗以增加利潤之外，並可以促進環境保全的目標；而附加價值創造可以充實企業研究開發資本，促進更高度的產業結構以發展更成熟經濟體質，追求經濟的永續發展。

台灣加入WTO之後，除了進口能源密集度逐漸提高之外，對能源價格的感應度也大幅攀升，意味著台灣經濟更受制於對能源的依賴。一國經濟的永續發展需要將能源節約技術與效率的提升以因應國際經濟環境變化與產業結構調整。台灣已經

---

[4] 國家發展委員會（2016），「亞洲・矽谷推動方案」行政院第3514次會議，105年9月8日。

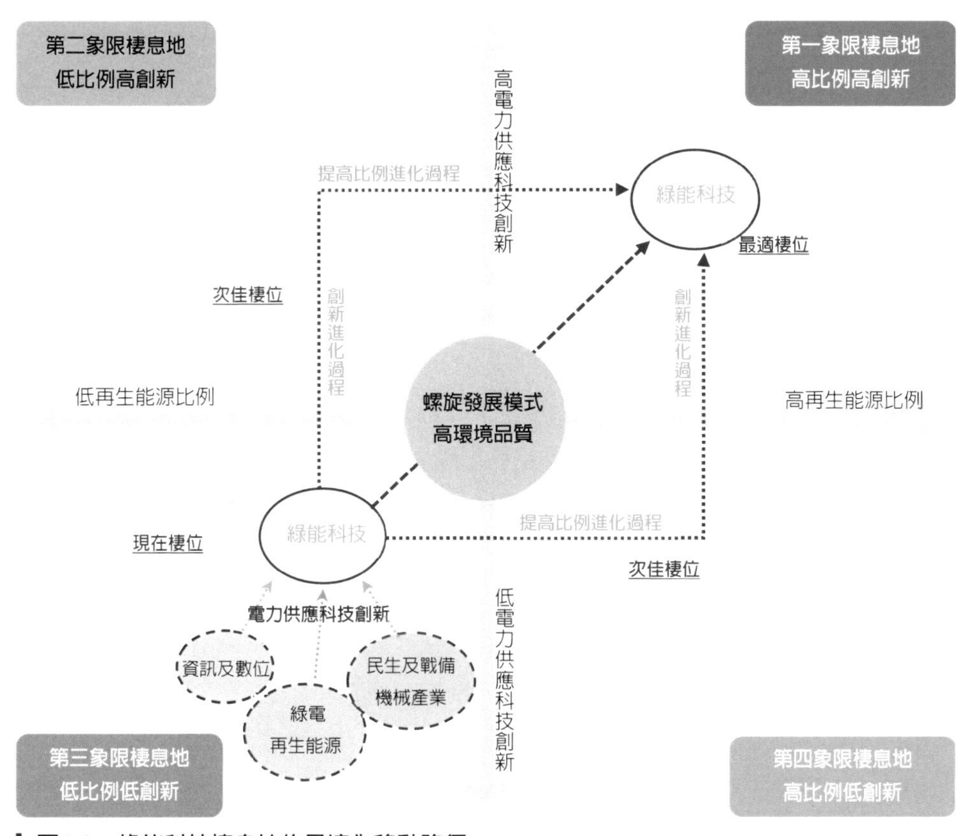

圖4-8　綠能科技棲息地的最適化移動路徑

無法如過去以勞動密集產業帶動經濟成長，能否透過資本與技術密集轉型更高度化的產業已經成為結構調整的重要關鍵。解決台灣經濟困境與環境保全可以透過高科技的研究開發作為調整產業結構，並以有效的產業結構調整帶動經濟的發展，以創造更多的就業機會。一直以來，台灣經濟成長高度依賴出口，容易受世界景氣影響，也形成相對脆弱的經濟體質。另一方面，有些產業存在高度資本設備與技術的缺乏，使得高附加價值的高科技產業發展並不完全。這些原因妨礙台灣產業結構的高度化，無法順利推動整體產業結構調整。

基於上述的各種因素，蔡英文總統在第一任就職之後即提出能源轉型政策，這是以提高再生能源發電比例，重新調整能源配置的重要決策。能源政策轉型提升環境保全的品質，再生能源策略不僅創造新的產業生態也將帶動科技創新的契機，對台灣未來經濟發展賦予相當的期待。不僅是台灣，2011年3月11日的東日本大地震，引發了海嘯與核電廠核洩漏事故，形成複合性災害（combined disasters）之後，日本新能源政策基本方針是以未來的能源供應建立在安全性（Safety）的基本前提之下，同時也能達成能源的安定供給（Energy Security）、經濟效率性（Economic Efficiency）與環境（Environment）的適合性，即所謂的「3E+S」之要求。因此，能源政策調整是國際趨勢，然而一個新產業的形成與發展需要時間的整備，5年期間確實已經有明顯的進展，然以一個成熟產業來看還需要更加長遠的努力。從前面的表4-1的「5+2產業」的競爭力相關指標來看，綠能科技的產業棲位座落在第三象限九宮格的「右上」位置，未來的發展路徑可以從第四象限到第一象限、經由第二項象限再發展到第一象限或是由第三象限直接邁向第一象限的戰略目標，這將視綠能產業發展方式是以提高「電力供應科技創新」？還是「提高再生能源比例」？或是兩者同時發展而定，參考圖4-8。

在圖4-8中，與綠能科技發展相關的「六大核心」產業有資訊及數位、綠電與再生能源以及民生戰備等相關部門。綠能創新需要資訊與數位科技支持，透過跨域整合可以創造綠能創新與發展，能源配置調整攸關分散風險，穩定民生需求與戰備安全。因此，綠能科技的戰略目標涵蓋經濟發展與國家安全兩項任務。推動綠能科技以帶動能源轉型發展綠色產業鏈創造綠色就業機會，具體計畫有「太陽光電2年計畫」、「風力發電4年計畫」、「綠能屋頂全民參與推動計畫」、「智慧電網總體規劃方案」、「新節電運動方案」等政策措施。透過綠能科技的各項投資所獲得的經濟效益與環境改善是可以預期的，依據研究結果顯示[5]，表4-4中，研究開發投資產生的生產誘發額、粗附加價值以及雇用所得額，規模分別為1,404.72億元，694.72億元，393.78億元，投資乘數為1.40，並可創造將近29,000人的就業機會。

---

[5] 參考林佳龍和洪振義（2021），〈高科技產業研究開發的經濟效益分析：動態產業關聯模型之應用〉，台灣智庫working paper。

表4-4　研究開發投資的經濟波及效果

單位：億元；人

	生產誘發效果	粗附加誘發效果	雇用所得誘發效果	創造就業人數
直接效果	1,000.00	576.40	323.40	13,439
第1次波及效果	284.17	76.66	44.59	10,058
第2次波及效果	120.56	41.67	25.79	5,903
總效果	1,404.72	694.72	393.78	29,400
乘數效果	1.40			

資料來源：林佳龍和洪振義（2021），〈高科技產業研究開發的經濟效益分析：動態產業關聯模型之應用〉，台灣智庫working paper。

註：以每千億台幣規模推估的結果。

5.循環經濟（循環產業高度化；產業循環高度化；永續發展）

由於氣候變遷，全球眾多區域發生了暴雨、熱浪、極寒等嚴重的天然災害。這樣的氣候變化正在影響著全球的大自然環境以及人類社會，持續大量的溫室氣體排放很可能對人類社會與生態系統造成嚴重的傷害。為了改善氣候變化等問題，有些研究主張需要建立「淨零排放社會」、「循環經濟型社會」以及「自立分散型社會」等三個轉型的人類社會[6]，這三個轉型社會並不是獨立的，而是相互關聯的影響。人類社會立足於大自然之中，從事生產，分配及消費活動，而很大部分的溫室氣體來自生活和生產活動的過程中，特別是在使用能源和資源當中造成的排放。能源的生產和使用約占全球排放量的55%，其餘的45%與服務業和農業、工業的產品製造加工過程有關[7]。因此，如何改善生活和生產活動中對能源資源的使用效率以減少源頭的氣體排放。

由於國際貿易體制的全球淨零排放要求，以及歐美碳邊境調整機制的趨勢，台灣面臨淨零轉型不只是環境保全的問題，也是攸關我國產業在國際競爭力上的經濟課題。政府將推動國家級淨零科技行動方案，希望達成2050淨零排放目標，其中在氫能、智慧電網、儲能設備等新興技術創新是重要的關鍵。淨零排放並非要求排放量等於零，而是改善人為因素造成的溫室氣體排放達到極小化，再透過負碳技術、森林碳

6　日本環境省（2021），「環境白書・循環型社会白書・生物多樣性白書」。

7　循環台灣基金會「焦點議題——淨零排放」（瀏覽日2022/05/16；https://circular-taiwan.org/issue/net-zero/）

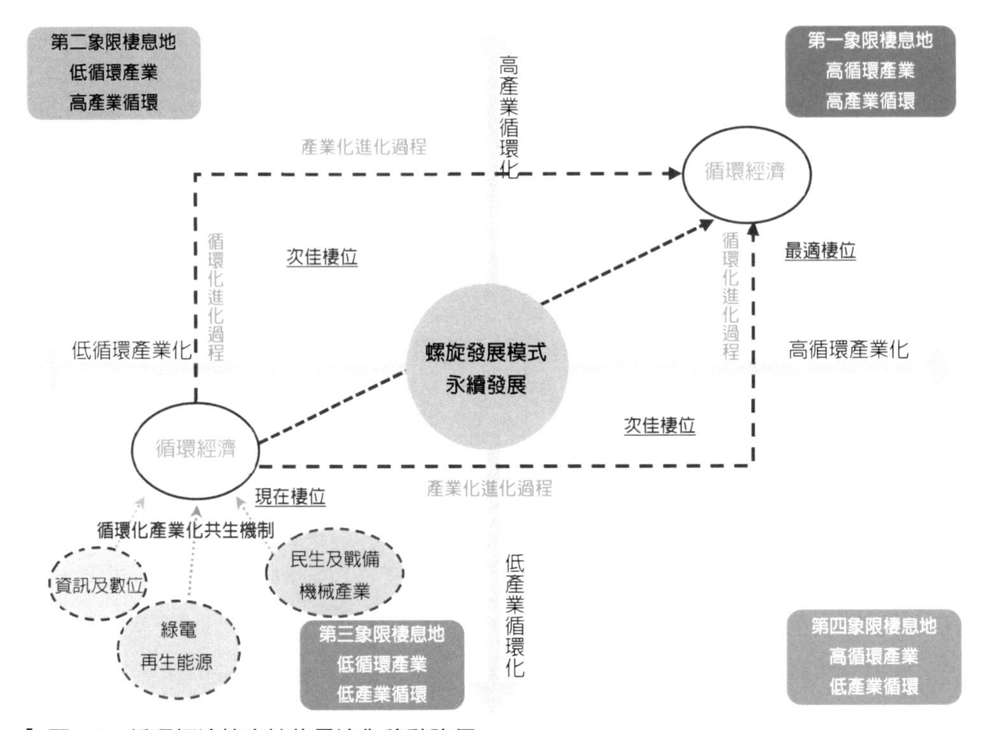

圖4-9　循環經濟棲息地的最適化移動路徑

匯等方法抵消先前排放邁向淨零排放，這需要結構性的改變。其中，循環經濟提供了一套新的經濟運作模式。循環經濟運作機制是以「原材料—製品—利用—廢棄物」的再循環方式使用資源，這樣將可以減少能源與資源的開採提高使用效率，以達到減碳效果。循環經濟是讓我們的社會可以回到自己在生態系統循環中的位置進行物質的再生產，這對「淨零排放社會」的轉型至為重要。淨零排放與循環經濟的運作需要政府-民間企業通力合作，從政府法規制度建立到企業投入了解循環經濟發展低碳的商業模式，重新設計可持續和有彈性的經濟發展。循環經濟是以透過產品、零組件和材料的多次循環運用減少新商品製造，提高資源循環運用，這樣將會減少原物料開採和加工過程的排放，建立循環經濟型社會的轉型，轉型過程中將會創造出新的服務產業，即是「綠色服務產業」。換言之，循環經濟的社會轉型將會從製造業延伸到服務業，產業發展從「原材料—製品—利用—廢棄物」直線式的線性經濟，轉型為「資源永續」，這是循環經濟及永續創新的思維融入在經濟活動當中，追求經濟與環保共存作為，這也現今的國際潮流，而「循環產業化」與「產業循環化」是推動循環經濟的兩大主軸。「產業循環化」的完整性是推動循環經濟的基礎，而「循環產業化」是鞏固循環經濟發展的加速器。政府現階段在「循環產業化」上推動循環技術暨材料創新研發、新材料研發人才培育及試量產場域以及循環新材料技術（及再生物料）應用通路與出口等三項措施。而在「產業循環化」上則建立新循環示範園區、循環經濟資訊平台及循環產業共生聚落以作為循環經濟的實踐場域。

現階段的循環經濟對我國雖是個起步階段，如圖4-9所標示，其棲位座落在產業九宮格的第三象限的「左上」，但在既有的產業製造與科技創的基礎上，未來是有條件創造新的產業契機。由於循環經濟涉及範圍廣泛，以「5+2產業」與「六大核心」產業發展相關性來看，以資訊及數位、綠電・再生能源以及民生戰備等三項的計畫產業密切相關，推動以「循環產業化」與「產業循環化」為主軸，結合三項計畫的科技創新融入螺旋發展模式，邁向淨零排放與循環經濟的轉型社會。循環經濟的產業棲位的移動方向可以透過三種方式，提升「循環產業化」（第三象限→第二象限→第一象限）或是完善「產業循環化」（第三象限→第四象限→第一象限）的產業結構，還是兩者同時進行（第三象限→第一象限），移動路徑需視產業研究創新與產業間統合的發展程度而定。

6.國防產業（國防產業最終品自製率；中間零件自製率；國防安全）

國防及戰略產業是「5+2產業」與「六大核心」產業所規劃的重要戰略產業，國防產業發展不僅涉及國家安全，也是穩定社會民生和經濟發展的策略產業。因此，國防產業相關技術兼具有軍、民兩用的特質，當思考國防產業發展政策之際，除了持續累積各種武器系統研發能力，同時兼顧帶動相關產業科技創新以擴大多元領域展發。其中又以航太、造艦、資安及周邊機械等產業做為推動國防自主重心，以資安產業結構優化與培育資安專業人才擴大整體市場的發展。在推動計畫防安包含了開發航空發動機等10項技術、船艦推進系統等8項核心技術及建立國防產業供應鏈，並在太空產業朝向發展低軌道衛星及地面設備[8]。

[8] 國家發展委員會產業發展處（2020），「六大核心戰略產業推動方案」（行政院第3730次會議，109

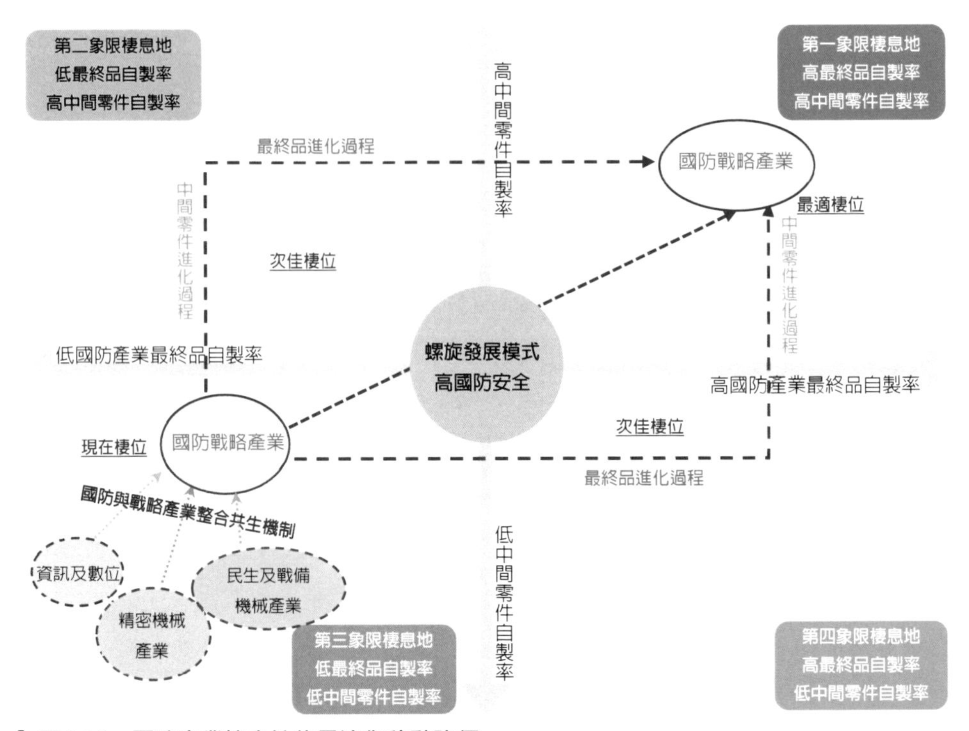

圖4-10 國防產業棲息地的最適化移動路徑

台灣的製造能力是產業優勢條件，研究相關機構長期追求科研創新並累積眾多成果，整合產學研界的製造與創新能力，並運用國內資通訊及精密機械等產業優勢，可以建立國防相關產業的供應鏈。加上，如能透過採用國內研製之元件、儀器等精密機械相關產品，透過國內國防單位適用加以認證或專利，將國產元件導入國際市場，促進台灣成為國際國防產業研發與製造的重要基地。

台灣國防產業發展和其他產業相比比較慢，眾多國防設備與武器來自美國或其他國家，如何提升國防自主確保更安全環境是刻不容緩的課題。因此，提高國防產業自製率，能夠自主維修與完備的供應鏈實現國防安全。現階段國防戰略相關如圖4-10所示在第三象限的「左中」的產業棲位，產業發展戰略可以提升國防產業最終

年12月10日）

製品自製率或是中間零件自製率為目標，也可以兩者同時發展方式。然而不管是哪種戰略都需要具電機機械以及資訊數位相關產與國防戰略產業之間能否整合，並建立產業的共生機制而定。

7.新農業（智慧農業高度化；農業經營制度完整性；環境保全與農業所得）

台灣農業生產條件受限於耕作的地理條件，加上國內消費市場不具經濟規模性，使得農業無法大規模經營。這樣將使得農業性投資裹足不前，也影響農民的農業所得。近20幾年來的高齡與少子化，農業繼承者問題已經成為台灣農業能否持續發展的重要課題。加上面臨全球氣候變遷、國際貿易規範日益嚴格，消費者對於食品安全要求，消費者保護以及環境保全等意識也大幅提高，台灣農業必須有所因應，農業結構調整以及農業升級已經是刻不容緩的課題。

為了解決上述農業諸多的問題，農業主管機關以及相關單位提出農業4.0與智能農業等計畫措施，試圖提升農業生產高度化增加農業所得。2017年更以「5+2」的「新農業創新推動方案」，運用科技創新以及建立新的農業制度，提高農業附加價值以確保農民福利及所得，同時還能兼顧資源有效利用及生態環境，建立農業永續的新農業價值。新農業將透過完善的農民福利體系、健全農業・農村的基礎環境及農業產業化以提升產業競爭力等三大主軸作為農業邁向更具高度化體質，優化農業・農村提升農民的生活品質與收益。

農業發展的重要條件之一在於農業制度是否完善，這包含農業生產，流通以及銷售等階段的制度。台灣農業制度在日治時期已經有初步的架構，歷經70幾年來制度的完整性更具規模，最具代表性的農民組織為農會，此架構下還有各種產銷班，一鄉一農會的存在扮演農業生產推廣，資材供給以及共同運銷等任務。除此之外還有農業合作社、合作農場等農業組織。農會擔任政府推廣農業政策的末端機構，是農民與政府之間的溝通橋樑，同時也是各農業試驗所農業創新的推廣者。加上，2019年持續推動精進農民健康保險、實施農民職業災害保險以及全面啟動農業保險等措施，並更進一步建立農民退休儲金制度。實施各種農業制度，使我國農業經營制度的完整性與其他大部分國家相較之下可以說相對完備。

具備較為完善的農業經營制度，新農業創新達成的重要關鍵在於高智慧的農業經營方式。高智慧農業生產模式是以連結消費市場的需求進行產銷調節，在生產管

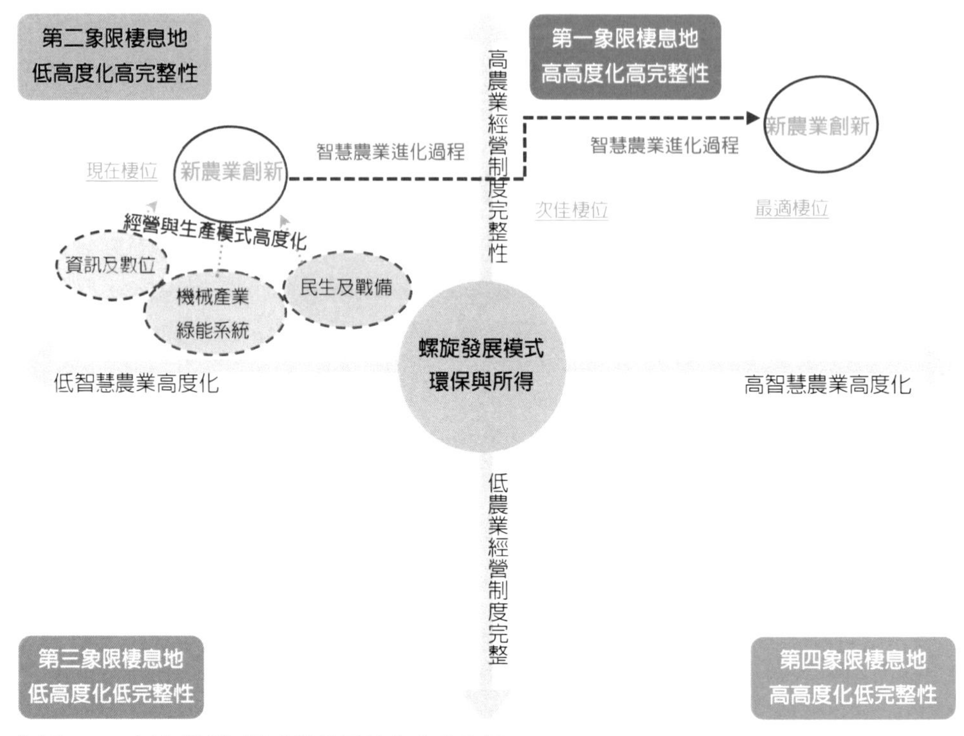

圖4-11　新農業創新棲息地的最適化移動路徑

理上採用智慧型機械設備，並以ICT、AIoT、大數據以及區塊鏈（Block Chain）等技術建立平台，可以減輕農場作業的負擔，提升勞動生產性的農場經營管理模式。例如，在智能禽舍監控管理系統的成本與飼養淨收益上皆有不錯的表現，其中包含飼料以及電力的節省，提高農民的農業經營所得。另一方面，透過智慧技術平台也可建立更完善的農產運銷訊息追溯系統結合農產品集貨中心，將農產的品質基準、衛生管理以及組織規範等經營管理上的制度趨於更加完善。

新農業創新不僅在農業生產與消費上達到智慧管理，也將環境保護上納入規畫之中，配合政府的能源政策轉型引進智慧控管引進再生能源系統改善環境品質。例如，光電禽舍監控管理系統的採用，成本效益分析除了獲得不錯的農業投資報酬之外，還減少氣體排放並改善農業經營的環境品質。

台灣農業朝向新年夜創新的新階段發展，如果以農業經營制度完整性與智慧農業高度化做為雙軸的關鍵因素，現階段農業如圖4-11，產業棲位座落於第二象限的「中間」位置，這代表現階段農業處在較高完整性的農業經營制度與智慧農業尚未全面高度化。以政府新農業創新計劃的智慧農業，推廣「有機友善、產銷履歷」，採用3章1Q食材提升「糧食安全」，或是成立「農產加工整合服務中心」健全農產品產銷結構等措施，擴大農業的六級產業化，同時以農業研究創新促進「農產業」升級，農村．農業的永續發展。那農業棲位移動方向將往第一象限前進，這將會是智慧農業進化過程的新農業創新展現。

企業投資領航者

郭台銘

郭台銘是鴻海科技集團創辦人，以1974年鴻海塑膠企業有限公司為創業起點，當時以生產黑白電視旋鈕為主。1980年代是台灣電子、機械相關產業發展期，郭台銘改變公司的經營業務，於是在1982年將公司改名鴻海精密工業股份有限公司，主要以製造連接器、電線電纜、電腦機殼、電源供應器等零件，這也是當時台灣出口產品的主力軍。並隨著半導體等科技產品不斷地出奇創新，1990年代開始，郭台銘以轉投資策略不斷擴大企業版圖，所涉及範圍幾乎涵蓋3C產品上、下游產品及服務，例如電子專業製造服務（Electronic Manufacturing Services, EMS），精密電氣元件、機殼、準系統、系統組裝、光通訊元件、液晶顯示件等（wikipedia.org）。

郭台銘所經營的事業都與台灣產業發展進程息息相關，從早期塑膠產品的製造到現在高科技產業的投資都證明他對市場具有極高敏感度與觀察力，並能以精準投資策略與執行力開創龐大鴻海企業王國邁向國際。「定策略，建組織，佈人力，置系統」是郭台銘在開創事業與投資時的策略思考邏輯，現任董事長劉揚偉強調鴻海就是以這四項步驟執行力進入新創領域，如電動車、智慧醫療（劉揚偉交通大學演講，2019.12.19），其中鴻海發起成立MIH聯盟，鏈結上下游產業生態鏈，建立電動車產業生態圈。MIH聯盟策略是採用鴻海在ICT（資訊與通訊）產業的經驗所建置「標準化、模組化」開放平台，以達節省時間並能降低成本，並提升產業競爭力（參考《科技特派員——林佳龍與十二位企業CEO的關鍵對話，前瞻台灣產業新未來》，2022年，財團法人大肚山產業創新基金會），這些推動模式都是延續郭台銘經營鴻海科技集團所建立的基礎。

Ch5

數位新南向的產業發展戰略
——雙螺旋效應的意義

數位新南向的願景

前面談及關於台灣面臨少子與高齡化所引發的勞動力不足對經濟產生負面影響，也加速城鄉人口以及區域經濟的落差，ICT的導入能夠解決一部份的壓力。然而，台灣經濟永續發展條件無法單獨依賴國內，需要建立海外據點，佳龍擔任數位新南向無任所大使就是希望為台灣與國際之間的經貿活動建立一個共生與共好的發展模式。台灣發展國際之間合作模式的意義，除了開拓台灣產業的國際市場延伸，也提供國際走向台灣的雙贏橋梁，我認為推動數位新南向政策是推動戰略的第一步。數位新南向策略透過「包容性」與「韌性」的人為主義精神形成合作模式，將東南亞國家的產業發展作為振興國內經濟的發展能量，同時也促進城鄉區域產業創新的新動力，佳龍更希望將過去所主張的產業棲息地理論進一步演化成國際產業棲息地發展模式。

南向政策始於1990年代李登輝前總統，到了2016年蔡英文總統提倡新南向政策，兩次南向政策都存在不同背景下的經濟發展需求。進入2020年之後美、日主導的印太戰略架構開始形成，國際環境條件已經被改變，此時台灣的新南向政策戰略需要做必要的調整，我們應以產業優勢條件思考新南向的發展戰略，台灣數位科技的發展經驗與產業實力確實可以扮演重要角色。過去產業以生產技術提升創造利潤累積資本作為產業發展的原動力，新時代的產業發展型態可以運用數位科技進行矩陣創新，結合各項軟硬體整合應用提供新型態的服務。世界經濟活動正以科技產品的線性供應鏈快速更迭進行著，我曾提倡產業棲息地理論與產業螺旋發展模式說明大肚山精密機械產業發展的可能性，認為各種產業間的跨域整合，建立數位經濟與矩陣創新將是企業成功的關鍵因素。

依產業的規模性與特質可以將台灣產業分佈劃分成北科、中科、南科等三大核心區域，每個區域都具有不同的產業特質，我認為以這三大區域為台灣產業發展核心，並以此建構我國產業發展的短期與中期棲息地。在產業棲息地的架構下，產業與企業經過不斷地進化提升競爭力與附加價值之後，將可以邁向最適產業棲息地的發展模式追求永續產業發展目標。借用熊彼得創新理論技術新結合的概念，利用空間與時間創造產業異質化特質提高競爭力，其中北、中、南科技園區與大肚山精密工業結合就是一個很好的跨域整合。運用數位新科技是連結產業棲息地的創新神經，而數位創新提高附加價值是產業螺旋發展的理論模式，佳龍認為採用產業棲息地理論與產業螺旋發展模式推動新南向政策，將台灣優勢的數位科技整合當地產業，形成更具有組織化與企業化的戰略思維。這也是深化與南向諸國關係建立「包容性」的人本主義價值。這樣的戰略思維必須建立在台灣企業的「凝聚力」與當地國之間的「認同」（identity）。我認為台灣南向政策的成功要素必須以「包容性」為基礎的經濟合作，以數位科技創新作為台灣企業帶動南向諸國經濟發展，同時創造我國產業發展的廣度與深度的契機。

另一方面，在印太戰略架構下的台灣已進入一個嶄新時代，這個架構涵蓋了地緣政治與國際經濟兩個面向。在此同時，台灣問題的國際化被納入印太戰略的框架之中，台灣從過去的兩岸關係轉變為印太戰略關係，過去的台灣已經走入印太架構下的台灣，當我們擘劃當前台灣未來發展藍圖必須將這樣的世界格局變化納入戰略思維的模式之中。當美、中全面對抗牽動世界局勢走向時刻，台灣問題被改變了，國際上對台灣的定位逐漸從過去的模糊戰略轉向清晰之際，台灣應該順勢而為爭取國家最大利益。其中新南向政策就是一個具體的事實。

新南向戰略的國際產業棲息地發展模式[1]

過去的國際投資型態大都建立在雁行型態的國際傳播理論上，透過國際的傳播引導後進國家，從區域經濟擴展到世界經濟全體的發展模式。然而伴隨著經濟發展

[1] 參考林佳龍（2022），〈從產業最適棲息地理論看數位新南向的包容性新思維〉，《自由共和國》（2022/01/02）。

也逐漸浮現一些問題，諸如各國的生產體制、經營方式、法律規範、人權、宗教文化、價值觀等社會秩序的協調性，這也是我們推動新南向政策時首先面臨的課題。過去研究顯示透過貿易以及海外投資，多國籍企業的貢獻顯著，當世界經濟新秩序時代的來臨，數位科技的普及以及廣泛應用在各產業之際，新南向戰略可以透過我們的產業優勢開拓數位新南向管道，協助本國相關的企業和產業走進國際。南向諸國具備多元且豐富的風俗文化，當「國際經濟的同質化」遇見「風俗文化的異質性」時，我們新南向戰略必須克服這個問題。我提出國際版的產業棲息地理論（共生關係的形成）與產業螺旋發展模式（共進化效果的結盟）的主張就是基於這個問題所提出的一種處方簽，產業之間唯有「共享」才能邁向「共好」的產業發展模式，新南向戰略的諸國經濟合作也需建立在這樣的價值觀之下推動前進以達到「共進化」的戰略目標。以數位科技連結南向各國社會經濟建構區域間合作網絡，促進以數位科技協助新南向國家的產業發展。數位科技發展趨勢的代表產業有「智慧製造」、「智慧交通」、「智慧醫療」以及「智慧城市」，以網路外部性的數位科技應用服務結合台灣硬體優勢，拓展到南向區域。這些都是台灣具備優勢產業，如能在南向區域建構合作平台，除了以「包容性」精神協助該區域的經貿發展，並能以友善環境的方式與當居民建立相互信賴關係，走向人本主義為核心的區域合作，這將可以協助台灣企業的經營發展，又能夠加大台灣數位科技系統在南向各國之間的話語權，未來提供更實質的國際交流。我期待著新南向戰略的成功將可以提供台灣前進下一個世界角落發展的典範模式，深具意義。

產業棲息地發展理論就是一種制度也是軟實力的展現，數位新南向的實踐方式也借助其中的部分思維，就是以制度的「包容性」推動產業數位科技創新，透過產業棲位形成最適的棲息地形成一個共享共榮的共生平台推動產業共進化的境界。「包容性」的軟實力在政治價值觀上強調自由、民主、法治以及人權；在社會層面上強調志工精神；在經濟上強調就是創新與研究的高附加價值產業轉型等。另外，台灣的多元文化背景以及教育水準都是前進新南向極具象徵的軟實力。數位新南向策略將引進這套的運作模式，塑造本國企業的「凝聚力」爭取南向各國的「認同」（identity）建立海外最適產業棲息地。

DIMEs架構下綜合戰略思維[2]

由於我國經濟結構的重要特徵是高比例的貿易依存度，特別在出口依存度上，這意味著企業製造產品除了供應國內使用之外，還需要靠海外消費市場以獲取更大的利益，出口已經成為台灣經濟成長的最大貢獻者。然而，這種依賴出口的經濟體質並不穩定，經濟成長容易受到國際市場變動所左右，例如近年來的COVID-19與俄烏戰爭對世界經濟影響特別深刻，台灣需要規劃一套永續發展的方針，應用台灣優勢產業的數位科技創新，以供應國內的機器設備硬體並進行整合行銷服務，實現台灣數位包容性跟網路外部性的兼顧特質，透過產業間跨域整合推動國際區域的經貿活動。

長久以來台灣處在嚴苛的國際政治與經濟環境之下，當思考國家未來發展之際，無法只停留在經濟層面，需要將國家安全納入考量，並提升成為國家戰略層級。

近兩年的COVID-19大流行所造成的傷害，想必國人深刻體驗到外在因素的衝擊對我們社會造成生命健康威脅以及對產業經濟的衝擊。當2019年武漢肺炎爆發之初，在尚無疫苗情況下，高致死率的病毒以及口罩不足所引發的社會恐慌記憶猶新。佳龍時任交通部長，經營團隊以最快速果決阻斷境外可能產生的感染風險，並參與口罩國家隊的成立，希望將第一階段疫情傷害降到最低。今年2月24日俄烏戰爭爆發凸顯軍事國防對國家生存的重要性之外，外交、情報以及經濟都是關係著一個國家永續生存的關鍵因素。COVID-19與俄烏戰爭衝擊下世界各國都必須承受所帶來的影響，而能否因應這種強度衝擊視國力的承受能力而定，這些衝擊範圍不只是在經濟層次，還涵蓋政治與外交，甚至軍事國防。換言之，COVID-19與俄烏戰爭所產生的影響已經是整體國家安全問題，所以思考因應之道是屬於國家戰略的層級。在分析國家安全戰略上，DIME模式是一個重要參考，這包含了外交（Diplomacy）、情報（Intelligence）、軍事（Military）以及經濟（Economy）等4個層面。在這裡我想如果加上台灣獨特的軟實力（soft power），那將構成一個比較完整的國家戰略的思考，即DIEMs架構。

---

2 參考林佳龍（2022），〈以DIMEs架構推動數位新南向國家級戰略〉，《自由共和國》（2022/05/08）。

由於現今國際局勢產生巨大變化，COVID-19危機促使各國必須重新思考戰略物資的定義，以及如何重整健全的產業結構，其中以「數位轉型」與「能源轉型」將會對我國未來產業升級扮演極重要角色。另一方面，從俄烏戰爭可以發現傳統的戰爭型態已經無法因應戰場的訊息萬變，資訊情報戰成為成敗的重要關鍵，台灣的數位科技創新也能在國際地緣政治轉變當中發揮作用。因此，新南向政策是屬於整體國家戰略重要的一部份，而數位新南向則是策略實踐的一環。前述DIMEs模式的政策意涵在於新南向政策不僅為台灣企業開拓海外新市場，降低國家發展風險，同時還能強化DIMEs模式以鞏固國家安全。DIEMs五項構面是國家發展戰略上的必要元素，而數位新南向可以強化台灣在DIMEs的實力，這也是國家更安全的國家戰略手段。

以數位科技創進入東南亞等區域的南向政策是可以強化我國與國際之間在D、I、M、E、S上的一種方式。在現今國際上受到中國的「一中原則」壓縮我國外交，很難與各國政府有正式外交往來，數位新南向將以智慧製造、智慧城鄉、智慧交通以及智慧醫療等技術創新的硬實力為基礎，並透過「包容性」的人本主義價值的軟實力與當地企業建立合作夥伴關係，這可以作為強化與南向政府實質交流的橋樑，這是以經濟實力（E）提高實質外交（D）的方式，達成增進國家利益的目標。2018年APEC年度就是以「掌握包容性機會，擁抱數位未來」為主題，而台灣是其中成員，今後可以更進一步透過APEC國際組織架構，以包容性與南向國家建立未來數位科技合作夥伴，將外交與經濟的緊密結合以突破與APEC會員國的合作交流，增進彼此之間的信賴關係。

數位新南向政策除了可以從APEC國際組織上獲得經濟與非正式外交的實質提升之外，台灣還可以努力爭取融入以日本、美國為主導的「跨太平洋夥伴協定」（Trans-Pacific Partnership, TPP）、「四方安全對話」（Quad）以及「印太戰略」（Indo-Pacific Strategy）等國際架構做為推動數位新南向政策的另條管道。台灣提供數位科技創新展現價值，並對這些國際組織做出貢獻，透過國際組織協助台灣提升國家戰略上的情報能力（I）與軍事能力（M）。情報與軍事對一個國家戰略上之重要性從這次俄烏戰爭上展現無遺。換言之，數位新南向的內部戰略是提升國內產業發展並改善經濟體質，外部戰略目標則是提升台灣情報能力與軍事能力以強化國家安全。

數位新南向策略先以數位科技產業的硬實力強化台灣在外交（D）、情報（I）、軍事（M）以及經濟（E）上的能力，佳龍更希望數位新南向策略充分發揮台灣的軟實力（S）以提升更高層次的國家戰略目標。軟實力是一個國家永續發展最具關鍵的潛在因素，之所以屬於潛在因素是因為其定義非常廣泛並無標準，涵蓋了文化，政治價值，意識形態或是外交政策等。我國的軟實力也表現在COVID-19大流行期間推動「Taiwan Can Help, and Taiwan is Helping!」，展現我們對國際社會的人道關懷與災害防救的能力，台灣也可以成為印太地區防災人才培育訓練中心，藉此與各國合力提升抗災能量與韌性。

台灣與新南向主要國家的經貿關係

誠如上述，我提出以棲息地發展模式及DIMEs模式建構新南向戰略，在推動之際應該先行討論台灣與新南向主要國家之間的經貿關係以了解彼此之間的產業特質。接下來將透過台灣出口到新南向國家的產業別規模，並區分產業各階段製程，再計算產業特化係數（Trade Specialization Coefficient, TSC）做為比較台灣與新南向國家之間的產業競爭力。

貿易特化係數被視為是國與國或是區域之間的貿易競爭優勢指數（Trade Competitive Index，TC），常被用在分析出口產品生命週期的方法，從不同時期進出口產品的特化係數變化可以顯示該國或區域在此產品特性是屬於進口階段、進口替代階段、出口擴張階段或是從成熟期轉為逆進口階段。貿易特化係數的計算公式為：

$$TSC_i = (X_i - M_i) / (X_i + M_i)$$

TSC_i表示$_i$產品的貿易特化係數，X_i、M_i分別表示i產品的出口額和進口額。貿易特化係數介在$-1 < TSC < 1$之間，當貿易特化係數越接近1時，代表該國該產品的國際競爭力就越強；反之，如果貿易特化係數越接近於-1時，則代表該產品國際競爭力就越弱。另外也有以專業化角度解釋此係數，當出口額大於進口額呈現係數為正值，表示該類產品的專業化生產水準較高較具競爭力。反之，當出口額小於進口額呈現係數為負值，則表示該類產品的專業化生產水準較低，比較不具競爭力。

台灣與新南向國家的貿易額從2020年的1083.56億美元到2021年的1490.97億

美元，增加37.6%，其中台灣出口值也從610.76億美元提高到825.81億美元，成長了35.2%。另外，從表5-1的2019年的世界貿易矩陣表中可以看出新南向國家中的ASEAN與印度在世界經貿活動，台灣出口新南向國家貿易額約630億美元，僅次於中國1,730億美元。台灣出口眾多的零件，加工品以及資本最終商品到新南向國家，新南向國家經過加工組裝後再出口到美國，EU與日本，形成了「三角貿易」（triangular trade）關係，關於這一點將在本章節後面會做更進一部的探討。

表5-1 世界貿易矩陣中的台灣與新南向國家之貿易（2019年）

單位：10億美元

出口＼進口	台灣	韓國	日本	美國	ASEAN	印度	EU	中國
台灣	-	16	27	56	63	4	35	173
韓國	18	-	30	80	96	16	58	174
日本	44	48	-	147	113	13	83	172
美國	36	62	79	-	108	36	330	122
ASEAN	35	55	102	207	262（域內）	56	150	271
印度	3	6	5	60	27	-	54	18
EU	31	56	89	526	122	54	3891（域內）	276
中國	57	107	169	472	277	68	471	-

資料來源：日本経済產業省（2021），《通商白書》，參考P.82第 II -1-1-14圖之數據後，作者繪製而成。

近兩年由於受到疫情的影響，2020年全球經濟衰退了3.1%，2021雖有恢復到5.9%的成長，但是2022年還是存在諸多的不確定因素，例如俄烏戰爭，美、中經貿與地緣政治的對立等。在2020年我國與新南向國家之間的貿易總額5年來卻成長了12.9%，其中，新南向國家來台投資金額達到3.8億美元，五年來成長高達58.3%。另一方面，台灣對新南向國家的投資額也達到28.3億美元，成長了19%[3]。2020年台灣對新南向市場貿易總額為1,084.8億美元，占貿易總額比例的17.2%，較2019年

[3] 工商時報（2021/04/13）：https://www.chinatimes.com/amp/newspapers/20210413000146-260202?fbclid=IwAR3AS4QfmbmtiWukDiOEKlx9AdYk6w-V83KFrlIoy3xI-ya1ZGpCMbh2TFU, 瀏覽日2022/05/25。

表5-2　台灣主要產業別出口新南向國家所佔金額（橫向，2020）

單位：美元

產業別	Indonesia	Viet Nam	Thailand	Philippines	Malaysia	Singapore	India	Australia	New Zealand
1 糧食農業相關	46,801,700	273,091,500	239,192,800	106,992,600	106,603,200	132,300,300	4,243,800	143,590,700	12,969,000
2 紡織產品	392,766,000	2,094,441,800	252,852,600	139,500,900	49,095,200	64,926,400	107,692,200	69,169,100	13,863,300
3 紙木相關製品	74,373,200	379,470,300	105,041,200	68,316,600	132,833,800	57,860,000	68,449,700	133,256,200	22,865,700
4 化工相關產品	608,511,200	2,891,159,700	1,033,815,200	406,225,600	1,166,220,000	716,872,200	1,263,377,500	676,720,000	76,204,700
5 石油和礦業	54,763,500	128,910,100	32,754,700	892,013,100	552,295,700	781,364,100	62,115,900	604,254,200	5,500
6 陶瓷、土石製品	15,336,200	44,903,100	16,436,200	51,775,900	40,696,700	31,171,800	10,313,600	13,972,200	8,014,600
7.鐵與非鐵金屬	358,395,400	1,404,158,800	991,811,700	487,339,600	817,998,500	454,907,200	287,328,800	596,917,200	108,813,100
8 一般機械	453,041,600	920,144,500	608,861,000	418,619,300	518,410,200	1,774,941,300	508,762,100	384,683,200	97,153,100
9 電機相關	176,136,400	1,219,971,500	701,057,500	493,441,300	1,143,765,700	693,937,200	285,755,800	375,976,700	39,890,400
10 家用電器	25,580,500	39,174,300	80,214,200	30,454,600	315,592,200	86,098,100	48,143,700	74,798,900	9,768,000
11 運輸機械	110,715,000	189,357,300	103,613,400	110,977,900	56,919,500	66,407,000	15,675,000	256,104,200	56,202,300
12 精密機械	13,994,200	703,212,400	57,266,000	77,121,000	97,242,200	103,208,600	23,256,200	60,396,600	5,143,600
13 玩具及雜項	44,935,000	180,631,000	50,695,700	29,510,800	45,705,000	33,412,500	20,585,400	124,396,800	16,253,600

資料來源：林佳龍和洪振義（2022），〈台灣與新南向主要國家經貿產品性質之探討〉，台灣智庫working paper。

註：由「RIETI-TID 2020」資料庫數據計算結果產業分類以聯合國的SITC分類標準。
（瀏覽日2022/05/23,https://www.rieti.go.jp/jp/projects/rieti-tid/data/about_SITC13.pdf）

表5-3 台灣產業出口新南向主要國家所佔的比例（2020，橫向）

單位：%

產業別	Indonesia	Viet Nam	Thailand	Philippines	Malaysia	Singapore	India	Australia	New Zealand
1 糧食農業相關	4.39%	25.62%	22.44%	10.04%	10.00%	12.41%	0.40%	13.47%	1.22%
2 紡織產品	12.33%	65.77%	7.94%	4.38%	1.54%	2.04%	3.38%	2.17%	0.44%
3 紙木相關產品	7.13%	36.40%	10.08%	6.55%	12.74%	5.55%	6.57%	12.78%	2.19%
4 化工相關產品	6.88%	32.71%	11.70%	4.60%	13.19%	8.11%	14.29%	7.66%	0.86%
5 石油和礦業	1.76%	4.15%	1.05%	28.70%	17.77%	25.14%	2.00%	19.44%	0.00%
6 陶瓷、土石製品	6.59%	19.30%	7.07%	22.26%	17.49%	13.40%	4.43%	6.01%	3.45%
7.鐵與非鐵金屬	6.51%	25.49%	18.01%	8.85%	14.85%	8.26%	5.22%	10.84%	1.98%
8 一般機械	7.97%	16.19%	10.71%	7.36%	9.12%	31.22%	8.95%	6.77%	1.71%
9 電機相關	3.43%	23.78%	13.67%	9.62%	22.30%	13.53%	5.57%	7.33%	0.78%
10 家用電器	3.60%	5.52%	11.30%	4.29%	44.46%	12.13%	6.78%	10.54%	1.38%
11 運輸機械	11.46%	19.60%	10.73%	11.49%	5.89%	6.87%	1.62%	26.51%	5.82%
12 精密機械	1.23%	61.64%	5.02%	6.76%	8.52%	9.05%	2.04%	5.29%	0.45%
13 玩具及雜項	8.23%	33.07%	9.28%	5.40%	8.37%	6.12%	3.77%	22.78%	2.98%

資料來源：由表5-2計算得出。

COVID-19爆發的18.2%略為下降，到了2021年對新南向18國出口總額達825.8億美元，創歷史新高，其中出口的成長幅度高達35.2%[4]。新南向政策是希望台灣在經貿關係上能夠取得有利的戰略位置，在全球產業供應鏈也可以扮演關鍵性角色並更加深化國際經貿合作關係。台灣的產業發展階段與新南向國家不同，彼此可與透過經貿往來的合作與互補，增進經濟發展與提升彼此國人的生活水準。從表5-2可以知道在台灣對新南向主要國家貿易品目上的差異。

新南向國家進口我國的主要品項為化工相關產品（23.79%）、一般機械（15.30%）以及鐵與非鐵金屬（14.82%），較少的品項為陶瓷、土石製品（0.63%）玩具及雜項（1.47%）和家用電器（1.91%）等三種，以整體台灣對新南向國家出口特徵還是以機械相關產業為主。其中，精密機械只有3.07%，這是我國優勢產業，一旦新南向國家經濟發展越加成熟的時候，這將會是台灣出口的重要產業。

另外，由於新南向國家中在產業發展程度與自然資源條件的差異，這對進口產品的種類存在很大差異，參考表5-3。台灣在13種類的產業出口比例中，輕工業的紡織相關產品越南進口最多的65.77%，紐西蘭的0.44%為最少。在一般機械進口以新加坡的31.22%所佔比例最大，而在家用電器則是馬來西亞的44.46%。而精密機械需求最多的是越南，約佔台灣出口新南向主要國家的61.64%。然而，上述只能看出產業的出口總量，我認為需要更深入了解出口品目的特質。換言之，從製程區分進口產品特性定位台灣與新南向國家的國際分工角色，這將有助於未來台灣產業戰略的制定。在上面我提出「三角貿易」概念，以圖5-1做進一步說明台灣與新南向國家的產業分工。

三角貿易國際分工形成機制來自幾種因素，例如成本，資本，技術或是制度。例如美國，歐洲及日本等先進國家的企業，他們基於低工資考量在海外設置生產據點，包含母公司在內的企業出口尖端零件、加工品及機器等設備到相對低成本國家組裝之後，再將最終產品出口到本國或是第三地區國家，這就成三角貿易的關係，圖1中台灣、新南向國家與歐美日之間就是存在這種關係。但是，三角貿易國際分工並不一定是固定型態，產品的流程通路視產品特性而定，有的是垂直式國際分

[4] 中央社（2022/05/22）：〈2021年新南向出口額825.8億美元 創歷史新高〉：https://ctee.com.tw/realtimenews/cna/647390.html, 瀏覽日2022/05/25。

圖5-1 台灣─新南向國家─先進國家三角貿易分工體制

工，有的是水平是國際分工，這會受到產品製程是屬於勞力密集或是資本・技術密集之屬性所左右。因此，我們以下將透過幾個主要新南向國家進口產品的屬性，並分別計算貿易特化係數（Trade Specialization Coefficient, TSC）做為比較台灣與新南向國家之間的產業競爭力。

新南向的經貿性質與產業競爭力

①越南

越南的經濟發展轉捩點在於逐步加入國際組織之後，從1995年的ASEAN，1998的APEC到2007年的WTO加盟，促使越南從中央集權制國家走向市場經濟。國內各種限制的鬆綁，加上廉價勞動力與土地的優異條件，來自國際的豐富資本與技術建立生產據點帶動越南的經濟產業發展。2020年越南貨品進出口總額達5453.6億美元，成長了5.4%。其中出口與進口的金額分別有2,826.5億美元、2,627億美元，也分別成長了7%與3.7%。台灣在越南的投資非常熱絡，2020年我國對越南投資金額共20.58億美元，而在2021年前8個月，在越南投資金額也有11億美元，佔外資在越南投資的第6位[5]。在前面的表4-2可看出越南是新南向主要國家中台灣出口最多的國家，超過100億美元。

台灣出口到越南的主要產品有電機與設備及其零件、塑膠及其製品、機器及機械用具、鋼製品、針織品或鉤針織品、以及光學等精密儀器[6]。本書將從這些產品的不同製程階段做進一步觀察，如表5-4。

表5-4　越南進口台灣的產業別比例（縱向）與性質

單位%

產業別	百分比	進口產品主要性質	備註
1.糧食農業相關	2.61%	消費財最終產品	加工品次之
2.紡織產品	20.01%	加工品	
3.紙木相關產品	3.62%	加工品	
4.化工相關產品	27.62%	加工品	
5.石油和礦業	1.23%	加工品	
6.陶瓷、土石製品	0.43%	加工品	初級產品次之
7.鐵與非鐵金屬	13.41%	加工品	
8.一般機械	8.79%	資本財最終產品	零組件次之
9.電機相關	11.65%	零組件	資本財最終產品次之
10.家用電器	0.37%	消費財最終產品	
11.運輸機械	1.81%	零組件	
12.精密機械	6.72%	加工品	
13.玩具及雜項	1.73%	加工品	
合計	100.00%		

資料來源：同表5-2。

[5] 參考中華民國對外貿易發展協會https://info.taiwantrade.com/#menu=11606,瀏覽日2022/05/27。

[6] 參考財團法人中華經濟研究院、台灣東南亞國家協會研究中心：https://www.aseancenter.org.tw/%E8%B6%8A%E5%8D%97，瀏覽日2022/05/27

從上表中我們看出越南主要進口產品以加工品與零件為主，這反映了前面談到的三角貿易中的角色，以廉價勞動力優勢組裝為最終產品的出口型態。另一方面，在一般機械上還是以進口已經完成品的機械設備為主，作為生產用途的最終資本財。台灣出口到越南的機器及機械用具、電機設備及其零件等品目之金額從2020年到2021年就成長了50.18%，超過43億美元[7]，塑膠及其製品也成長41.60%。越南在新南向國家中，其經濟發展型態很全面，很類似現在的中國，也和過去日本，台灣與韓國的產業結構有相同之處。

表5-5 台灣對越南貿易產品的特化係數（TSC）

貿易對象國	越南Viet Nam
1.糧食農業相關	0.624（加工品）
2.紡織產品	0.769（初級產品）0.854（加工品）0.999（零組件）
3.紙木相關產品	0.496（加工品）
4.化工相關產品	0.936（初級產品） 0.822（加工品）
5.石油和礦業	0.865（加工品）
6.陶瓷、土石製品	特化係數為負數
7.鐵與非鐵金屬	0.660（加工品）0.762（零部件）0.519（資本財最終產品）
8.一般機械	0.708資本財最終產品
9.電機相關	0.683（加工品） 0.796（零組件）
10.家用電器	0.479（加工品）
11.運輸機械	0.990（資本財最終產品）
12.精密機械	0.985（加工品）0.754（零組件） 0.739（消費財最終產品）
13.玩具及雜項	0.619（加工品）

資料來源：同表5-2。

表5-5是台灣對越南貿易產品的特化係數，以貿易特化係數比較台灣與越南的產業競爭力，在機械、電機相關產品上，精密機械在加工，零件以及最終產品都超過0.7以上，一般機械部門資本財設備型態的係數也有0.708，這些都顯示台灣的產業優勢。在特化係數高於0.9的產品有紡織產品（零組件）、化工相關產品（初級產品）、運輸機械（資本財最終產品）以及精密機械（加工品）等。反之，負的特化

[7] 經濟部國際貿易局進出口貿易統計（https://cuswebo.trade.gov.tw/FSC3020F/FSC3020F）。

係數有陶瓷、土石製品等相關產品，這些是台灣比較沒有競爭力的產業。以目前台灣與越南的產業發展階段，兩國之間確實存在著很緊密的互補關係。

②泰國

1997年亞洲貨幣危機重創泰國經濟，1999年之後經濟逐漸恢復，主要來自出口以及國際觀光旅遊業的成長。近年來泰國經濟成長快速，除了旅遊觀光業的蓬勃發展之外，也逐漸延伸到商業活動。在製造業當中，多國籍企業投資的汽車製造業、電子零組件產品製造和橡膠製品供應鏈最為完整。泰國政府為了吸引外資提出核心產業項目作為稅負上的優惠，這包含汽車、航太物流、電子、自動機械機器人、農業、數位經濟、觀光、生質燃料生化、食品以及醫療等項目。

另外，台灣與泰國的貿易總額在2020年為98.34億美元，2021年增加到129.84億美元，成長率為32.03%。另一方面，台灣對泰國出口總額從2020年的52.89億美元提高到2021年的70.24億美元，增加32.8%。從台灣與泰國的經貿數據來看，隨著泰國經濟發展，台灣將會扮演更正要的角色，這可以從表5-6的貿易品項的特質來觀察。

表5-6　泰國進口台灣的產業別比例（縱向）與性質

單位%

產業別	百分比	進口產品主要性質	備註
1.糧食農業相關	5.60%	消費財最終產品	
2.紡織產品	5.92%	加工品	
3.紙木相關產品	2.46%	加工品	
4.化工相關產品	24.19%	加工品	
5.石油和礦業	0.77%	加工品	
6.陶瓷、土石製品	0.38%	加工品	
7.鐵與非鐵金屬	23.21%	加工品	
8.一般機械	14.25%	資本財最終產品	零組件次之
9.電機相關	16.40%	零組件	
10.家用電器	1.88%	消費財最終產品	
11.運輸機械	2.42%	零組件	
12.精密機械	1.34%	資本財最終產品	

產業別	百分比	進口產品主要性質	備註
13.玩具及雜項	1.19%	消費財最終產品	加工品次之
合計	100.00%		

資料來源：同表5-2。

泰國從台灣進口的產品以機器及機械用具、電機設備及其零件等為最多，大部分分布在表5-6的一般機械與電機相關的產品當中，2020年約有25.88億美元，2021年增加到31.82億美元。除此之外卑金屬及卑金屬製品、塑膠及其製品也占了很大比例。台灣提供泰國的產品性質上還是以加工品與零組件居多，而在一般機械與精密機械的品項當中以作為資本財設備為主，這些生產設備將是帶動泰國出口的原動力。

表5-7 台灣對泰國貿易產品的特化係數（TSC）

貿易對象國	泰國Thailand
1.糧食農業相關	特化係數為負數
2.紡織產品	0.976（初級產品）0.824（加工品）0.516（零組件）
3.紙木相關產品	特化係數為負數
4.化工相關產品	0.327（加工品）
5.石油和礦業	特化係數為負數
6.陶瓷、土石製品	特化係數為負數
7.鐵與非鐵金屬	0.720（加工品）0.661（零部件）0.911（資本財最終產品）
8.一般機械	0.411初級原料
9.電機相關	0.448（加工品） 0.279（零組件）
10.家用電器	0.274（加工品）0.174（資本財最終產品）
11.運輸機械	特化係數為負數
12.精密機械	0.225（零組件） 0.709（消費財最終產品）
13.玩具及雜項	0.856（資本財最終產品）

資料來源：同表5-2。

從表5-7的特化係數來看，台灣的優勢產業以鐵與非鐵金屬、紡織相關產品較為優勢，雖然台灣對泰國輸出以機器及機械用具、電機設備品目為最大，但是台灣在這方面的特化係數並沒有像越南那樣呈現強力優勢，這與泰國的經濟發展程度以及多國籍企業在地投資品項有密切關係。因此，運輸機械就形成特化係數為負數，未來與泰國在貿易與建立合作的重點可以在半導體晶片以及數位科技的應用上，這也是數位新南向的推動重點[8]。

③馬來西亞

馬來西亞擁有豐富的天然資源，農業方面有棕櫚、橡膠、木材，礦產則有石油、天然氣、錫、銅、鐵、鋁等資源，出口主要產品為機械運輸設備與礦物燃料所佔比例最大。在1997年的亞洲金融風暴中，馬來西亞的經濟同樣受到創傷，歷經一年多之後才逐漸穩定與成長。在2020年到2021年之間，台灣與馬來西亞的貿易總額從193.48億美元增加到251.25億美元，增長了29.86%，出口金額為133.28億美元也成長了40.91%。其中台灣出口馬來西亞的產品以電機與設備及其零件、礦物燃料、礦油及其蒸餾產品、鋼鐵等為主。

表5-8　馬來西亞進口台灣的產業別比例（縱向）與性質

單位%

產業別	百分比	進口產品主要性質	備註
1.糧食農業相關	2.11%	消費財最終產品	
2.紡織產品	0.97%	加工品	
3.紙木相關產品	2.63%	加工品	
4.化工相關產品	23.12%	加工品	
5.石油和礦業	10.95%	加工品	
6.陶瓷、土石製品	0.81%	加工品	
7.鐵與非鐵金屬	16.22%	加工品	初級原料次之
8.一般機械	10.28%	零組件	資本財最終產品次之
9.電機相關	22.68%	零組件	
10.家用電器	6.26%	消費財最終產品	
11.運輸機械	1.13%	零組件	

---

[8] 例如，日本於1960年代開始為因應泰國的進口替代政策，汽車製造商在也開始在本地建廠生產，歷史悠久，日本企業在泰國投資的汽車製造與生產相關零組件發揮了巨大作用，帶動泰國的生產技術。由於ASEAN域內的汽車工業的日益集中，而泰國作為區域基地的角色也很明顯，基於汽車製造越趨於智能化，晶片需求的增加將提供台灣在這方面的發展基礎。

產業別	百分比	進口產品主要性質	備註
12.精密機械	1.93%	加工品	資本財最終產品次之
13.玩具及雜項	0.91%	消費財最終產品	加工品次之
合計	100.00%		

資料來源：同表5-2。

最大宗的電機與設備及其零件出口金額在2020年為59.68億美元，2021年增加到64.17億美元。從表5-8看出馬來西亞從台灣進口產品性質以加工品與零件為主，而在電機與機械相關產品是以零組件或是資本設備。另外化工相關產品也占了很大比例，是以加工品型態進口。馬來西亞雖然具有豐富的礦產，但還是進口台灣的鐵與非鐵金屬產品，主要是以加工品和初級原料型態進口。

表5-9　台灣對馬來西亞貿易產品的特化係數（TSC）

貿易對象國	馬來西亞Malaysia
1.糧食農業相關	0.957（初級產品）
2.紡織產品	0.429（零組件）
3.紙木相關產品	特化係數為負數
4.化工相關產品	0.781（初級產品）0.501（加工品）
5.石油和礦業	0.833（加工品）
6.陶瓷、土石製品	0.671（消費財最終產品）
7.鐵與非鐵金屬	0.912（零組件）0.565（資本財最終產品）
8.一般機械	0.920（加工品）0.905（消費財最終產品）
9.電機相關	0.110（加工品）0.172（零組件）
10.家用電器	0.583（加工品）
11.運輸機械	特化係數為負數
12.精密機械	0.822（加工品）
13.玩具及雜項	0.609（資本財最終產品）

資料來源：同表5-2。

從表5-9可知台灣對馬來西亞貿易產品的特化係數，其中對馬來西亞出口競爭力較強的產業有一般機械與精密機械，特別在加工品上，而在鐵與非鐵金屬的零組件也具有不錯的競爭力。在電機相關產品上，台灣與馬來西亞的貿易量雖大，但從貿易的特化係數上來看，雙方的競爭力強弱並不明顯，這主要原因可能是台灣來自馬來西亞具有同性質分類的進口產品抵銷一部份的效果[9]。

④新加坡

新加坡是東協國家中人均GDP最高的國家，國內產業以金融業、製造業（電子・醫藥用品等為主）、煉油業以及觀光業為代表產業，其產業結構與台灣相比之下相對單純。新加坡與我國的貿易總額在2021年以達到257.20億美元，相較去年成長了34.77%，其中以電機、機械與設備或零件，礦物燃料、礦油等產品為主。台灣在2020年出口到新加坡的機器及機械用具、電機設備與零件等產品有166.72億美元（台灣進口金額68.40億美元），2021年增加為215.64億美元（台灣進口金額90.06億美元），其次為石油礦業或化學相關產品。

表5-10　新加坡進口台灣的產業別比例（縱向）與性質

單位%

產業別	百分比	進口產品主要性質	備註
1.糧食農業相關	2.65%	消費財最終產品	
2.紡織產品	1.30%	加工品	
3.紙木相關產品	1.16%	加工品	
4.化工相關產品	14.34%	加工品	
5.石油和礦業	15.64%	加工品	
6.陶瓷、土石製品	0.62%	加工品	
7.鐵與非鐵金屬	9.10%	加工品	初級原料次之
8.一般機械	35.52%	零組件	
9.電機相關	13.89%	資本財最終產品	零組件次之
10.家用電器	1.72%	消費財最終產品	加工品次之
11.運輸機械	1.33%	零組件	消費財最終產品次之
12.精密機械	2.07%	資本財最終產品	
13.玩具及雜項	0.67%	消費財最終產品	
合計	100.00%		

資料來源：同表5-2。

9　從更細的產業分類進一步比較之後，應該可以獲得更精準的競爭力差異。

從上表5-10新加坡從台灣進口產品的性質來看，電機與機械相關品目是以零組件與資本財最終產品為主，其中一般機械的零組件為最高。而在資本財最終產品是以電機與精密機械相關的產品為主要。另外來自台灣的化工與石油礦業相關進口產品都是以加工品為主。

表5-11　台灣對新加坡貿易產品的特化係數（TSC）

貿易對象國	新加坡Singapore
1.糧食農業相關	0.924（初級產品）
2.紡織產品	0.998（零組件）0.936（消費財最終產品）
3.紙木相關產品	0.595（加工品）0.430（初級產品）
4.化工相關產品	0.197（消費財最終產品）
5.石油和礦業	0.678（加工品）
6.陶瓷、土石製品	0.941（初級產品）0.613（消費財最終產品）
7.鐵與非鐵金屬	0.984（消費財最終產品）　0.933（資本財最終產品）
8.一般機械	0.842（加工品）0.969（消費財最終產品）
9.電機相關	0.749（加工品）0.389（零組件）
10.家用電器	0.981（資本財最終產品）0.644（加工品）
11.運輸機械	0.860（消費財最終產品）0.706（零組件）
12.精密機械	0.827（零組件）0.455（消費財最終產品）
13.玩具及雜項	0.812（資本財最終產品）

資料來源：同表5-2。

一般機械是台灣出口到新加坡的主要品項，從表5-11貿易的特化係數也可看出在這個部分都有很強的競爭力，家用電器的資本財最終產品的特化係數高達0.981，運輸機械（消費財最終產品）與精密機械（零組件）的特化係數都超過0.8，具有很好競爭力。另一方面，屬於食品輕工業的糧食農業與紡織相關產品，這些在新加坡的市場上也具備競爭力，這和華人社會生活習慣與經濟發展型態有密切關係。

由於金融服務部門並沒有在貿易特化係數當中呈現出來，而金融相關領域的經濟實力是新加坡的強項，數位金融蓬勃發展時代，台灣與新加坡之間的數位科技化的合作具有很大的發展潛力，今後的貿易品項將可能擴展到其他商業活動上。

⑤澳大利亞

澳大利亞天然資源相當豐富，主要出口石油氣、煤炭等能源資源以及鐵礦石，鋁土礦等礦物資源。在貿易上兩國在2020年的總金額為112.92億美元，2021年增加到195.70億美元，成長了73.31%。台灣對澳大利亞的出口金額在2021年也成長了48.91%的48.09億美元，主要品目為礦物燃料、礦油，塑膠及其製品為主要，但在鋼鐵製品，機器及機械用具、電機等品項上也有呈現很大的成長。另一方面，2021年台灣從澳大利亞進口成長高達83.08%，以礦物燃料、礦油89.04億美元為最多。台灣與澳大利亞之間的貿易在產業結構上屬於互補的關係，將來在IT電機電子相關產品的出口上還有很大的成長空間。

表5-12 澳大利亞進口台灣的產業別比例（縱向）與性質

單位%

產業別	百分比	進口產品主要性質	備註
1.糧食農業相關	4.09%	消費財最終產品	
2.紡織產品	1.97%	加工品	
3.紙木相關產品	3.79%	加工品	零組件次之
4.化工相關產品	19.26%	加工品	
5.石油和礦業	17.19%	加工品	
6.陶瓷、土石製品	0.40%	加工品	
7.鐵與非鐵金屬	16.99%	加工品	初級原料次之
8.一般機械	10.95%	零組件	資本財最終產品次之
9.電機相關	10.70%	消費財最終產品	零組件次之
10.家用電器	2.13%	消費財最終產品	
11.運輸機械	7.29%	消費財最終產品	零組件次之
12.精密機械	1.72%	資本財最終產品	消費財最終產品次之
13.玩具及雜項	3.54%	消費財最終產品	
合計	100.00%		

資料來源：同表5-2。

以表5-12的台灣出口產品性質來區分，以化工相關的加工品最多，其次是石油和礦業加工品，在建設基礎相關的鐵與非鐵金屬上，也出口加工品與初級原料。

另外，除了精密機械是以資本最終財性質之外，在機械與電機相關的品目上，大部分是以消費財最終產品居多，這代表澳大利亞與其他東協國家經濟發展型態上的差異。

表5-13 台灣對澳大利亞貿易產品的特化係數（TSC）

貿易對象國	澳大利亞Australia
1.糧食農業相關	特化係數為負數
2.紡織產品	0.989（加工品）0.962（消費財最終產品）0.710（零組件）
3.紙木相關產品	0.996（零組件）0.561（消費財最終產品）
4.化工相關產品	0.729（零組件） 0.536（消費財最終產品）
5.石油和礦業	特化係數為負數
6.陶瓷、土石製品	0.882（加工品）0.863（消費財最終產品）
7.鐵與非鐵金屬	0.982（零部件）0.998（資本財最終產品）0.999（消費財最終產品）
8.一般機械	0.965（零部件）0.942（資本財最終產品）0.990（消費財最終產品）
9.電機相關	0.882（加工品） 0.960（零組件）0.9927（資本財最終產品）
10.家用電器	0.853（加工品）0.801（零組件） 0.983（消費財最終產品）
11.運輸機械	0.984（零部件）0.992（資本財最終產品）0.973（消費財最終產品）
12.精密機械	0.980（加工品）0.568（零組件） 0.999（消費財最終產品）
13.玩具及雜項	0.935（加工品）0.945（資本財最終產品）0.909（消費財最終產品）

資料來源：同表5-2。

澳大利亞除了國土廣闊之外，蘊藏豐富的天然資源，糧食農業與石油和礦業的特化係數為負數，代表澳大利亞在這方面競爭力分非常強大，這是與台灣經貿往來的一大特徵。相較之下，表5-13中其餘的11項產品都有很高的特化係數，特別是機械電機與鐵與非鐵金屬在加工品、零組件以及最終產品等各階段製程都具備高特化係數。

以數位科技推動新南向的重要性

基於上述的分析，台灣將可以利用優勢產業擴展海外市場以建立共生與共好的發展戰略。綜觀台灣對新南向國家的貿易活動與世界經濟的發展趨勢，台灣具備機械與電機等相關產業完整供應鏈優勢，有其必要將這些優勢產業推向國際市場，重新佈署新的戰略，其中數位科技就是一個核心產業。佳龍認為台灣的利基在於可將數位國力與印太戰略結合，透過軟硬體虛實整合，提供資通訊、半導體、精密機械，工具機、零組件等，以國際化的服務系統串接整體解決方案（total solution），可讓台灣產業能量從內循環擴大到輸出層次，並運用數位科技進行創新矩陣理論，將所加值的各項軟硬整合應用服務，從新南向國家拓展到印太市場，運應網路外部性力量，化點（國內產業群聚）為網（無國界鏈結）佈局海外市場 （外循環）[10]。由於我國產業結構在數位基礎架構（Digital infrastructure）相關產業上是相當完善，這是推動數位南向政策的最佳利器，一方面可以強化台灣ICT產業的國際競爭力，另一方面可以應用ICT技術協助新南向國家在各領域進行數位轉型以發展社會經濟，並透過經貿交流增進國際間實質關係。數位化科技是今後推動經濟成長與社會發展不可或缺的重要元素，而建置數位基礎架構體系是必要的基礎。

數位科技產業生態體系包含了半導體、數位基礎架構以及數位產業化。數位新南向將可以強化台灣半導體產業，從市場角度來看，新南向的市場需求來自5G基礎架構、雲端服務等投資，以及數位轉型的推進，例如本書前面提及的四大核心產業，「智慧製造」、「智慧交通」、「智慧醫療」以及「智慧城市」等可以做為新南向政策的4大先行產業。而在供給面上可增進尖端技術智能化提升邏輯半導體設計的應用、先進半導體晶片的製造以及更先進的製程技術，作為建構台灣的經濟保障與國家安全的統合性戰略。運用數位與資料科技延伸至各領域的服務，鞏固多邊國際關係，發揮由下而上，經濟力與社會力所形塑與鞏固非傳統安全力量。未來產業數位化已經成為趨勢，以半導體產業所形成的數位基礎架構造就台灣的數位科技產業優勢，利用完整的數位科技產業生態鏈推動新南向政策是為台灣創造藍海的國際戰略。

台灣目前參與的國際組織主要為WTO與APEC，推動數位新南向的策略為了降低國際政治性的干擾，可以先與這些會員國建立聯繫管道，在國際框架下建立合作交流的基礎，再逐步推進多國間國際合作網絡[11]。數位科技與應用將是新時代的經

---

[10] 呂曜志（2021），〈數位新南向（新南向2.0）計畫構想〉，財團法人台灣智庫。

[11] 例如，2015年在馬來西亞主辦的第10屆電信暨資訊部長會議（TELMIN10）中，強調「加強實體連

濟成長與社會發展的重要元素，數位新南向戰略將提供數位基礎架構與應用，協助合作國家的企業生產與社會生活相關的「智慧製造」、「智慧交通」、「智慧醫療」以及「智慧城市」等項目建立整體的解決方案，然而這4項智慧工程的核心基礎必須建立在數位轉型之上。換言之，數位新南向政策的重要策略是以數位轉型的原動力牽引著「智慧製造」、「智慧交通」、「智慧醫療」、「智慧城市」等4項工程向前邁進。

智慧製造

「智慧製造」是利用先進的製程技術結合IoT，大數據，雲端運算，人工智慧等資訊技術，以高度客製化與智慧化的生產模式，因應快速變化的市場需求，朝向工業物聯網以及數位化ESG管理目標。「智慧製造」的成功推動關鍵因素在於：

1. 以數位標準化開啟「基礎架構轉型」
2. 以數位創新化推動企業內部的「經營模式轉型」
3. 以數位整合化建立企業「設定目標模式轉型」
4. 以數位組織化促進合作夥伴間「產業生態系轉型」
5. 以智能化實施「智慧轉型」

以台灣的智慧製造經驗引進數位新南向的推動模式，上述5個關鍵因素的實踐需要軟硬體的支援與規劃，這也是服務國際化輸出的一環。具體上作法，佳龍認為數位新南向的「智慧製造」可以先從三個層面著手推動，分別為智慧製造技術驗證場域、製造技術系統整合（System Integration, SI）以及智慧製造產業整合的行政組織系統。智慧製造技術驗證場域—打造智慧製造示範生產線，整合國內設備業者的設備裝置，並開發智慧製造相關軟體；製造技術系統整合—協助數位新南向智慧製造SI國家隊以提供產業智慧製造技術支援；智慧製造產業整合的行政組織系統—透過貿協、台商總會、僑委會等在地行政組織的支援，進行大型智慧製造系統整合專

結」目標，建議「加強ICT使用的多元化」，以確保ICT使用之多樣化發展，「藉由ICT應用促 進新產業發展」，並加入例如感測網路、智慧電網、巨量資料與分析及數位身分驗證等，以具體明確化新應用內容。參考來源：亞太經濟合作（APEC）第10屆電信暨資訊部長會議（TELMIN10）及電信暨資訊資深官員（TELSOM）會議報告書（file:///C:/Users/user/Downloads/C10401271.pdf），瀏覽日：2022/05/31。

案，協助業者數位轉型與新南向國家的出口[12]。總之，推動「智慧製造」的新南向可以協助國內產業擴大海外生產基地，後續將以場域技術能量及相關科專技術結合國內SI群，由共創數位服務國家隊建立產線規劃、準備、生產、監控、服務等全方位轉型整合方案，協助製造業者建構海外高效率產線，實踐數位新南向戰略，延伸我國的數位領土[13]。

智慧交通

經濟發展伴隨而來少子高齡化問題，以及大量智能科技引進都市之後對於未來的交通運輸將會產生影響，未來的交通運輸不能只滿足移動的需求功能，還需要扮演帶動產業經濟發展與提升民眾生活品質的多元任務。因此，「智慧交通」已經是未來我國經濟社會發展象徵之一。「智慧交通」必須結合人工智慧、影像辨識、資通訊、物聯網以及5G等科技，通過快速蒐集各項道路設施設備的人、車、道路等各類即時資訊，溶入AI深度學習分析後迅速精準判斷管理，提供高品質交通運輸的服務，建立高度化的道路交通系統。「智慧交通」是以電動運輸載具，車用相關半導體以及機光電與軟體的整合，佳龍擔任交通部長期間積極規劃這項計畫，推動5G提升智慧交通服務安全、效率與品質的三大施政主軸。數位新南向的任務不僅提供我國科技產業各項設備，還能為新南向國家結合各項智慧化融合於交通運輸之中，建立更完善的經濟社會。「智慧交通」是新南向國家發展的基礎建設，是帶向高度化的經濟發展模式不可或缺的重要環節，也是建構人文社會的產業生態系統一份子，台灣的科技創新與產業特性確實有能力在這個領域滿足新南向國家在這方面的需求。「智慧交通」需要數位轉型與跨域創新，透過整合資訊科技、通訊科技及營運科技等領域建構5G垂直應用生態體系，除了能夠提升國內交通運輸智能晝，還可以協助台灣企業拓展商機走入新南向國際市場。

智慧醫療

「智慧醫療」是導入先進的IoT、大數據、雲端運算、人工智慧、高階分析等

---

[12] 參考台灣智慧自動化與機器人協會（2022），「數位新南向SI整合服務平台計畫構想」。

[13] 參考呂曜志（2021），〈數位新南向（新南向2.0）計畫構想〉，財團法人台灣智庫。

資訊技術應用在既存的醫療流程之中，這些醫療相關流程包含遠距醫療、遠程患者監護、電子病歷管理系統或是AI診斷等。COVID-19大流行更凸顯遠距醫療、零接觸醫療的重要性。「智慧醫療」使得ICT、AI等高科技技術成為醫材的一部分，利用智慧醫療器材推動更精準，更快速以及更高品質的醫療過程與管理。「智慧醫療」的意義在於可以發展遠距醫療、精準與預防醫療之外，還能夠創造醫療產業生態系統的經濟醫療效果，這也是「智慧醫療」發展的重要動力。

由於新南向國家的經濟發展程度不一，社會生活與交通基礎建設甚有落差，數位新南向「智慧醫療」的推動層次也必須有所差異。從上述的智慧製造與智慧交通一樣，數位轉型是必要的發展方向，而首要目標朝向數位化。因為智能化的產業轉型建立在高科技基礎之上，我國可以劃分各種不同階段為新南向國家建立智慧醫療產業生態鏈系統以連結台灣國內產業供給鏈，作為海內外連結橋樑。推動新南向國家「智慧醫療」須視各國實際狀況，為各國量身設計一套不同階段的智慧醫療體系，但是最終目標是一致的。

智慧城市

在人工智慧、區塊鍊、雲端、大數據以及物聯網的發展趨勢下，城市生活與社會經濟活動已經廣泛應用各項智慧科技，城市治理必須進入數位化的治理時代，透過虛實整合、線上線下整合，市民也可以透過智慧載具，和市政服務與生活環境智慧化融合在一起，「智慧城市」已經成為現代化國家的必然趨勢。「智慧城市」不單只是減少城市內部馬路車流移動提升地理空間效率，也能夠增進環境品質，同時更能透過萬物聯網，帶動國內智慧城市的商業活動，產品供應鏈上也有了具體實踐場域。未來「智慧城市」的形成具備了智慧燈桿、智慧建築、智慧停車、智慧環境監測、智慧學校學習、智慧市政服務等基礎建設，這是提升市民生活品質與產業升級的重要契機，也能帶動國家經濟更進一步的發展。「智慧城市」與前面所談論的「智慧交通」、「智慧醫療」是一體的，相互關係密切，存在軟硬體基礎架構具有高度的同質性，策略上也是建立在數位轉型的基礎之上。新南向國家中，像新加坡、澳大利亞、紐西蘭等國家的都市發展都已經達到一定高度化水準，已經從數位化朝向提升數位優化的程及。但在其他的有些國家除了少數都市之外，還停留在未位數化階段，這是數位新南向推動的重點。

在新南向國家中，新加坡、馬來西亞、印尼、菲律賓、越南和泰國等六個國家在2021年時超過75%的人口可以上網，其中多達4000萬人是首次上網，而互聯網用戶數量已經超過4.4億人，其中80%的人曾經過一次以上的網路消費。由於COVID-19大流行使得電子商務、食品和雜貨配送以及在線支付等的服務量激增。這東南亞六國的互聯網行業商品總價值（gross merchandize value, GMV）可能達到1740億美元，比前一年成長了49%。另外，數位網路上金融服務也在成長，支付總交易額預計達7,070億美元，比去年增長約9%[14]。

以數位新科技推動上述的4項智慧工程作為標竿，善用台灣產業基礎的強項作為後盾的國際戰略，也是評估內外循環模式對未來經濟發展的可行性。整體戰略目標是將台灣具有網路外部性的數位科技應用服務，結合台灣硬體優勢，拓展到印太地區，並以東協，印度等新南向國家為優先區域市場，必要時還可能透過併購或合資方式，結合美國，日本與韓國等戰略資源，以東向策略，搭配數位新南向戰略，擴大外循環的市場規模[15]。

數位新南向的產業棲息地螺旋發展型態

在本書前面我提出產業棲息地的螺旋發展，這是一種從靜態到動態的產業分析，可以將這套建立在數位新南向戰略的基礎上，連結產業的內循環與外循環，這是強韌化我國產業結構的一種戰略，我稱之為國際產業棲息地螺旋發展理論，由產業棲息地理論結合螺旋模式所產生的一種經濟發展型態。

從產業棲息地的靜態出發到螺旋模式的動態發展過程中，產業將會更進化到另一個層次，數位科技是啟動螺旋模式的動力，將這種模式導入到新南向的經貿關係。佳龍就任台中市長之初就是以這樣思維規畫區域內的產業發展，成立大肚山產業創新基金會以推動在地的企業創新發展，並結合台中市精密機械科技創新園區的優秀企業，朝向跨域整合互利共生。當我被任命為數位新南向無任所大使時，就思

---

14 參考Saheli Roy Choudury (2021). “More than 75% of people in 6 Southeast Asian countries now have access to the internet, report finds” CNBC.報導。（https://www.cnbc.com/2021/11/10/google-temasek-bain-report-on-southeast-asia-internet-economy-2021.html）。

15 參考呂曜志（2021），〈數位新南向（新南向2.0）計畫構想〉，財團法人台灣智庫。

考如何將產業棲息地螺旋發展理論應用於數位新南向的發展戰略之中，認為是應以台灣優勢的數位科技帶入新南向國家的社會與經濟體制之內，而數位科技的實踐在於數位轉型（Digital Transformation）。

新南向產業棲息地數位轉型螺旋發展

台灣數位科技對新南向國家輸出將會對雙方的產業結構與經濟發展產生變化，數位轉型能否成功是重要關鍵。然而數位轉型必須經過企業內部與外部的數位化（Digitization）與數位優化（Digital Optimization）。

數位化是將企業內部的管理、業務以及行銷等內容導入數位化設備，建置在部門之間的訊息與資料流程得以透過數據化、標準化以及統一化，精確地處理內部的資料以提升工作效率。之後，再透過數位化所形成的數據管理企業內部與外部之間的聯結，這種聯結是該企業事業所形成的生態系統間整合，管理業務進度、提升服務品質以優化顧客，此過程為數位優化，是企業轉型的一種，也是數位轉型的初步。數位轉型不是只有一次即完成，而是會不斷地隨著數位科技進步，並以螺旋式展開。即數位化→數位優化→數位轉型（第一階段），再持續往上邁向高度化的數位化→高度化的數位優化→高度化的數位轉型（第二階段）→……（第三階段）……等循環過程，經過多次數位轉型之後，轉型的高度化將為企業創造出穩定與豐厚利潤。接下來先以圖5-2的產業棲息地螺旋發展型態說明數位轉型對新南向國家產生的影響。

新南向產業棲息地數位轉型螺旋發展型態

推動數位新南向的4大項智慧工程可以為這些國家的生產與經營模式上帶來改變。圖5-2中南向國家的數位轉型尚未開始時的智慧產業A座落在第三象限，表示數位化與數位優化都處在較低階段，當台灣的數位基礎架構開始啟動時，企業進入第一階段與第一步驟的數位改革期，此時數位優化尚未形成。企業內部營運相關數據和資訊透過數位設備進行全面性整合，這將改善文書與業務的經營處理方式，凱使提升企業員工的工作效率，資源分配上也能夠獲得更合理的分配。智慧

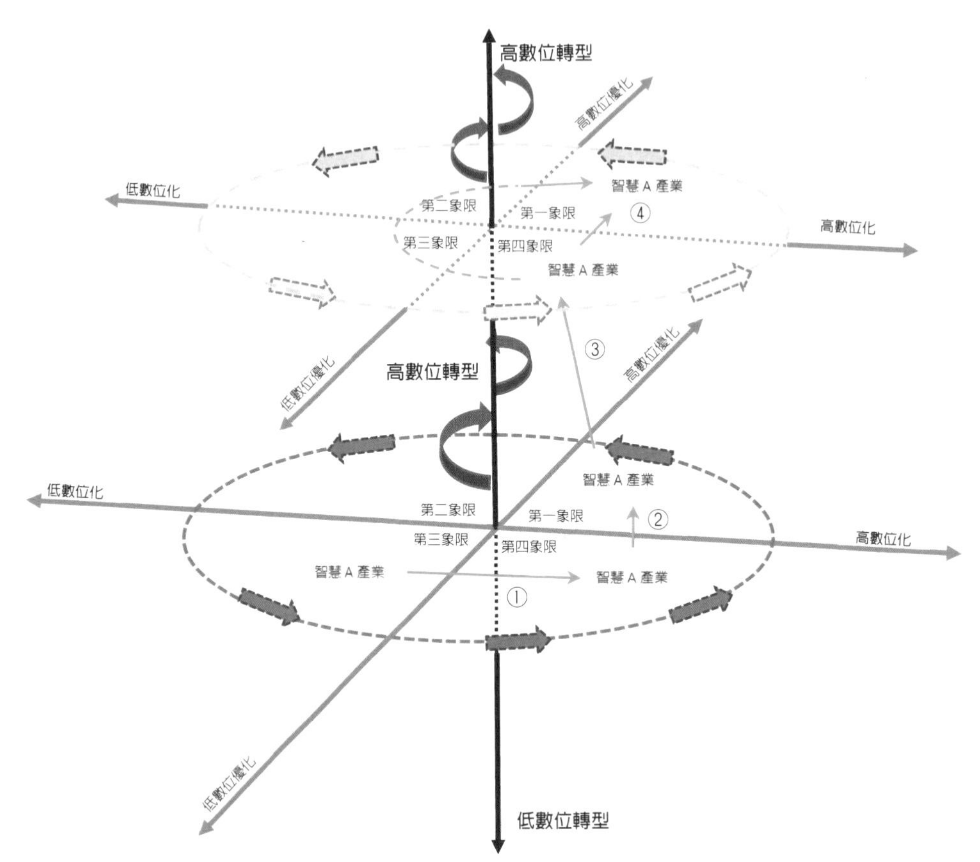

圖5-2 新南向產業棲息地數位轉型螺旋發展型態
資料來源：林佳龍整理／繪製。

產業A開始逐漸往數位化較高的棲位移動，從第三象限移動到從第四象限，進入數位轉型的第二步驟。第二步驟的數位轉型重點在數位優化，主要範圍還是在企業內部各部門與外部協力事業體之間的營運模式數位化整合過程。一家企業的經營績效來自本身與配合廠商的合作結果，如果只是企業內部數位化，配合協力廠商無法配合時，則將很難達成數位優化的層次。由於企業與配合廠商都經過數位化，企業的內外經營模式上產生巨大改變，企業連結外部協力廠商的組織流程，透過軟硬體系統的資訊科技以更精簡、更快速流程透過規劃及快速迭代達到工作流程數位化與優化。數位優化的改變層面在企業事業營運模式上，作為短期提升

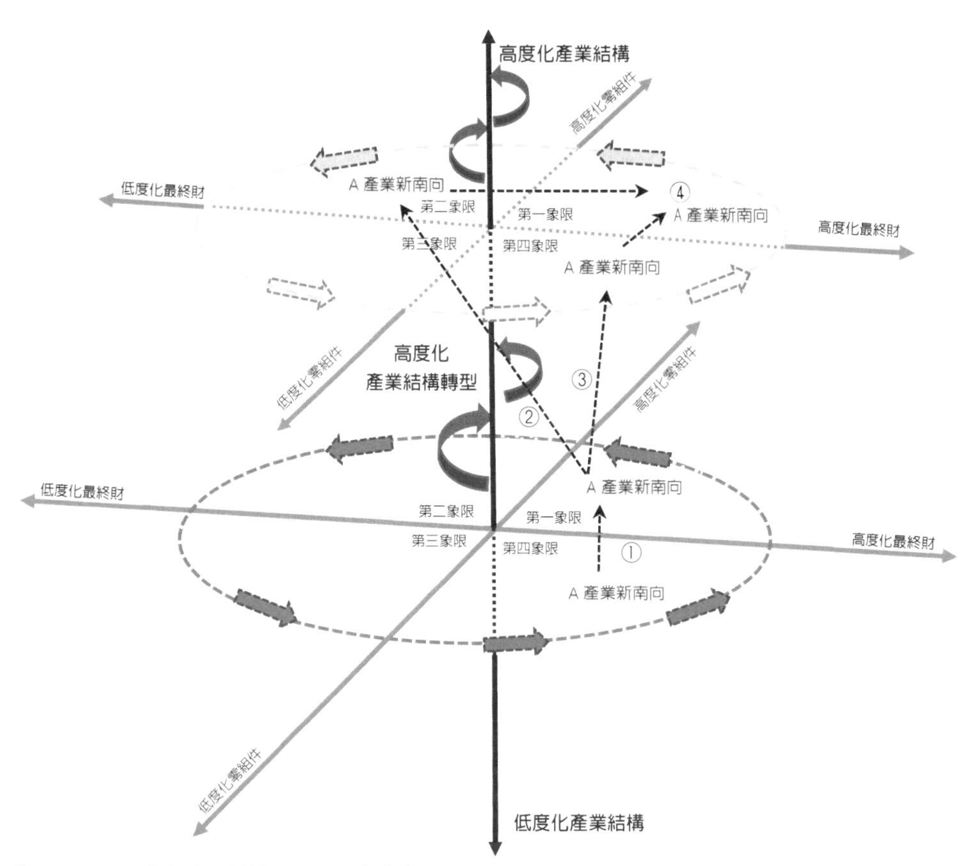

圖5-3 台灣數位科技新南向的產業棲息地遷移
資料來源：林佳龍整理／繪製。

經營管理的效率手段，智慧產業A也開始從第四象限移向第一象限，這表示將完成第二步驟數位優化。

智慧產業A數位轉型目的在於改變企業的「營運模式」與「商業模式」，前者的完成在於數位化與數位優化，後者在於數位轉型。換言之，將以數位轉型改變「商業模式」應用於消費市場上的戰略。因此，智慧產業A在第一象限如果要完成第一階段數位轉型必須利用建置完成數位化與優化成果，建立新的商業模式，以商業創新改變價值，從企業與市場累積更多的數位資產擴大產業生態鏈系統做為因應下一階段數位轉型的基礎。在此情況下，智慧產業A將會從第一階段的第一象限往上發展到第二階段的數位轉型。之後的發展路徑可能往第四象限移動、第三象限或是第二象限之後，再到第一象限的高度數位化與高度數位優化。不確定的數位化轉型路徑是受到智慧產業A在數位轉型過程中的執行力，分析力與組織力的整合狀況而定，這也是台灣數位新南向提供給當地企業的重要資源內容。

台灣數位科技新南向的產業棲息地遷移

上述分析數位轉型對新南向國家所產生的數位棲息地的轉換過程，在此同時也會對台灣相關產業的輸出帶來變化，特別是在產業結構與產業升級方面的影響，圖5-3是數位新南向政策推動對台灣數位科技相關產業的影響趨勢。從前面的章節的各種指標[16]分析產業在生產階段與貿易階段的競爭力，台灣產業在電機機械以及化學相關產業上都具備優勢，從製造工程分類上的加工品，零組件以及資本財或消費最終財都能夠在新南向政策上扮演重要角色。

配合數位新南向的A產業從第四象限出發，由於海外市場的擴展，除了為企業帶來產量經濟規模性（硬體）之外，還有為配合當地企業需求所產生的科技創新（軟體），數位新南向所衍生的是產業在「質」與「量」的變化。因此，台灣新南向政策帶動A產業在加工品與零組件需求，或是在資本財與最終消費財設備的進口。隨著數位新南向的進行，延伸對台灣電機機械相關產品的需求，新南向各國在產品上的「質」與「量」需求帶動台灣產業在在加工品零組件與最終財的創新，原先座落於第四象限棲位的產業A將會往第四象限的棲息地移動，第一階段的產業結構將產生變化。近10幾年來在國際資本的大量投資之下，新南向國家經濟成長顯著，加上美中貿易戰爭、「跨太平洋夥伴協定」、「四方安全對話」、「印太戰略」以及「印度太平洋經濟框架」（IPEF）紛紛成立，使得新南向國的經濟更加重要。在新國際政治經濟體制，新南向持續發展與數位新南向的持續進行中，我國產業創新的持續進展之下，產業結構走向高度化，如圖5-3的產業A發展朝向第二階段的產業棲息地（②～③）。產業結構高度化的轉型方向會有多元的發展，可能是朝向第一象限產業棲位（③），或是經由第三象限到第二象限的棲位（②），不

16 請參考前面的影響力係數、感應度係數、加工度係數、貿易特化係數、RCA指數等分析。

管是哪個發展路徑都會朝向第一象限的棲位前進。不斷地產業螺旋模式發展，透過第二階段的產業結構調整完成產業升級再進化成高度產業結構的目標。也就是說，數位新南向的產業傳遞機制為：數位轉型→產業結構調整→產業升級→產業結構的高度化。

台灣數位新南向的「雙螺旋效應」

以上分析新南向國家與台灣雙方的產業發展路徑，都可以從螺旋發展模式來解釋這個過程，進而發現數位新南向戰略產生了「雙螺旋效應」（Double Helix Effect），如圖5-4所示。（見下頁）

數位新南向國際棲息地理論是構成「雙螺旋效應」的基本架構，解決了長期以來台灣在產業結構尚無法突破的困境，這也是我長期以來不斷思索與研究所獲得的部份結論。本書探討至今所提出的「雙螺旋效應」概念，包含了眾多的變數，需要產業棲息地生態系統、產業創新、數位轉型以及國際政治經濟環境等眾多條件的配合。數位轉型下的產業發展模式所引發的「雙螺旋效應」，可以達成高度化的產業結構、數位新南向以及永續經濟發展的多重任務，然而達成這些任務需要靠執行力是否落實。因此，建構能夠具備有執行力，分析力與組織力的整合體制將關係到未來我國發展的關鍵所在。

整合推動數位新南向組織架構

從新南向政策的戰略目標來看，短、中程的目標在於創造企業商機，促進在貿易、投資、觀光、文化及人才等雙向交流的機會，並以數位轉型形成的經營與商業新模式推動產業新南向戰略佈局。而就長期目標，以短、中期所培育新南向人才推動東協、南亞及紐、澳等國家的經貿、科技、文化等各層面的連結，以形成「經濟共同體意識」的戰略格局。

另一方面，蔡英文總統在第一任期的2016年就提出新南向的四大連結作為策略指針，分別為1.軟實力連結；2.供應鏈連結；3.區域市場連結以及4.人和人連結等四

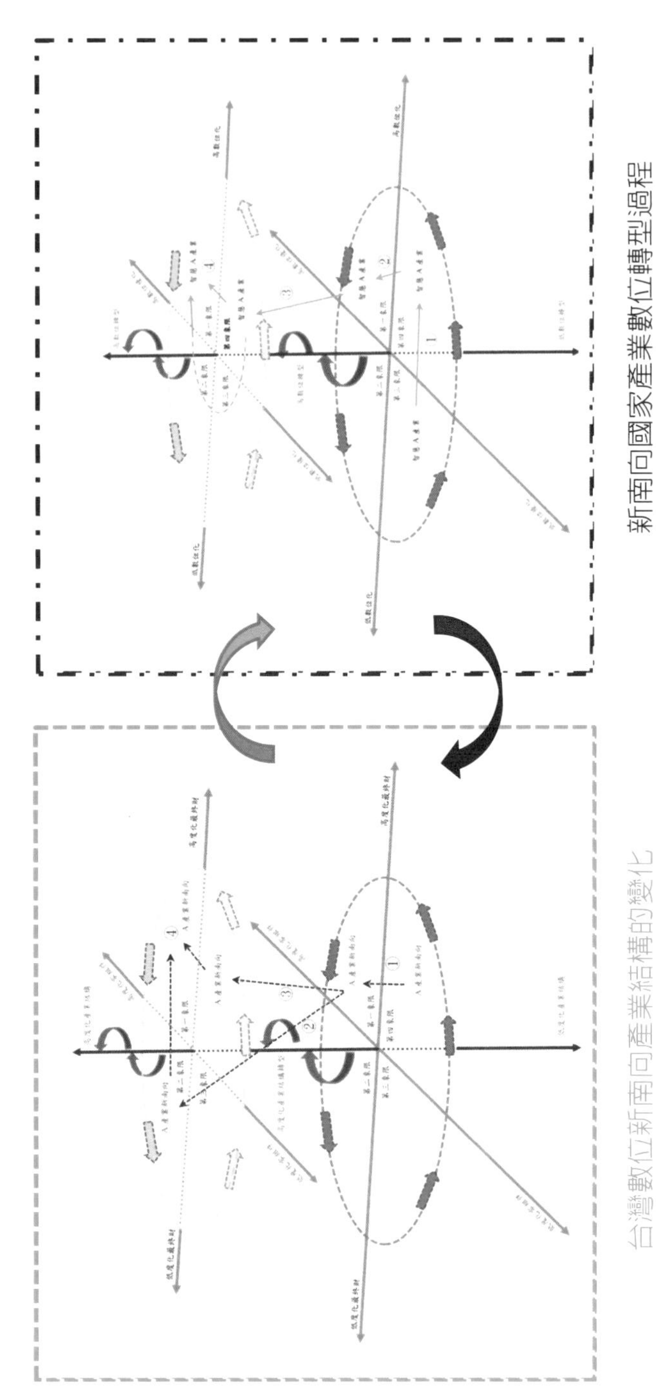

圖5-4　台灣數位新南向的「雙螺旋效應」

資料來源：林佳龍整理／繪製。

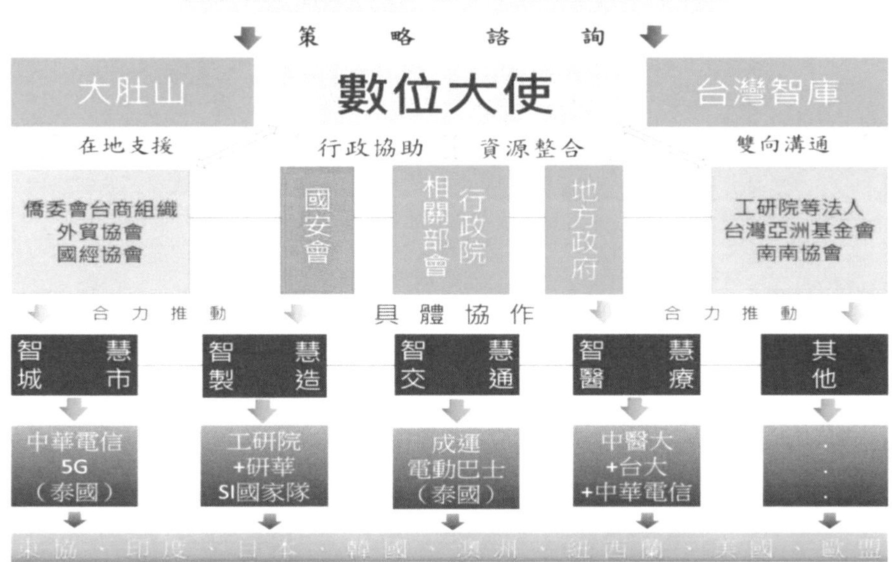

圖5-5 推動數位新南向組織架構

個重點[17]。執行力上，在新南向政策推動架構中強調政府部門分工，以及建立和民意部門及地方政府的協調機制的必要，佳龍在撰寫本書之際，就是以這四點作為基本著力點，擔任數位新南向無任所大使即提出「數位新南向科技顧問團」[18]作為整合推動數位新南向的組織架構，為了更精確提出新南向戰略，引進產業經濟理論為基礎，並進一步做推估各項產業數據進行實證與分析。本書在本節提出執行數位新南向組織架構作為「數位新南向科技顧問團」的初步規劃，如圖5-5。

[17] 參考新南向政策專網：https://newsouthboundpolicy.trade.gov.tw/,瀏覽日2022/06/04。

[18] 參考呂曜志（2021），〈數位新南向（新南向2.0）計畫構想〉，財團法人台灣智庫。

台灣壓克力之父

許文龍

1960年，許文龍創立奇美實業廠生產壓克力，1992年更名為奇美實業，並逐漸朝集團化發展，其中ABS樹脂、PMMA樹脂、導光板等三項產品都是全球最大供應商。

ABS屬於石化產業中游素材，具有耐衝擊力的工程塑膠，早期應用在電腦、電話以及家電產品上，現在則擴大到電子電器、儀器儀表、汽車、建築工業等各項領域之中。奇美實業除了生產塑膠系列及合成橡膠系列產品之外，也研發光電產業關鍵材料，供應導光板、擴散板等光學材料及電子化學品。

許文龍的經營理念，在技術上堅持技術自主與研究創新，藉由生產方式改變，將生產壓克力的工業層次由勞力密集提升到資本密集；事業經營上強調「經營企業不是以賺錢為目的，而應使所有的人——包括員工、經銷商以及社會獲得幸福」（〈幸福企業家〉，《財訊》，2014.6.17），實踐利潤共享的「和諧共生」精神。

佳龍主編《零與無限大：許文龍回憶錄》，對談中感受到抽屜理論（the drawer theory）與釣魚哲學是許文龍思想體系的一環，他認為從「歸零」來思考最基本的需求，有時候反而會有更多空間來容納新的事物，以貫穿零與無限大之間的企業經營哲學。兩個餌只釣一條魚的釣魚哲學是，「釣魚用兩支魚鉤兩個餌，但每次只釣一條魚，把魚拉上來的時候，另一個餌就會自然掉落水底，而魚便會繼續靠過來。如果等兩條魚上釣才拉上來的話，就沒有魚會靠過來了」，許文龍認為只有當大家都有收穫，自己才會是最快樂的，他將共享精神推動到人與人、人與環境之間的和諧共處。他也將這些思維實踐在奇美實業集團事業的轉型上，為了提升製程與內部管理效率，積極推動數位轉型，並導入ERP、IOT等系統。在製品上，朝向高科技、低汙染、技術密集、高附加價值等特用化學品研究發展，並打造綠化、環境友善的製程與配方，進行「消費後再生塑膠」（post-consumer recycled resin，PCR），躋身全球六大PC品牌的第一階供應商，讓奇美實業集團再創台灣產業的驚奇。

Ch6

從企業的製造現場探索產業棲息地與產業競爭力：台中精密機械園區與大肚山產業創新基金會的功能

台中地區機械產業的產業棲息地探索

本章將以台中精密機械園區的企業經營與大肚山產業創新基金會的功能為例，討論機械的產業棲息地的形成對企業經營與產業發展的影響。產業棲息地的形成來自各項要素的結合，並依產業生態特質而有所差異，除了相關產業的企業經營主體之外，還有合作銀行體系、貸款保證機構、以及創新研究合作中心等組織。

台中精密機械園區——全球智慧機械之都

台中精密機械產業聚落位居台中大肚山下，涵蓋了神岡到南投方圓60公里，中間包含了豐原的丘陵地，從豐原往南延續到太平、大里等區域，聚集了精密機械相關產業上中下游的供應商，被視為台灣精密機械的黃金縱谷。機械設備是製造業的基礎，台中精密機械園區是台灣機械的科技創新基地，也是機械產業群聚的象徵，是國內機械產業最重要的發展據點。產業群聚除了可以降低地理空間成本與節省時間，結合機械相關產業間相互協助以提升技術水準，創造競爭優勢邁向高科技機械產業的永續經營，並將台中地區建構成「全球智慧機械之都」的發展目標。

台中精密機械園區是產業群聚的代表，具備完整的中衛體系機械產業。過去產業中衛體系的思維在於產業集聚下所形成的架構，也為台灣產業提升競爭力。然而，當國際環境改變與科技產業的發展，中衛體系的產業聚落型態無法因應市場的急速變化。在《愛麗絲鏡中奇遇記》有名的「紅皇后假說」（Red Queen hypothesis）強調物種間協同進化的重要性。書中紅皇后對愛麗絲說：「在這個國度中，必須不停地奔跑，才能使你保持在原地。」這意味著在自然界中存在激烈的生存競爭法則——不進即是倒退，停滯等於滅亡，唯有不斷地進化才能在激烈的環境變化中生存下來，而生物進化則是由物理性的環境和生物性的環境共同形成的。

本章將思考台中精密機械園區如何從中衛體系擴展成產業棲息地理論的生態系統，企業與產業之間才能從「共生互利」提升到「共生、共好、共進化」的關係建立「全球智慧機械之都」。

大肚山產業創新基金會——台灣產業智庫

另外，除了一部份較具規模精密機械企業進駐台中精密機械園區之外，其他機械相關的中小企業則分布在大肚山脈周邊，一直以來都是構成台灣機械產業鏈的重要成員。其中，大肚山產業創新基金會是以推動本區企業創新發展為目標而成的產業組織，協助大肚山區域之產業界充分掌握市場脈動與發展趨勢，作為本區域企業間交流平台。大肚山產業創新基金會是我擔任台中市長期間，為了振興台中區域整體發展為出發點，於2018年邀集中部熱心的工商企業領袖共同籌組設立，目前超過300家企業並結合產官學研專家針對國內外市場。經過幾年的發展，透過本基金會平台，提供本區企業的新思維、新理念與新智能以帶動台灣產業創新，並將本會成員擴展到台灣其他區域，邁向整合台灣整體區域的產業發展的新目標。佳龍在擔任數位新南向無任所大使之後，積極推動數位新南向，希望透過本基金會的產業創新，讓台灣各產業可以融入新南向區域等國家。以數位轉型讓本區產業奠定更好的智慧製造基礎，一方面大肚山產業創新基金會扮演平台角色，讓台灣產業在後疫情時代能夠因應國際世局的挑戰與布局，亦能成為全國性產業智庫。

本章是以台中精密機械園區與大肚山產業創新基金會探索產業棲息地形成的可能性，期待提供區域性產業發展的參考模式，由於產業發展基礎在於企業的製造層面，因此，接下來將以台中精密機械園區的製造現場看企業與產業之間關係。

台中精密機械園區企業競爭力條件

從生產到市場的過程包含了製造現場，企業間，產業間到消費者之間等經濟活動，並形成了服務業的製造業化與製造業的服務業化的綜合性發展，企業生存之道也必須思考如何適應整體環境的變化，並提出一套可行經營戰略。具體而言企業需要具備製造的競爭力，構成企業競爭力的要素是多層面的，其中包含製造的組織能力，內部與外部的能力以及獲利能力等。組織能力是企業獨特「持有」的現場製造力；內部能力是從外部無法獲知的企業內部的優勢能力；外部能力是市場對企業製品的高評價能力。

從製造現場看企業與產業的必要性

產業發展的原點存有區域性的特質，其中包含當地的自然資源，風土，習慣以及文化等人文社會所形成的各項基本元素。之後隨著區域的商業以及經濟的發展逐漸形成一個專業的產業聚落。過去的經濟政策總是以經濟學理論為出發點思考，並著重在總體經濟效果，而產業政策也是強調是否符合國家總體經濟目標的產業結構。像這種「從上而下」的政策猶如從高空一萬公尺鳥瞰一國的經濟型態；3000公尺觀察一國的產業分佈；以及從5、600公尺目測一國企業表象。但是隨著經濟發展快速，科技創新以及社會生活習慣的變遷，包含產業政策在內的經濟政策已經很難因應新時代新經濟的改變所產生的經濟新風貌，依據目前的產業分類作為經濟政策制定基礎已經很難看到真正經濟問題的核心本質。而在經濟分析層次上經常是經濟→產業→企業的思維模式，從傳統經濟理論到近代經濟理論都是聚焦於此。更甚者，過去經濟政策往往又是隨著經濟理論發展的腳步行走，卻忽略了企業內部的真正核心因素—製造現場（工廠）的角色，這是以3公尺的距離分析一萬公尺所看到的一國經濟發展的核心本質問題。從最貼近經濟發展的製造現場觀察產品的製作工程，設計創新乃至現場的組織管理都是企業經營與生存的重要關鍵。台中精密機械園區的產業棲息地的探索就是以企業的產品製造現場為核心，再向外逐漸擴展到產業與經濟層級的分析，這將更能精準掌握台中精密機械園區內產業未來的發展趨勢，如圖6-1所示。

一般而言，製造現場的研究領域為企業管理學的一環，並不被視為經濟學的核心理論之中，以台中精密機械園區企業的製造現場為起點論述產業棲息地理論，這是從管理學角度逐漸接近經濟學分析視野，並建立未來台灣產業發展的戰略。這是「由下往上」的分析手法，分析層級是由現場製造（工廠）→企業→產業→經濟，有別過去容易「從上而下」觀點所建立的經濟政策，是將焦點放在整體經濟與產業

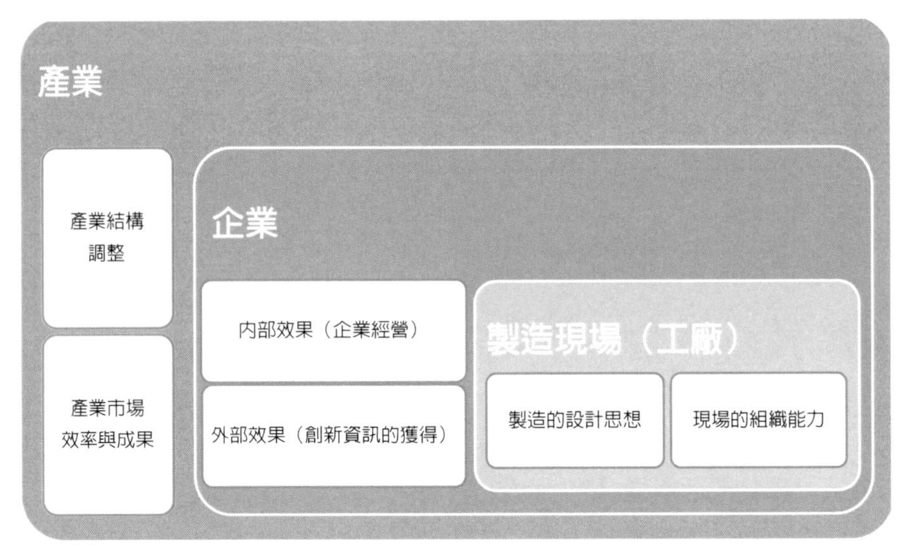

圖6-1 台中地區機械產業棲息地機制的形成層次
資料來源：林佳龍繪製。

結構的層級變化。因為過去「從上而下」的高空觀測的處理方式容易陷入「好景氣時過於樂觀」與「景氣低迷時過於悲觀」的反應，這樣往往只能捕捉短期的產業的發展狀態，無法清楚掌握產業未來發展趨勢。如能以製造現場「由下往上」的分析手法，將企業現場的實際狀況為基礎所建立的產業發展戰略有時反而比較容易看清楚未來經濟發展方向。產業棲息地理論是以企業的製造現場（工廠製造）為出發的一套產業戰略的理論思維。這套理論將可以適用在台灣的北、中、南三核心的產業聚落上，再連結到其他副核心產業聚落，以建立台灣整體產業發展的資訊網絡系統，建構一套產業生態體系以因應台灣新時代的來臨，而這套系統的成功關鍵在於能否提升產業競爭力。台中精密機械園區製造現場（工廠）的競爭力關鍵因素可以分為內部效果與外部效果，前者是從製造現場分析產業競爭力，透過「製造現場的組織能力」（企業與區域屬性的偏向）與「產品製造的設計思想」（產品屬性的選擇）兩大關鍵要素來比較企業製造的屬性差異（籐本, 2004;2018）[1]，後者是在政府

[1] 藤本隆宏（2004），《日本のもの造り哲学》，日本経済新聞出版；藤本隆宏（2018），〈現場発ものづくり地域戦略〉，東大ものづくり経営研究センター。

的新產業政策主導下，由產官學研共同建置的產業生態體系，涵蓋區域是先以北、中、南三核心產業聚落為基礎，透過科技資訊網絡、智慧互聯網等方式，再由「科技創新研究合作中心」（名稱暫定）為平台作為科技創新資訊的發射源頭，提供產業「共學」的契機模式。同時以產業「共學」為中心，聯結各區域之企業以營造「跨領域」的合作交流，追求產品與科技的新結合，以產品異質化創造附加價值，以建立企業之間「共創」機制，以達產業棲息地理論的產業「共好」的戰略目標。換言之，從產業的「共學」平台、「共創」機制到「共好」的共進化是未來企業生存的必要戰略，這也是產業棲息地發展的主要架構之一。

台中精密機械園區企業內部的製造現場分析產業競爭力，以此作的產業棲息地發展理論的核心，這是從研究領域的角度上則是從企業經營學的觀點逐漸移向產業關聯理論，分析的對象由企業個體擴大到產業規模，這樣的目的在於掌握企業產品創新對未來產業結構可能帶來變化。產業結構的變化包含產業結構的調整或是產業的升級，所以透過企業的製造現場分析產業結構變化與競爭力是合理的出發點，再以產業結構的變化判斷對一國經濟的影響，進入了現代經濟學理論的研究範圍。過去台灣的經濟成就被視為新興經濟體優等生，最大因素在於製造業的生產能力，而企業的製造現場則是其中重要的推手。本節將從構成產品的製造現場的內外因素分析產業競爭力的源頭，做為未來建構產業發展戰略的論點基礎。

企業經營的內部效果

台中精密機械園區的企業內部經營管理包含兩個層面，一個是生產技術過程，另一個是經營組織能力，而產品競爭力乃至企業競爭力的大小都會受到這兩個因素的影響。企業的製造現場所孕育出的競爭力也是來自這些內部因素所產生的效果，分別來自產品製造的設計思想（Product Architecture）以及製造現場的組織能力（Organizational Capabilities）。在傳統的經濟學領域上這兩項因素並沒有受到重視，對於產品以及生產工程設計的技術因素被視為既定前提並沒有做進一步討論。但是在科技進步與資訊快速傳播的年代，一些研究顯示製造設計思想與組織能力是影響企業競爭力的重要因素，而這些設計思想往往來自製造現場的創新，台中精密機械園區企業也同樣必須思考這個課題。

在每個產業都擁有特定人造系統的產品與生產工程的設計思想，而坐落在一

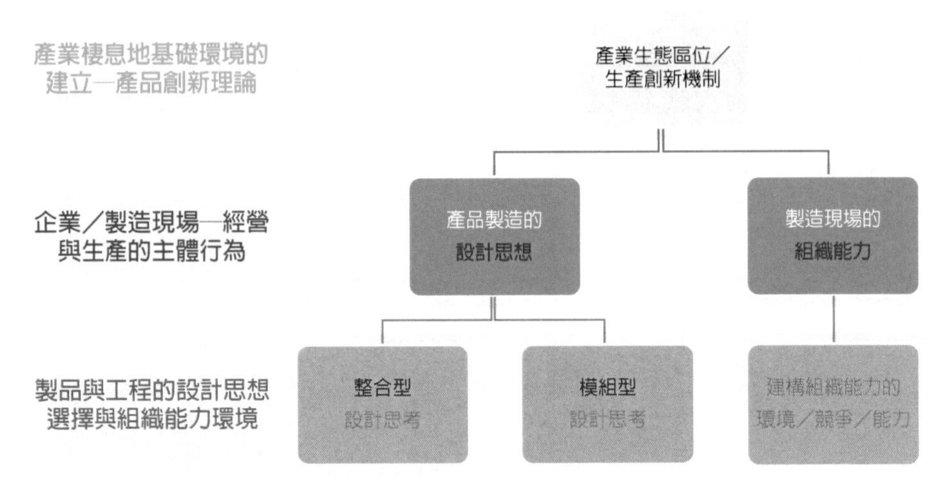

圖6-2 產業棲息地發展的內部效果因素—企業的工廠製造哲學

資料來源：林佳龍繪製。

些國家或是某些區域的企業的組織能力確實也存在比其他國家或區域的企業來得優秀。換言之，不同國家與區域間企業存在製造現場的設計思想與組織能力上的落差，而企業的製造現場內部因素產生的競爭力落差係受到該國與該區域的特有的歷史條件，自然資源，風土，習慣以及文化等影響。這些因素容易形成企業獨特的經營以及製造文化，進而表現在製造現場的設計思想與組織能力上。不同產業在製造現場的設計思想與組織能力上產生的國際競爭力可能會擴大到一國貿易層次，持這樣論點的研究成果在90年代後期逐漸增加。

從圖6-2製造現場的設計思想與組織能力說明這兩項內部因素的具體內容。起初「設計思想」（Architecture）概念出自於建築領域，代表建築物的設計架構，但到90年受到數位化以及網際網絡蓬勃發展的影響，越來越多的學者借助這樣的概念提出更進一步的解釋與應用。他們將「設計思想」視為產品創新的重要元素，認為設計思想是製品的生產過程與功能形成的構成元件，巧妙結合相互關聯的元件的連結進行各種組合的設計構想，這是將企業活動以製造現場的某種設計過程來理解。台中精密機械園區製造現場的設計思想的觀點也可以劃分以下幾種類型，如表6-1。

表6-1 製品設計思想的基本類型

	整合型設計思想（Integral Architecture）	模組型設計思想（Modular Architecture）
封閉式（closed）	封閉式整合型 汽車 機車……等	封閉式模組型 工作機械（工具機） 大型主機……等
開放式（open）		開放式模組型 電腦 互聯網製品……等

資料來源：參考籐本 隆宏（2007），〈ものづくり経営学—製造業を超える生產思想〉，光文社，洪振義翻譯，林佳龍修正製表而成。

在台中精密機械園區製造現場會針對產品的功能區分各個零件，這樣就會形成各種形態與種類的製品的設計思想，在一般的工業以及企業的管理學上將製品設計思想的功能分成兩種型態，分別為整合型設計思想（Integral Architecture）與模組型設計思想（Modular Architecture），這區分普遍反映出不同產品或是不同企業在經營管理策略的差異。在台灣或是國際上，採取不同型態製品設計思想的生產與行銷策略方式，往往也呈現企業競爭力的落差，當然也出現企業在收益與市場佔有率的不同。以下簡單說明表1的製品設計思想的基本類型。首先，模組型設計思想是指以產品所需之功能與零件製造之間關係呈現單純的「1對1」（1個功能對1個零件）的型態，如圖6-3的左下方的圖示。另外，與模組型的功能與零件的對應不同的是整合型設計思想，此型態的設計思想是製品功能與零件之間的關係呈現「1對多」（1個功能對多種零件）型態，參考圖3的右下方的圖示。企業在製品的生產策略的選擇上，可以採用功能—零件「1對1」的模組型設計思想，也可能透過更複雜「1對多」的整合型設計思想。

在台中精密機械園區的經營與生產的型態選擇，企業當依照產品特性與經營理念在製造現場的生產策略呈現不同之外，在零件設計應用上又可以區分「封閉式」與「開放式」兩種。所謂「封閉式」的零件設計是指企業內部共通零件，這些共通零件只流通在該企業在製造產品時使用，企業內（封閉）自家生產製造產品所使用的零件。而「開放式」的零件設計是指普遍業界所建立的標準零件（即業界標準零件），這些共通化與標準化的零件可以適用於各企業在生產製造時所需的零件組合。

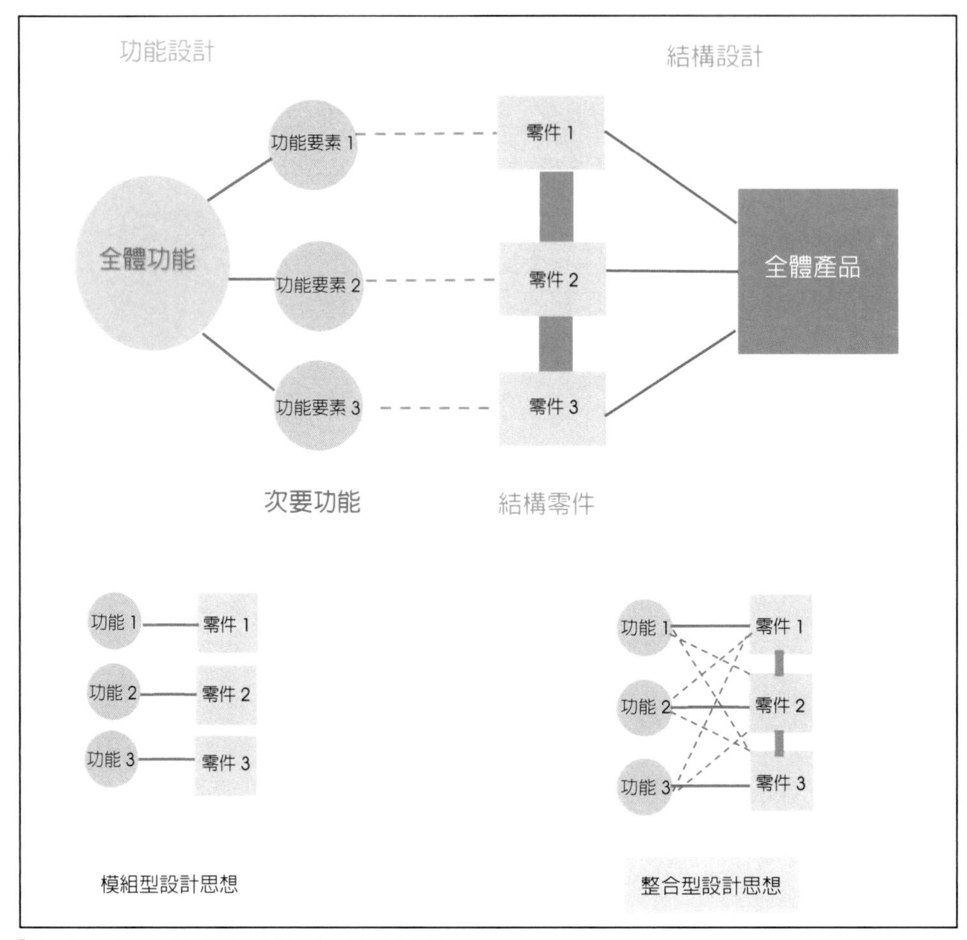

圖6-3　比較整合型與模組型的設計思想

資料來源：表6-1相同，並由林佳龍整理與繪製。

在理論上，表6-1所可能出現製造設計會有三種的思想型態，分別為「封閉式整合型」，「封閉式模組型」以及「開放式模組型」，至於「開放式整合型」在定義與事實上比較不可能出現的型態。因此，在台中精密機械園區內企業在製造現場的設計思想上所採用的策略往往會左右經營效率以及產業競爭力上的差異。而以台灣整體的產業特徵上來看，精密機械產業優勢在於兼具整合型與模組型兩種的設計思想，前者是具備日本與歐洲的製造精神，後者則是美國式的開發產品思維模式，這

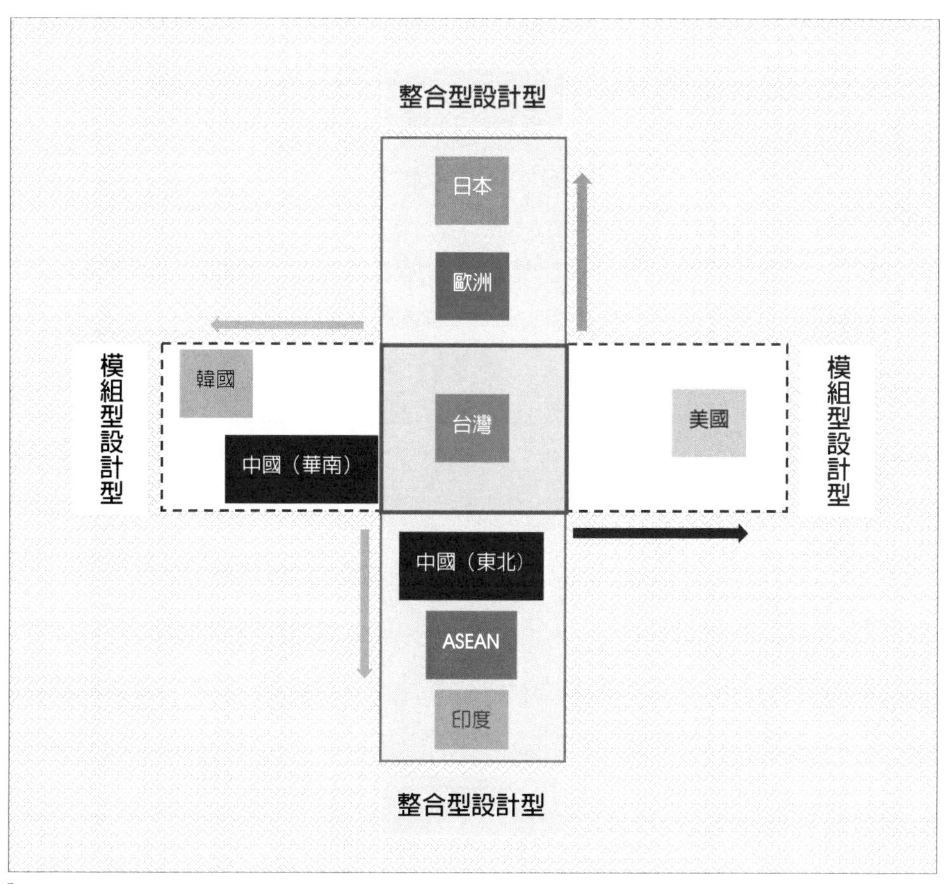

圖6-4 國際競爭力型態：整合型設計思想與模組型設計思想
資料來源：藤本 隆宏（2008），「アーキテクチャの比較優位とアジア製造業」，東京大學。
註：林佳龍整理修改後繪製。

在國際市場的競爭力上是非常有利的基礎。

由於各國企業發展的歷史、風土、自然資源、政經制度以及企業文化等條件差異，加上企業的組織能力的不同，在製品設計思想上就呈現差異，圖6-4是各國以整合型設計或是模組型設計作為製品的思想導向分類，往往表現在國際市場的競爭力上。一般而言，日本是以企業營運為導向的整合型設計，美國則是偏向知識密集的模組型設計，而台灣在經濟發展過程中，由於經營、投資受到日本與美國影響甚深，經營與製造上選擇合理的設計方式，兼具整合型與模組型兩種方式推動產品創新。整合型設計是採取性能重視的顧客選擇策略，模組型設計則是以價格重視作為顧客選擇策略，這也凸顯出日本，美國與台灣企業經營管理的特色。歐洲強調製品的設計和品牌，採取的是整合型設計思想，這也反映歐洲在各種商品上的設計與品牌的強勢競爭優勢。

另一方面，韓國屬於資本密集型的模組型設計思想，而中國國土幅員廣闊，具備多元特質，主要是以勞動密集型方式。在製品設計思想上，中國可以分成整合型與模組型兩種，前者集中在華南地區，後者集中在東北。ASEAN與印度雖然也屬於勞動密集型製造，但是在製品設計思想以整合型為主。製品的整合型或是模組型的設計思想，企業及力建立市場競爭力，各國競爭力維持須具備韌性的製造能力，之後才能創造韌性企業以及韌性產業，而韌性製造則需建立在市場的評價之上，否則很難長久持續。

企業間發展的外部效果

台中精密機械園區座落於大肚山下的黃金精密縱谷要鎮之中，企業對事業經營除了內部管理之外，也須維持與外部之間的商務往來。企業座落在各產業棲息地，代表不同棲位企業在產業上的技術、規模或是品質等方面存在著差異性，並隨著生產與競爭條件的改變促使企業棲位移動到另一個產業棲息地，意味著這家企業在產業結構上已經進入調整時期。從圖6-5的企業間在產業棲息地透過事業活動交流可以獲得資源共享的外部效果，關於這個部分將會在第七章更詳細討論，這裡先做簡單的介紹。

半導體產業是台灣的強勢產業，在產業製造特徵上偏向是模組型設計思想，以「模組化推動產業分工和開放創新，每個子系統和模組都可以不斷改進其功能以增加附加價值」[2]，這是產業模組化的優點之一。而精密機械產業是兼具整合型設計思想與模組型設計思想，很難完全複製半導體的產業生態體系，所以在資源共享機制上必須重新設計，符合產業活動的互動模式。關於這一點再以圖6-5做更進一步說明。

---

[2] 簡禎富（2022），〈藍湖策略：發展智慧化管理科技與數位決策，超越藍海紅海循環宿命〉，天下雜誌，p.96。

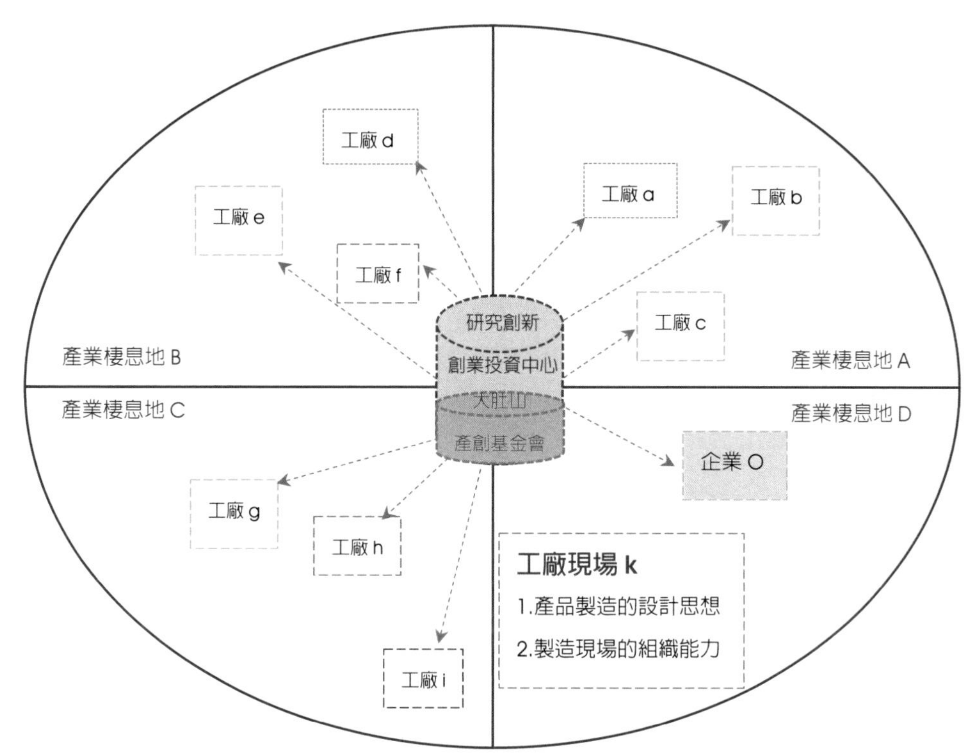

圖6-5 企業間發展的外部效果—產業生態體系的資源共享機制
資料來源：林佳龍繪製。

我提出的產業棲息地生態系統包含三個主要機構，協力銀行體系，信用保證機構以及創業投資中心，其中創業投資中心是由區域設置的創新與投資中心，也是企業間組成的研究發展策略聯盟，以此做為產業棲息地生態系統的資源共享平台。

參與建構平台的企業，從產品製造的設計思想與製造現場的組織能力將可以獲得協助，透過「共學」的企業享有特定資源的「共享」並進一步改良與創新以達「共進化」的目的。例如，圖6-5精密機械產業當中，「O企業」座落第四象限，相關產業則分布於不同發展階段的產業棲息地之內。本區以創業投資中心與大肚山產業創新基金會推動資源共享平台，前者由參與企業提供研究創新的資訊，後者是整合棲位企業與技術的跨域合作。企業的研究創新存在商業機密與競爭力，不容易完全性分享，不容易在短期間建立企業之間的信賴關係，透過大肚山產業創新基金會

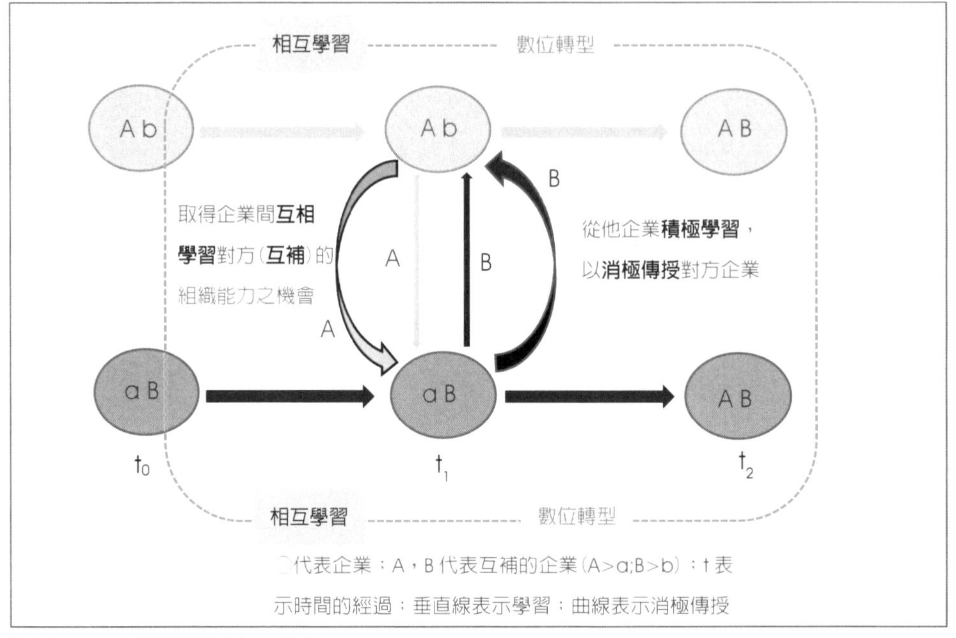

圖6-6　企業間學習效果模式1
資料來源：參考籐本 隆宏（2007），p.137。
註：林佳龍整理修改後繪製。

將可以協助在互信互利的基礎之上，透過交流以降低阻礙合作的各種障礙。以大肚山產業創新基金會為平台，提供本區企業間相互學習的機會與交流，透過產業共學增進彼此間組織能力與創造力。企業間合作與相互學習是建立企業間互信與互利的方式，學習模式分成圖6-5與圖6-6兩種型態，並能夠發揮不同效果。

產業棲息地企業間學習模式

企業間學習內容可以透過①知識取得，②企業間資訊分配與共享，③基於資訊解讀後學習的知識創造以及④新知識的具備等4項行動層次完成[3]。企業相互學習

[3] Huber, G.P. (1991) "Organizational Learning: The Contributing Processes and Literatures," *Organization Science*, 2(1):88-115.

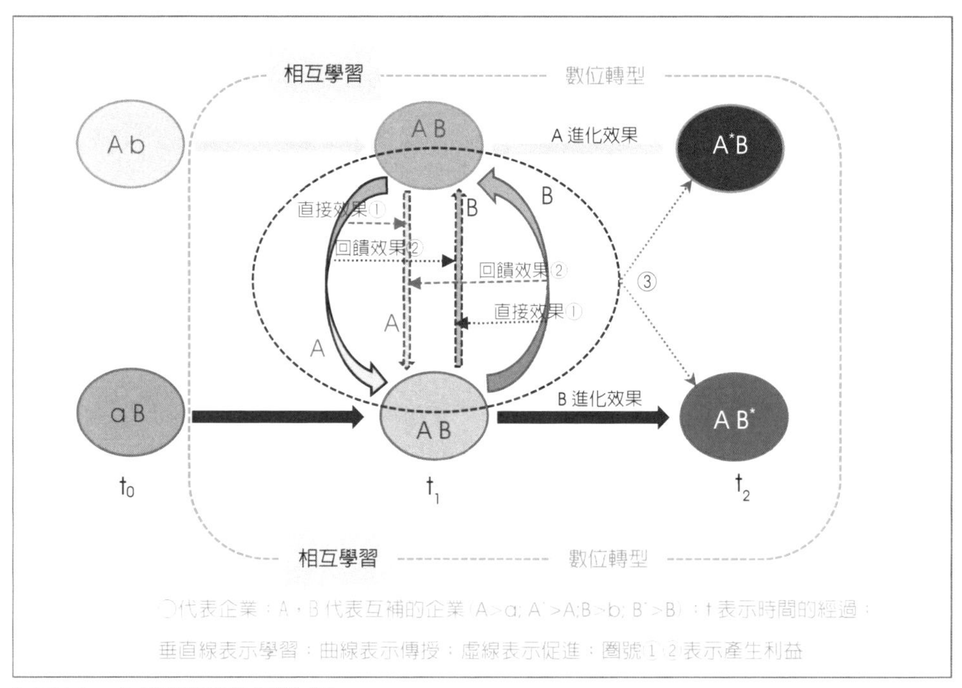

圖6-7　企業間學習效果模式2
資料來源：參考籐本 隆宏（2007），p.145。
註：林佳龍整理修改後繪製。

最為基本是取得新的專業知識彼此共享，透過仿效或是引進其他企業的長處，藉此創新製造新產品。在圖6-6的企業間學習效果模式1上，企業間學習是借助組織外部優點融入組織內部革新的行動以共同造創價值，建立雙贏。兩家企業在專業技術上各有其優勢，且彼此為互補關係，各為「A、b」與「a、B」，追求的組合為「A、B」。假設在數位轉型的前提下，從圖中的t_0點開始相互學習，兩家企業在積極向對方學習與消極傳授對方的條件下，需要花費較長時間雙方可以達到共同進步的「A、B」組合成果。然而，這種學習模式效果並非最佳，只是結合各自優點達到相同等級的「A、B」組合，接踵而來的是更強烈的同質性競爭關係，這對雙方生存提高了不確定的經營環境。因此，第2種模式的應該比較符合本區精密機械產業的生態系統的需求。

企業間學習模式2與模式1的不同在於創造效果，上述模式1的效果只停留在企業間彼此截長補短之後的成長，但是模式2的假設條件是學習可以促進企業間共同進化的創新效果。學習模式2的核心重點在於透過學習除了可以獲得另一方企業的技術之外，傳授一方的企業也能從中認識對方的組織能力的優點促進彼此合作，組織或企業之間不存在提防對方的防衛行為，包含共同開發研究。例如，「A、b」企業傳授自家優勢給「a、B」企業時，除了產生①項直接效益之外，還能夠創造②項來自對方企業的組織經營更深入認識產生的利益回報，稱之為回饋效果。反之，「a、B」企業傳授自家優勢給「A、b」企業時，也同樣產生直接效果與回饋效果。由學習模式2產生了圈號①直接效果與圈號②回饋效果的總效益，就如同經濟理論上的乘數效果，這將使得相互學習企業間共進化成為「A*、B」與「A、B*」的組合。「A*、B」與「A、B*」意味著兩家企業相互學習的結果不會造成如模式1「A、B」組合產品同質化現象，而是彼此間製品屬於自己的特色，彼此產品異質化將是模式2的最大特徵，帶來相互進化的效果（圖6-7）。

台中地區精密機械產業生態與新南向的戰略

台中精密機械園區成立目的在於將來能夠成為台灣精密機械產業發展櫥窗，形塑全方位知識型複合園區，結合中部區域優勢產業建立高度化中衛體系的產業群落[4]，透過靈活應用中部科學園區的關聯產業和技術[5]，朝向高科技精密機械工業園區。隨著高品質和創造力，台灣的機械產業從國內伸展到國際市場，區域與國際之間的商業互動越緊密，數位科技應用越是重要，特別經過COVID-19疫情之後。本區的精密機械相關產業也朝向數位科技發展，數位轉型和數位創新將是本區朝向更高度化產業的必要措施，特別是在企業內部與外部的鏈結上建立更完整性的機械產業生態體系，這反映在上述產業生態體系推動資源共享機制上是非常重要的。透過數位創新除了提升本區精密機械製品的功能之外，也將以更快速的網絡傳遞資訊，

---

4 參考伍南彰（2007），「台中市精密機械科技創新園區管理機制之研究」研究發展報告，台中市政府經濟局。本區優勢產業例如，①金屬切削工具機②金屬成型工具機③專用生產機械④機械零組件⑤其他機械製造修配業⑥電力機械器材製造修配業⑦金屬製品製造業。

5 參考伍南彰（2007）研究發展報告。可以中部科學園區核心技術，結合新技術、新零組件、新產品，例如①電子精密機械設備製造業②光電精密機械設備製造業③半導體精機械設備製造業。

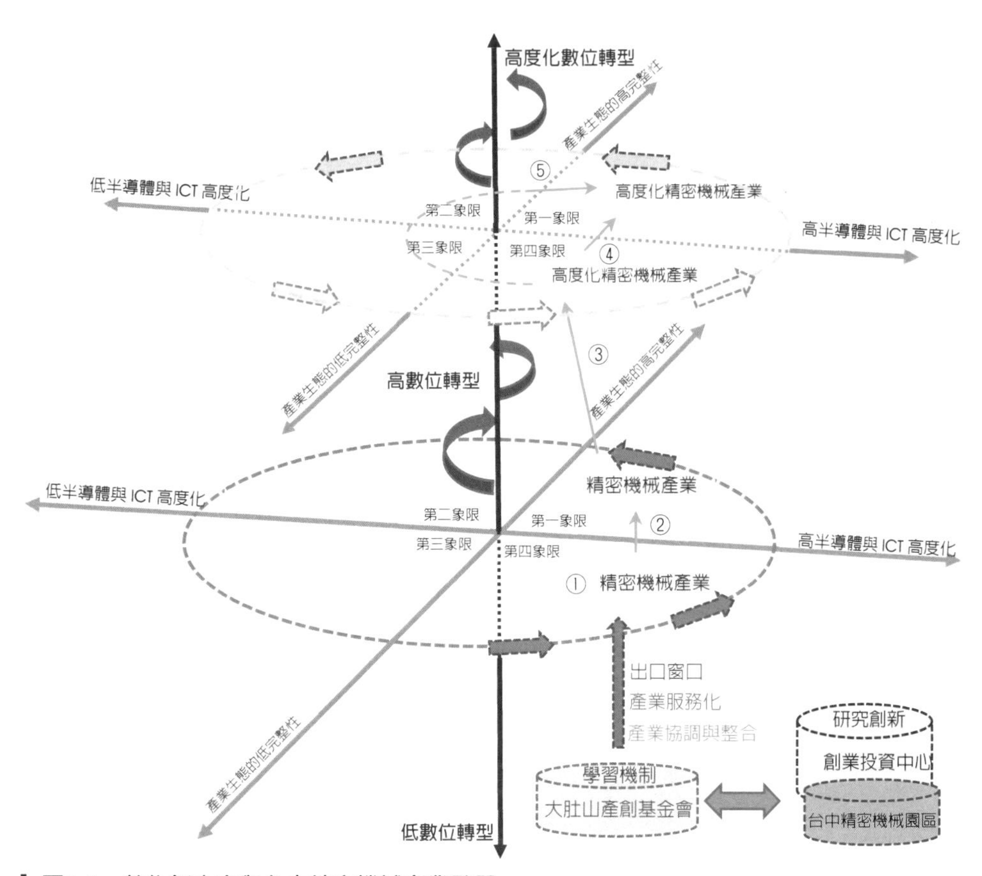

圖6-8 數位新南向與台中精密機械產業發展
資料來源：林佳龍整理／繪製。

提供跨地理空間以及跨領域的合作。

我被任命數位新南向無任所大使以來，就一直希望推動數位科技結合本區的機械產業能夠融入新南向政策。由於機械相關產業就是台灣的強項產業[6]，加上數位轉型與科技創新改變了產業群聚先前的定義，新的產業生態系統可以促進產業在地化

---

[6] 相關研究參考林佳龍、洪振義（2022），〈台灣產業成長變動因素分析（1981-2020）：產業關聯成長要因模型之應用〉，台灣智庫；林佳龍、洪振義（2022），〈台灣產業感應度與影響力變化之分析（1996-2020）〉，台灣智庫以及林佳龍、洪振義（2022），〈台灣產業替代與加工度變化之分析（1996-2020）〉，台灣智庫的初步研究（working paper）。

創造就業，即使偏鄉區域也有當地就業的機會，不再北漂現象，並縮小城鄉差距。這也是我促進本區參與新南向市場的動機。新南向政策對本區機械相關產業發展確實提供一個新的機會，也擴展國際產業服務化的契機。利用前進新南向區域，我認為透過活用本區的優勢產業結合附近中科的關聯核心技術可以促進精密機械的產業創新，提高國際競爭力。

過去台灣的機械產業是由眾多中、小企業廠商構建出完整中衛體系，這也是我國長期能夠在國際市場占一席之地的最大特色。而在新時代架構下，過去的中衛體系已經無法適應新經濟模式需求，除了須轉型到高度化機械產業結構之外，還需要建構一套完整的新機械產業生態系統才能持續站穩國際市場。我認為建立台中地區精密機械的產業生態系統之後，以大肚山產創基金會與創業投資中心作為新南向區域的製品研究開發和規格、數量的協調窗口，這將為本區創造更大的利多。從前面提出了數位新南向的產業發展戰略可知，數位科技可以促進產業棲息地的遷移，不管在加工品或零組件，以及資本財或消費最終財都能夠帶動整體產業鏈的前進。圖6-8是數位新南向與台中精密機械產業發展過程，從第一層的靜態棲息地移動到第二層產業高度化的動態演進，從發展軌跡所呈現的螺旋形態，這種螺旋效應（spiral effect）為本區帶來了精密機械產業「質與量」的提升，刺激研究創新帶動產業升級，增進競爭力，並為企業帶來利潤。除此之外，還包含了增加相關產業的就業人數，振興區域經濟繁榮並縮小城鄉差距，以及強化我國精密機械產業在國際市場的關鍵角色。

台中精密機械園區與大肚山產業創新基金會的策略聯盟使得精密機械產業生態系統更加完整，這也是經濟學家熊彼得一貫主張新組織（new organization.），新結合也是一種創新，將為企業與產業開創一道新的曙光，所以佳龍衷心期盼本區精密機械產業能夠作為新南向政策的開路火車頭。

數位轉型驅動者

劉克振

1983年劉克振創立研華公司，在創業之初公司經營鎖定在利基（niche）的產品市場，歷經將近四十年的研華企業，其主要產品包含了工業電腦、工業自動化、工業網路、物聯網等領域，其中工業電腦（IPC）市佔率為世界排名第一（wikipedia.org）。劉克振的企業經營思維從管理大師吉姆・柯林斯（Jim Collins）的著作《從A到A+》（Good to Great）獲得很大的啓發，他提倡「刺蝟三圓圈」作為公司發展必須遵守的規範，第一圈為共同願景；第二圈讓專注利基成為頂尖；第三圈是複製成功模式（〈總體經濟〉，《遠見》，2016.4.28），為研華企業奠定更堅實的發展基礎。

研華創業以來最核心產業在智慧製造，劉克振強調發展智慧製造生態系，建構物聯網平台以發展產業間的協同共生關係（參考《科技特派員——林佳龍與十二位企業CEO的關鍵對話，前瞻台灣產業新未來》），而主要的關鍵在於數位轉型，這在COVID-19之後更加確認其必要性。數位轉型是新時代新經濟的趨勢，也會是牽動台灣未來經濟與產業的發展方向，也在本書第四章更進一步以數位轉型分析「5+2與六大核心產業」的發展路徑。劉克振也致力推動AIoT應用在智慧聯網、城市、醫療、能源環保以及其他農業等各領域，促進區域AIoT生態系。

另外，智慧節能是劉克振推動研華事業的另一個發展重點，這也是以工業物聯網雲平台WISE-PaaS建構在建築、學校、醫院、商場以及公共建築等基礎上，將能源智慧化管理，逐步達成碳中和目標。關於這一點，佳龍在主持一系列「科技特派員」訪談中強調，台灣可利用資通訊科技優勢將數位科技相關產業配合政府新南向政策推向國際，本書第五章分析發現，這可產生「雙螺旋效應」，為我國帶來巨大的經濟效果與創造產業升級。

Ch 7

新時代新產業政策下的金融政策與財政政策

新產業政策形成的必要性

世界歷經美、中貿易的糾葛以及武漢肺炎的恐慌，主要經濟大國紛紛對未來經濟產業發展提出藍圖，當中的中國除了先前「中國製造2025」的政策目標之外，在第14次5年計劃中提出國內外的經濟雙循環策略，強調科學技術自立自主以及核心技術國產化，成立中國國家集成電路產業投資基金投資新能源車、物聯網等領域，企圖帶動中國晶片產業技術的相關半導體。而歐盟因COVID-19大流行將強化單一市場的韌性以及戰略依賴關係的建立，並確認戰略物資產業的自主性，同時強化雲端科技、氫、低碳產業、醫藥品以及尖端半導體等技術。在美國除了加速重建國內製造業的生產供應鏈之外，還推動美國救援計畫（American Rescue Plan），更在2021年接連提出2.2兆美元的美國雇用計畫（American Jobs Plan）和1.8兆美元的美國家庭計畫（American Families Plan）。美國這些大型的經濟政策涵蓋了基礎建設、研究開發以及補助減稅等財政金融措施。另一方面，日本的經濟政策框架包含個體經濟與總體經濟的政策一體化，將風險納入國家政策投資之內，建立「創業家的國家」作為誘發民間投資的政府資金參與機制，有別過去產業政策是由政府主導市場的方式，將創業投資的風險由政府與民間企業共同承擔，責任明確化有助於落實執行的績效。所以日本的經濟政策特徵在於提出具備使命型志向的產業政策，包含建立一個數位化、碳中和（carbon neutral）以及經濟安全保障社會等相關政策。

從上述主要國家所推出各種經濟政策意味著這些國家對面臨一個嶄新時代所產生的衝擊與不安的自我防禦。在這樣國際競爭激烈環境下，台灣要持續發展經濟，建立高品質社會必須提出適合我國經濟產業發展戰略，在前面我分析台灣的優勢產業，在當中強調經濟與產業的轉型必要性。世界局勢所形成的國際分工生產體系重組動態，以及國際地緣政治重心轉移的新戰略結盟等，台灣也已經進入一個新的時代（林佳龍和洪振義，2020[1]；林佳龍，2021[2]），在此架構下台灣需要一套引領未來經濟產業發展的指針。

過去亞洲很多國家的發展特色是，在政府主導下推動各種產業政策[3]創造了不同階段的經濟成長，其中以日本與台灣最具代表性。然而經過70年代兩次石油危機，80年代、90年代的自由化與國際化促進國際投資熱潮，國際分工體制逐漸成形，到了21世紀進一步推動全球化進展，半導體科技推進網際網路發展，使得國際之間變得更加緊密。2017年之後，美中之間的經貿與國際政治紛爭進入白熱化、武漢肺炎以及俄烏戰爭加速國際經濟與國際地緣政治進入重整階段，台灣也進入一個新的局面。過去國內談論台灣經濟都會強調產業結構調整與改變經濟體質的必要性，產業升級成為經濟發展的必要條件，這樣思維至今仍然適用，只是推動策略需要改變。

由於新時代經濟下的產業政策因環境時空已經有很大變化，新的產業政策也必須能夠符合時代的需求。佳龍在這個部份認為，新產業政策與金融政策和財政政策是「三位一體」的關係，應該是建立在高科技時代數位轉型下的新經濟發展模式。將新產業政策納入產業棲息地理論思維，並以新金融政策與新財政政策協助新產業政策的發展目標，這就是「三位一體」的新經濟政策。換言之，我在本書緒論中強調的，是以「三位一體」體制作為新產業政策的核心，建立以新財政與新金融為輔的經濟政策體系，聯結財政、金融以及產業的「三位一體改革」。

長期以來的產業政策特色是在政府補助金與政策性金融調和資源分配的公權力介入所形成的，當新國際政治與新經濟體制已經形成，台灣所要適應的國內外環境包含了數位轉型、能源轉型、循環經濟等過去所沒有的新課題時，特別是面臨後疫

---

1 林佳龍和洪振義（2020），〈新型コロナ（COVID-19）が台湾経済に与える影響と経済政策の評価—動学的產業連關モデルによるアプローチ—〉，《問題と研究》，第49巻4号，35-76。

2 林佳龍（2021），「科技諮詢顧問委員會籌辦構想計畫」。

3 產業政策內容依其動機目的而不同，主要可以分成：（1）調整一國之產業結構（2）充實產業的技術研發與資訊的完全性（3）扶植個別產業提升經濟福祉。（4）改善區域城鄉差距或是其他等產業政策（伊藤等，1988）。

情時代的國際供應鏈競爭當中，因應國家經濟的安全保障，全球性的氣候變遷，我國應該注重在高科技產業中的機械、電機等各項產業的發展。而目前台灣正處於經濟結構與產業結構調整階段，尚未完成最佳狀態之際，需要透過技術創新以調整產業結構與經濟結構，在新世界與新經濟時代裡，更需要有別於過去的新產業政策。我認為科技創新是產業發展的必要手段，這在發展過程中，需要完成數位轉型以提升產業供應鏈的質量競爭力。

如上述的國內外環境發展下，新產業政策的規劃框架與藍圖，佳龍曾在前面章節提出的產業棲息地理論作為基礎，以數位轉型的「雙螺旋效應」為台灣創造希望與進步的未來發展，配合蔡英文總統的「5+2產業」「六大核心產業」政策作為發展指針，帶領台灣走向永續經營的第一步。

新金融、新財政與新產業政策的架構

前面分析產業棲位移動與螺旋效應將會帶來產業結構調整與產業升級，而促成這個原動力在於數位科技轉型與創新。因此我認為推動新金融、新財政與新產業政策應在此架構下才能更有效率地活用各項資源。從產業棲息地的企業分類與政府推動新產業政策的架構之間關係，我想可以用圖7-1做進一步說明。

分布在產業棲息地的企業表現在不同層次的組織之中，如圖所示包含了①單一企業②有統合控制中心的企業群③無統合控制中心的企業群④水平整合企業群⑤垂直整合企業群⑥多角化整合企業群⑦公私部門聯合體系等幾種型態。在這7種組織型態的企業群，政府提出新的產業政策如何落實在不同棲位的企業發展，將關係著最適產業棲息地的形成。其中，有統合中心存在的企業型態的特色是在企業間水平與垂直關係上建立合作管理中心，共同築起產業生態系統的一種方式，例如，台積電過去所發起的設計中心聯盟[4]。這種型態企業結合往往是建立在企業經營都經過轉型過程之後，某個程度上已經具備一定程度研究發展能力。所以在金融與財政政策上可以在融資優惠與稅制獎勵方面上，配合政府的新產業政策的推動。建構產業棲

---

[4] 簡禎富（2022），〈藍湖策略：發展智慧化管理科技與數位決策，超越藍海紅海循環宿命〉，P.138，天下雜誌。

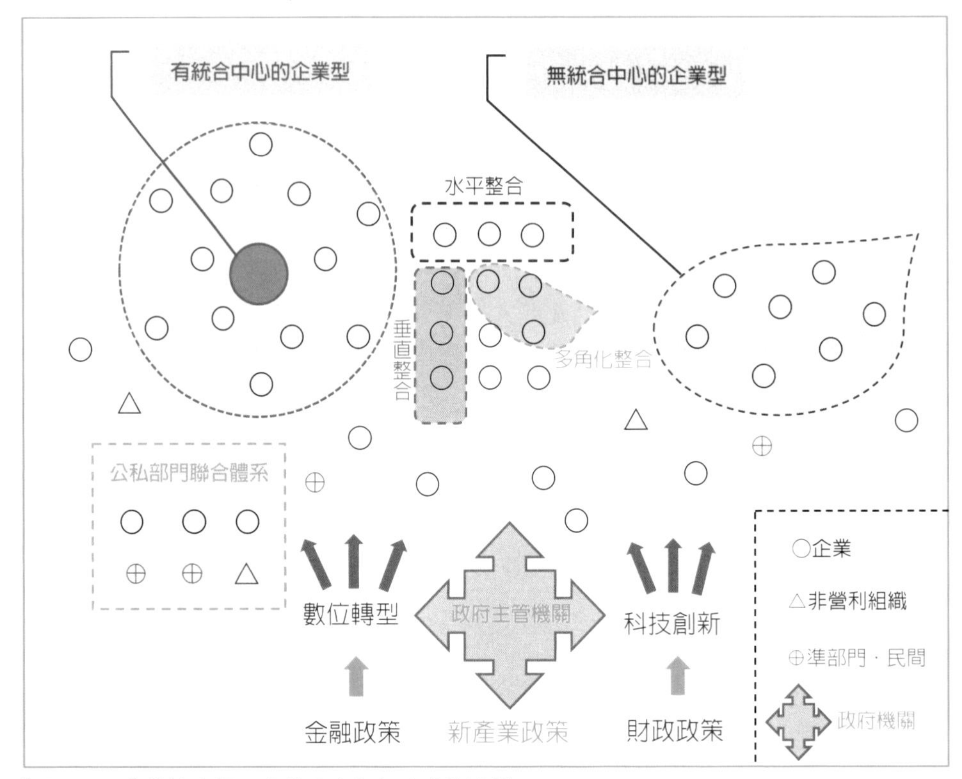

圖7-1 產業棲息地—企業分布與經濟政策連結
資料來源：一部份參考今井等（1991）[5]，P.120；林佳龍編輯繪製而成。

息地的第一步是建置數位化的基礎架構，企業間聯結之良否將決定產業棲息地運作機制的效率。

由於政府提出的「5+2產業」「六大核心產業」的政策與數位轉型能否順利之間極為密切相關，有需要由公部門成立專屬的「數位轉型基金」，以此作為提供企業數位轉型在金融面上的必要支援。這是新時代新產業戰略，也是產業間聯結機制運作模式，靈活應用金融與財政的支援，透過產業棲息地聯結企業群的科技創新提高附加價值，此創新元素則來自跨域科技的整合與應用。「數位轉型基金」出了直接提供在數位轉型與數創新的補貼與獎勵之外，還可以透過官民合作方式投資數位

[5] 今井賢一，伊丹敬之，小池和男（1991），《內部組織の経済学》，東洋経済新報社。

科技相關產業，一來可以協助產業發展，二來也能夠從投資獲得利潤厚植轉型基金的規模。例如在高速寬頻（broadband）、高效能運算（High Performance Computing, HPC）、電動車（Electric Vehicle, EV）等方面的投資。另一方面，如圖7-1中的企業組織型態差異，在資本與技術能力上都存在著落差，為了促進數位創新，公私部門可以透過共同出資的方式，在產業棲息地區域內成立「數位科技孵化器創新中心」，讓小企業也有機會參與尖端科技發展，甚至創造隱形冠軍的特殊產業，建立更具韌性的產業生態系統。除了金融面的支援之外，在財政政策上也可以透過減稅或是補助方式，獎勵企業在數位轉型上的努力，也能促使企業更積極從事數位創新的誘因。

新產業政策期待台灣各種的企業型態都能夠因應未來市場新，完成數位轉型提高創新能力，因此在金融與財政的措施上也應以這項的目標作為獎勵與援助資金的重點。當世界各國在國際局勢劇變之下也投入巨額資金與產業發展計畫之際，我們必須提出更有宏觀與遠程的發展藍圖，讓既有的產業優勢能夠持續維持，也能帶動其他產業的技術迎頭趕上。加上，這兩年來台灣企業的回流投資，加入國內產業的生產行列，也創造大量的就業機會，而印太經濟架構（IPEF）儼然已經形成，未來幾年這樣的趨勢將會持續進行，政府有必要開拓更大格局的投資環境。

圖7-2是產業棲息地「三位一體」的經濟策略，活用金融與財政的資金推動新產業政策，完成產業數位轉型以及提升科技創新的能力。剛開始的產業棲息地可視為是一個靜態的產業分布生態系統，有了金融與財政的政策資金面的注入之後，那將會轉動產業棲息地的生態棲位，這個轉換過程類似在前面討論過的產業轉型路徑的發展，是屬於動態的分析。接下來我想透過圖2來說明。

當民間與政府協力建構的產業棲息地之後，在新產業政策的引導下，金融與財政兩項政策資金的有效挹注，區域內企業數位轉型逐漸完成，並在「數位科技孵化器創新中心」聯結企業間水平分工（整合）或是垂直整合的跨域合作。同時利用科技創新開拓新藍海，建立藍湖或是藍池塘的有利條件，這對以中小企業為主體的台灣產業而言，是塑造隱形冠軍高毛利率的契機，並能推動台灣成為世界市場中具有韌性且深具彈性的製造中心。新產業政策的發展在數位轉型與科技創新，產業棲息地分布如圖中四個象限，分別代表產業發展階段的成熟度，所要朝向的目標在於建立高度化數位轉型以及高度化的科技創新。第一象限是高度化數位轉型與高度化

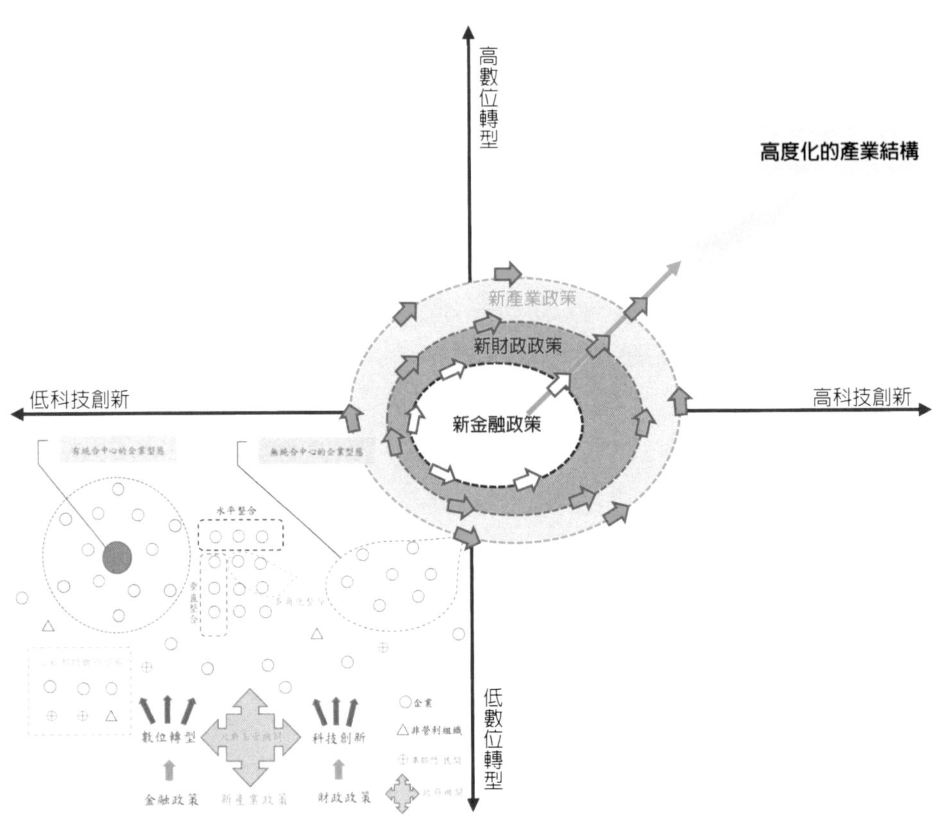

圖7-2　三位一體的經濟政策
資料來源：林佳龍繪製。

科技創新的產業升級，是最適的產業棲息地，而要達成這個目標，政府應該提供新金融與新財政的資金融通。一開始的產業棲息地座落於第三象限，這個階段的產業生態特徵是較低階的數位轉型與沒有豐富的產業創新經驗，產業棲息地的企業彼此之間處在摸索與建立默契階段，經過產官學的交流與合作，提出各種計畫，在金融與財政的支持之下改變企業體質，從企業內部到合作關係企業之間的管理革新所建立經營新模式，連結融合外部市場所發展出的商業新模式。新時代模式之下的經濟產業從第三象限可以分別經由第二象限與第四象限進化到第一象限的高度化產業結構，金融與財政的政策資金也伴隨新產業政策的發展路徑前進。

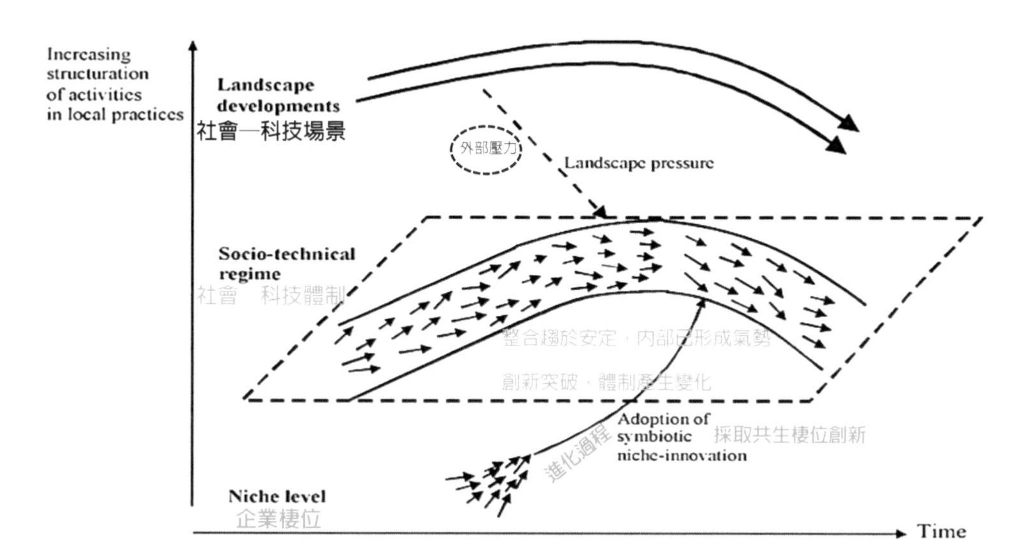

圖7-3　產業「修正型」的轉型路徑
資料來源：引用Geels and Schot（2007）, p.407, Fig. 5.[6]

在數位轉型過程的金融與財政政策

然而，新產業政策推動的過程並非一定通暢無阻，在本書緒論當中以MLP多層次理論提出產業轉型有四種的可能發展路徑，這是當企業面臨內外因素的要求與衝擊必須做出改變，而推動往往遇到困難。而且產業轉型的過程中，並不侷限在其中的一種型態，可能出現數種形式的交錯發展。由於數位轉型涵蓋了智能技術、人工智能、雲端計算以及物聯網等數位科技，這將快速改變人們與企業組織的工作性質，此階段的產業將走向「修正型」（transformation）階段的轉型路徑，如圖7-3的發展型態。

COVID-19大流行嚴重影響生活、社會經濟以及企業生產等活動，由於數位科技可以解決一部份在疫情期間的消費，分配以及生產所造成的問題，更加引起政府與企業對數位轉型的急迫性，加速了數位化的趨，這是來自社會-科技場景的外部壓力。儘管數位化轉型是一項緊迫的任務，但是轉型過程中還需要精力不短的時間適

[6] Geels, F.W., Schot, J.W., 2007, Typology of sociotechnical transition pathways, *Research Policy* 36(3), 399–417.

應與克服。數位轉型的初步階段可能會面臨人員層面、企業集團層面以及組織層面的調適，在快速顛覆過去的步伐當中，人員、企業以及相關協力廠商的內部需要更新和轉變業務模式以保持經營效率與市場競爭力。例如，數位操作技術和員工執行任務之間的契合度，這會影響員工的態度和技術採用，為員工提供知識與訓練逐漸熟練的情況下，將會提高所有員工與企業對數字化轉型的價值認知。員工與企業經過這一階段的數位化共識的形成與實踐之後，將數位化擴展到相關協力廠商之間的聯結，內部組織整合趨於安定，並透過共生棲位創新，新的社會—科技體制將透過累積調整與重新定位以擺脫過去舊的體制型態。企業面對新的社會—科技體制，由於各產業間數位化的棲位創新已經普遍形成，能夠融入數位化的社會—科技體制內之企業已經具備了棲位累積（niche-accumulation）與內部動力（internal momentum）順利進入日益壯大的數位化市場持續發展。新產業政策以數位創新替代過去的既存技術，為社會經濟帶來持續性的波及效果，形成「技術」與「社會經濟」共進化的發展型態。因此，數位化轉型的產業政策具有「技術引導型的性格」（technology-push character）。

上述的數位轉型的過程中，企業從舊社會—科技體制融入新體制在人員業務工作上需要時間調適與專業養成，政府的金融政策與財政政策可以著力於協助企業員工在數位相關領域上的職業訓練，必要時規畫重點產業棲息地的區域內設置「人才培育中心」，依不同產業性質需求透過金融優惠與財政補貼或稅制優惠，使其企業能夠具備數位技術開發能力，對企業員工的專業轉型有助於及早完成高度化的數位轉型。

除了數位轉型之外，新產業政策的另一個重心在於數位科技的創新。台灣面臨新時代新經濟的特徵之一是國際供應鏈的重組問題，這將會形成一個嶄新的國際供應鏈生態系統，企業維持競爭力的關鍵因素在於創新能力。因此，產業「重組型」（reconfiguration）的轉型路徑將成為金融與財政政策的推動目標。

「重組型」的轉型路徑一開始來自國內外的社會—科技場景外部壓力，產業層級的社會—科技體制內部已經強烈感受到數位轉型問題，企業認知到這將關係著整體產業的未來發展。由於此時大多數的企業層級在數位化上尚未完成轉型，少數企業已經認知數位科技的重要性，於是數家企業進行數位創新，並開始融入到社會—科技體制內部。這個階段的產業生態系統開始以務實與共生進行數位基礎架構與

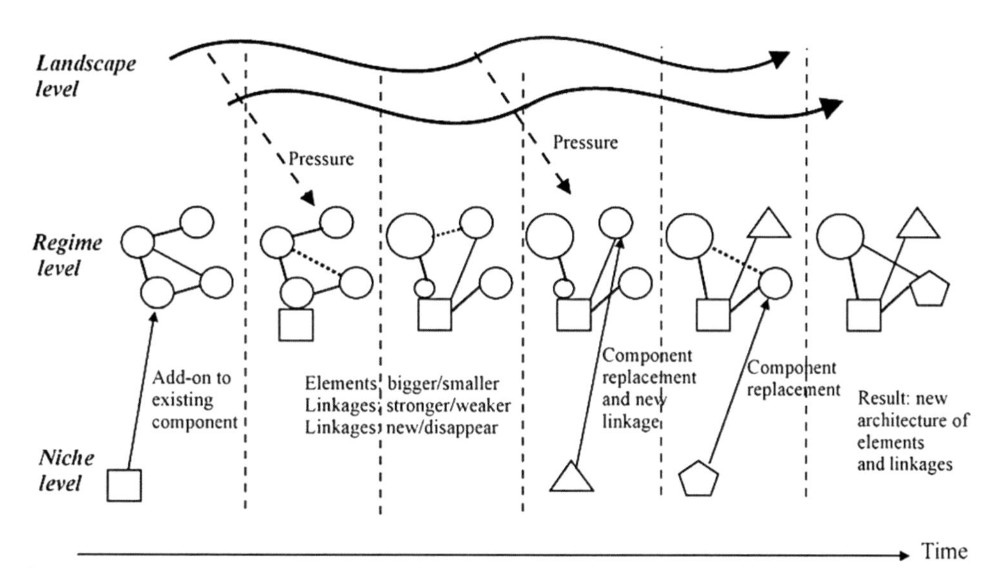

圖7-4　產業「重組型」的轉型路徑

資料來源：引用Geels and Schot（2007）, p.412, Fig. 10

數位科技創新的投資，隨著數位科技創新與市場要求逐漸擴大，企業越來越多朝向數位轉型，新的產業生態系統逐漸成形，數位科技創新取代過去舊有的產業生態系統。

圖7-4中所示，從第一個階段既存社會—科技體制下企業數位創新開始，企業間數位轉型過程中使得社會—科技體制的產業生態系統組合開始產生變化，產業生態組合要素變得更大／更小→產業生態組合聯結變得更強／更弱→產業生態組合產生新聯結／消失，初期的企業數位轉型使得既有產業生態系統發展存在很大的不確定性。但是來自內外市場壓力，在產業生態系統的參與者之間的企業必須引進更高度化的轉型技術，透過科技創新的學習效果與波及效果建立新的產業生態體制。之後進入穩定時期的數位化發展階段，數位轉型帶來企業間新的聯結，並建立初步新的產業生態系統，隨著數位化新聯結而重組了產業生態體制，結果形成新的產業生態架構以及新的聯結。產業「重組型」模式是建立在企業棲位的協調相互作用機制之上，以數位科技創新加速與鞏固新的產業生態系統，企業間創造新經營模式與新商業模式。

上述的社會技術「重組」轉型會歷經不同階段過程，需要透過公部門在金融與財政政策上的協助，可以分成四個轉型階段，分別為①實驗階段（experimentation phase）②穩定階段（stabilization phase）③擴散與顛覆階段（diffusion, disruption phase）④制度化與錨定階段（institutionalization, anchoring phase）[7]。

1 實驗階段，來自企業棲位的發展。

過程中包含了數位技術的經濟表現、企業文化與社會文化的接受度，也是政府的政治實驗一部份，並在試錯學習中帶來革命創新的可能性。在這個階段，政府可以規畫數位轉型的方向與願景，評估數位科技發展進程並設定長期目標作為新產業政策。同時，在金融與財政上投入對數位科技研究發展，也對於新加入的數位轉型企業給予資金上的協助，包含補助與稅制優惠。為了促進產業棲息地區域內企業整體的數位轉型，我認為政府與企業共同出資成立一個「研究發展設計聯盟」，聯結區內企業的網絡組織。「研究發展設計聯盟」可以做為數位轉型實驗階段的發展平台，各個企業透過科普交流，啟發創意，提供新技術在應用上的各種資訊，有利於形成企業的共生機制。

2 穩定階段，透過創新模式建立一個數位科技的立足點。

經過第一階段的研究發展的實驗階段之後，企業的棲位創新在小型市場上趨於穩定，以持續創新的活動匯集更多資源，促使數位轉型相關編碼設計、規則、技術、標準、消費者偏好以及政策的更加明確，降低對數位轉型的不確定性。由於數位轉型趨於穩定，也可以將數位科技透過與相關的產業協會、工程技術團體或是創新機構等分享經驗與交流，使得產業棲息地區域內儼然形成一個數位科技創新社區，多元社會與產業科技知識活動有助於形成了一個穩定的新興數位技術軌跡。

隨著一個數位轉型穩定發展，產業棲位的市場將會逐漸擴大，數位化消費者的增加，引發關心度得提高以及抵抗數位轉型力量的減輕，在這個階段的新產業政策

[7] 參考Geels, F.W., 2019, "Socio-technical transitions to sustainability: a review of criticisms and elaborations of the multi-level perspective", *Current Opinion in Environmental Sustainability*, 39, 187–201.

重點為我在前面提及的「數位科技孵化器創新中心」的成立。「數位科技孵化器創新中心」的成員包含產業棲息地區域內的「研究發展設計聯盟」之外，結合產業協會、工程技術團體或是創新機構等研發單位，政府提供資金研究重點與關鍵的數位科技發展計畫，並獎勵創新發明，申請關鍵技術的專利。

③擴散與顛覆階段，將數位科技創新擴大到國內的主流市場。

第三階段進入一個新技術與現有技術市場之間的經濟競爭，也是數位轉型企業與抵抗數位轉型企業之間的市場爭奪。由於商業的數位化範圍逐漸擴大，是新、舊商業模式的共存時期，可能產生不同型態企業之間相互爭取公共資源，例如政府的補貼、租稅優惠以及相關法規調整等。數位轉型過程包含數位化與數位優化，第三階段雖然進行數位化與數位優化的擴張，但也同時還存在著為數不少的尚未數位化企業，在彼此數位轉型與否的商業模式的拔河過程中，數位科技創新的機會之窗無法保證企業數位轉型的完全實現。因此，政府對新時代新經濟的產業發展計畫在此階段將會產生決定性的影響，制定企業數位轉型的獎勵條款與設備投資的稅制優惠。獎勵數位轉型的金融與財政政策除了可以創造數位科技產業的國內市場，有助於相關產業發展，更為數位新南向政策奠定更堅強的基礎，也能提升企業的經營績效，創造更多的利潤。

④制度化與錨定階段，數位轉型的新經濟模式取代舊模式。

數位化轉型過程的第四階段是新的社會技術體系取代舊的社會技術體系，數位化轉型目標在政府監管所規劃的各項計劃與數位產業結構的變化，並制定數位科技的專業標準以及技術人員的培訓計劃，以金融財政資金支援朝向制度化。數位轉型所牽涉的技術非常多元，企業產品之間，雖然有競爭也有互補，但是跨域結合所產生的創新效益是產業棲息地形成的重要目的。數位轉型是產業棲息地成形的強力接著劑，更強化企業間合作共生的韌性，政府角色是建立數位科技的規格基準，讓企業有一套標準化可供依循的數位轉型戰略。

新金融政策與新財政政策的特徵

過去財政政策、金融政策大都由行政院（財政部）與中央銀行分別執行其任務，財政政策著重在補貼與特別稅制，金融政策一方面透過貨幣市場改變利率水準，另一方面，則以金融機關採取較具彈性的資金提供或是調整貸款條件方式。當整體國內外經濟環境改變之際，因應部份國際產業鏈的重組，新南向戰略等新經濟方針，新財政與新金融的諸多手段必須透過多部門政策組合聯結推動。過去政策規劃與制訂雖有跨部會的聯結推動，但在資金面上大都由財政與金融相關部門分別執行其政策任務，有其必要時則再透過行政系統辦理資金上的支援。當面對新時代的經濟變化，我認為一開始的產業整體規劃與財政、金融的資金層面應該採取「三位一體」的設計。這也是我在本書的前面所強調，在新產業政策下的財政政策與金融政策的新經濟體制，這樣才夠因應新時代環境的快速變化，以及新國際局勢的地緣政治。雖然COVID-19疫情台灣展現跨部門的財政政策因應，也展現效率性的紓困措施，但這還是屬於臨時性的應急手段。未來的新財政與新金融的特徵在於跨部門結合的政策應用，唯有如此方能解決日益複雜新政治經濟產生的課題。

在金融數位創新與社會經濟活動模式的改變，尤其經過2008年的世界金融危機以及2019年的武漢肺炎疫情的政治、社會與經濟衝擊之後，傳統的金融政策手段已經很難處理巨大規模社會經濟動盪，需要有更積極與更具彈性新財政與新金融的政策導入。邁入數位金融時代，新財政與新金融的守備範圍擴大，有其必要修正局部的財政與金融法規，建立完善的金融體系與財政體質的健全，這將會影響我國能否適應新的國際政治經濟體制。例如，在國家重大經濟政策的執行上，透過信賴國際夥伴合作方式建立私募基金推動產業發展，以及證券交易所的轉型促成台灣金融市場發展新契機以帶動其他金融相關領域的發展（柯承恩，2021）。

產業棲息地的形成包含大企業與中小企業都包含其中，台灣的企業經營規模以中小企業為主體。由於大企業與中小企業之間產業供應鏈的關係，大企業在研究開發能力與資金上的優勢，政府可以著重在產業政策規畫與市場開拓，例如「5+2產業」、數位新南向政策等。而政府對中小企業的產業策略，一方面建立產業棲息地作為中小企業與大企業之間的產業鏈關係，同時透過新財政與新金融對中小企業資金面支援，建立一個穩定的產業生態系統。圖7-5是產業棲息地區域內的財政與金融

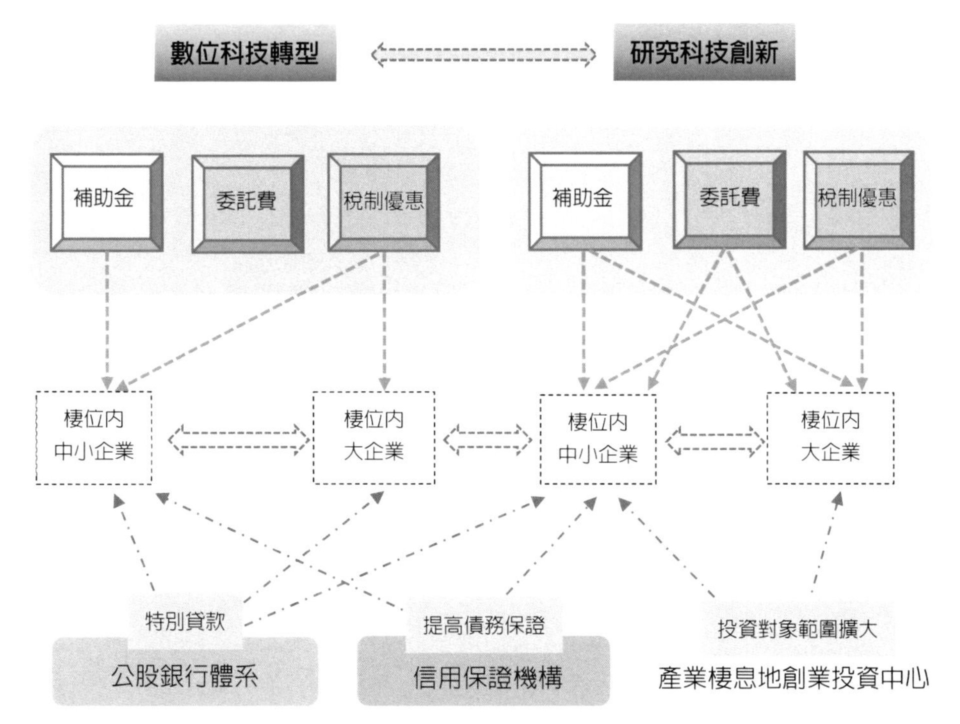

圖7-5　產業棲息地的財政與金融支援系統
資料來源：林佳龍整理繪製。

支援系統，資金支援項目在數位轉型與研究科技的創新。在財政措施上可以分成數位轉型與科技創新，前者包含促進數位轉型的補助金、數位轉型稅制上的優惠以及產業數位轉型相關的委託業務，後者則以能夠促進產業數位科技研究或是推廣數位轉型科技創新的補助、委託以及稅制優惠等措施。另一方面，在金融面協助上加入公股銀行體系提供產業發展的特別貸款；成立信用保證機構提升加入產業棲息地中小企業的債務擔保便利籌備資金，以及設置產業棲息地創業投資中心，創造產業棲息地企業的創新資本以及開拓銷售市場。

創業投資中心的功能在於透過科技創新的投資一方面可以提升產業棲息地內企業的競爭力，也能協助中小企業在研究發展資金的不足，在公部門資金領銜投資於特定的研究發展也同時帶動民間企業的共同參與。創業投資中心強化「產、官、學」的分工效益，更能融合區域內企業在產業創新的共生互利的聯結關係，讓區域內產業生態系統更加鞏固。完整與鞏固的產業生態系統是建立棲息地的重要目標，有助於海外戰略布局，例如推動數位新南向政策。

新產業政策中財政與金融政策的政策意涵

我所以提出產業棲息地論點作為台灣新時代新經濟的戰略方針，主要認為在新國際政局下，經濟發展需要建立在自主，安全與穩固的基礎之上，國內是否具備完善的產業生態系統是主要條件。規劃產業棲息地有助於強化產業生態系統，也能塑造企業間共生互利的信賴基礎，這是提升產業任性的基本元素。另一方面，財政與金融在資金上的支援對企業經營極為重要，而數位轉型則是關係新經濟模式的必要作為。因此，統合性的政策是因應新時代的思維手段，這也是新產業政策的特點，將財政與金融政策融入產業棲息地架構之中，形成一體化的經濟發展系統。

本章節討論以財政與金融的政策資金協助台灣產業發展，在這裡我想強調的是，政府提供資金的戰略目標上必須有所轉變，然而隨著社會福利，健保醫療以及教育科研等支出的不斷提升趨勢下，要能穩定持續推動這些政策必須建立在健全財政結構之上。政府對民間企業提供政策資金的補助或稅制優惠之外，經過風險評估與成本效益的規劃投資特定產業或是特定政策的產業創新，更可推動「創業國家」（Start-up Nation）戰略，創造拋磚引玉的投資效果，國際上也一些國家積極推動或規劃「創業國家」的作法，其中以色列是最具代表，日本也正積極推動「小型企業創新研發」（Small Business Innovation Research, SBIR）結合「創業國家」戰略。從以色列的國家所處條件來看，都與台灣有相同之處，例如，國內市場規模較小，2021年國內生產毛額（GDP）世界排名30（台灣22名），同樣來自鄰國強大的軍事威脅對地緣政治極為敏感，對軍事產業非常重視等。一開始以色列推動「創業國家」戰略時，就將研究發展創業視野定位在國際市場，他們的「創業國家」經驗可作為我國產業棲息地區域內將創業生態系統（Start-up Ecosystem）納入重要參考，並可以擴大到數位新南向國際戰略的制定。佳龍曾經主編《打破悶經濟》（2013）與《以民為本的創造性財政》（2014）這兩本書，就是強調以振興經濟與財政創造作為財政與金融的政策思維，政府應善用產業科技優勢與政策資金以活化經濟與扶植戰略相關產業。先前提及的棲息地產業生態系統，在政府整體規劃下確實有助於推動「創業國家」作為國家新產業發展戰略。以財政與金融的資金所形成產業棲息地推動台灣數位化轉型與科技創新，在此架構下的產業生態系統合作下可以進一步規劃與推動「創業國家」的投資模式。這是以產業棲息地為基礎的國內企業結合產業政策發展的模式，並提供充足的財政與金融上資金，在「創業國家」的機制運作下，由創新的創業成功醞釀出市場價值再回饋到財政稅收，這將會為台灣建立資金循環性系統的創造性財政模式，這一方面可以發展國內產業，同時亦能取得財政支出與收入的平衡效果。

商業思想家
——微笑曲線
施振榮

施振榮是宏碁集團創辦人，源自1976年成立宏碁公司，以個人電腦、電競產品和虛擬實境裝置等為主要產品，2021年個人電腦在全球排名前五大（《經濟日報》，2022.1.14）。起初，施振榮以自創品牌領導宏碁，在2000年運用「品牌與代工分家」策略，分成「宏碁集團」、「明基電通集團」、「緯創集團」等三大獨立事業集團，並於2013年完成第三次企業再造工程，重塑宏碁集團事業工程。施振榮提出「微笑曲線」和「王道精神」作為企業競爭戰略以及經營理念，帶領宏碁企業歷經多次變革，至今依然昂首屹立於全球化高度競爭的科技產業之林。

從施振榮思維體系變化可以觀察到宏碁經營策略轉變，不同環境下採取不一樣的經營策略，初期「微笑曲線」理論主張要增加企業附加價值，不能只停留在組裝與製造，還需在往曲線左邊的專利、技術創新方面努力，或是曲線右邊的品牌、服務方向邁進。全球化之後，社會脈動瞬息萬變，施振榮提倡「王道精神」，這個核心信念在於「創造價值、利益平衡、永續經營」，營造共存共榮精神實踐在企業文化之中。

施振榮的策略思維不斷地演變，2019年提出「新微笑曲線」，他認為產業應該跨域整合創造新價值，做為台灣未來轉型發展的新方向（智榮基金會，2019.2.11）。他指出這種新思維適合發展醫療生技產業，台灣具有AI資通訊優勢產業與醫療人才，加入「共享」與「體驗」元素可以在國際市場上將能夠實現價值（《未來城市》，2020.9.22）。從宏碁事業發展與經營策略的變化，施振榮不僅是一位商業思想家，也是企業的實踐者。

Ch8

台灣永續經濟發展新模式：產業棲息地理論的時代意義

永續發展需要穩定的生態系統

從醫學、物理學、天文學、生態學乃到經濟學等各領域都會強調「系統穩定」的重要性，因為失去穩定系統都必須承擔帶來「損失」的後果。醫學上強調生命是一連串無休無止的化學反應，而且必須建立在體內平衡基礎之上，不然將失去健康；物理學與天文學的研究是，從人類社會到自然宇宙空間，由大小不同的系統構成且以動態地運動，最後將是趨於一種平衡，否則將招致毀滅；生態學觀察自然界生物與其環境之間的相互關係，在這之間不斷地進行物質交換和能量傳遞，創造無數的生態系統，這將在各種生物之間以及周遭環境之間存在一種平衡關係，當來自外力嚴重破壞之後，隨之而來的是生態災難；經濟學所關心課題精髓在市場，當市場上的供給與需求呈現均衡穩定之際，此時的效率與資源分配達到最佳狀態。反之當市場遭受強烈破壞而失去均衡時，則會出現動盪不安，引發價格的不穩定，現在俄烏戰爭造成國際穀物市場價格的震盪，並引發各國通貨膨脹憂慮就是一個例子。

當我們從各種理論回到實務面的永續發展議題時，我認為國家社會生存最大的關鍵在於能否建立在一個穩定生態系統之上。產業群聚可視為產業生態系統的一種型態，這也是一直以來我國產業發展無法忽略的重要條件。在2019年的世界經濟論壇（WEF）的全球競爭力報告中，台灣產業群聚發展指標評比排名世界第三（5.46），僅次於義大利（5.50）與美國（5.49），這意味著產業群聚是台灣經濟發展的重要資產，也是國際競爭力指標當中極具優勢的項目之一。然而傳統產業群聚的立地條件將會因數位化轉型與科技發展而產生變化，由於產業棲息地發展模式跳脫立地條件的地理限制，產業之間結合所形成的生產鏈與產業生態系統將具有更寬

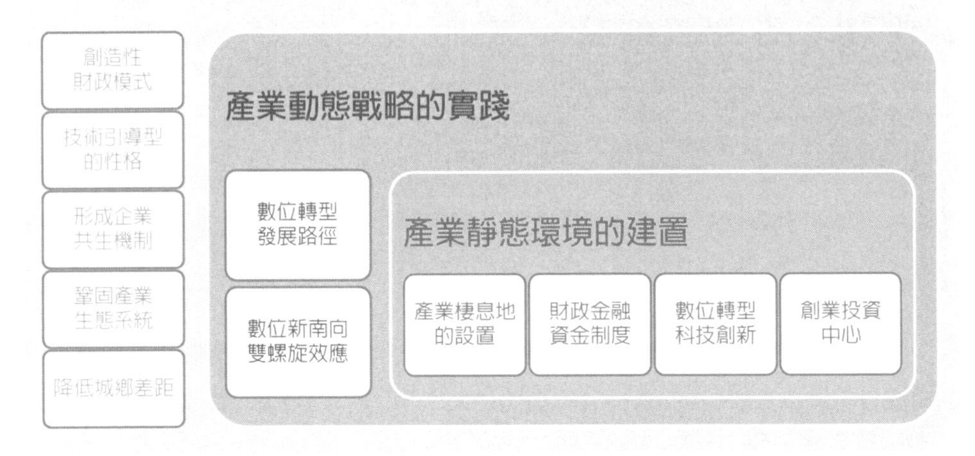

圖8-1 產業棲息地的穩定生態系統形成架構
資料來源：林佳龍繪製。

廣，更具彈性以及機動性而存在。在這樣形況之下，我才提出產業棲息地生態系統的論述，作為分析台灣新時代新經濟下的國家發展戰略。我想由圖8-1回顧前面各章的所強調的幾個名詞與概念，作為申論產業棲息地理論對台灣發展上的時代意義。建立產業棲息地穩定生態系統可分成三個層次來說明，從產業靜態環境設置到動態戰略的進行之後形成一個穩定的產業生態系統，每一個階段都存在著數項關鍵因素，這些因素的特質包含軟硬體的系統設備、企業經營策略以及政府的經濟政策。

軟硬體的系統設備：產業靜態環境的建置

在前面多次強調台灣產業優勢在電機、機械等高科技的製造與研發能力，這將有利於產業棲息地的立地條件以及產業群聚的規劃。在第二章的台灣產業成長因素變化過程中談論過高科技產業是帶動經濟成長的重要關鍵，我們觀察到替代變化係數與加工度係數的變化過程，以及產業的感應度與影響力係數的提升，這都顯示產業在軟硬體的系統設備上可以獲得充分的支援，是我國推動產業棲息地發展模式的

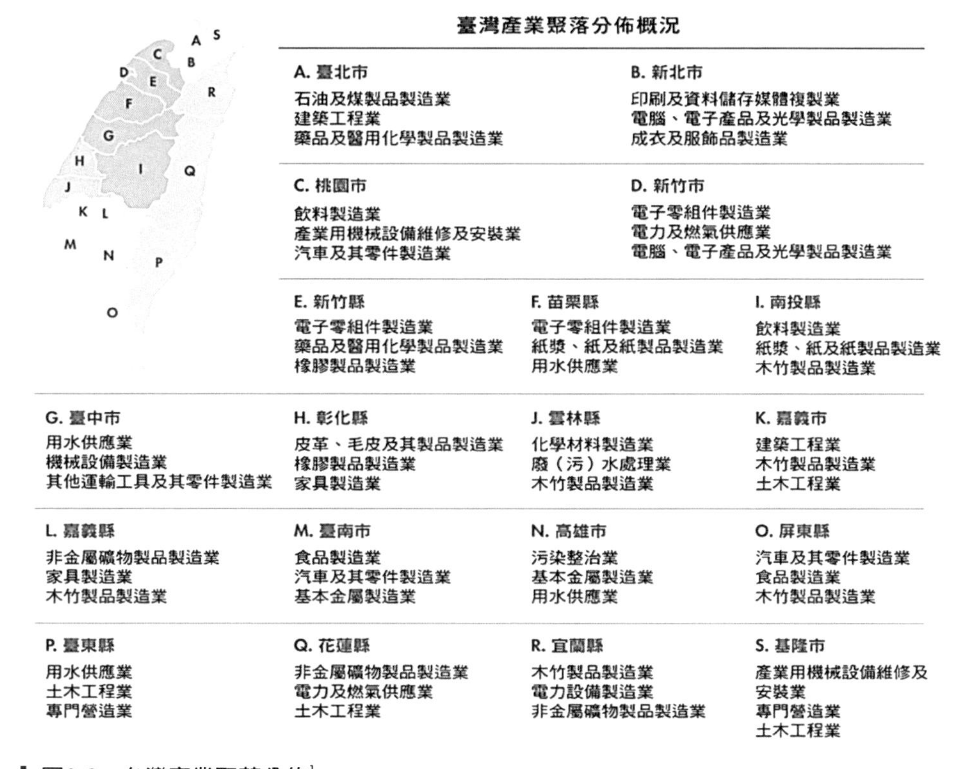

圖8-2　台灣產業聚落分佈[1]

第一步。以數位化與數位優位做為軟硬體的系統設備，由區域內企業建立效率性與迅速性的內部經營模式，並聯結生態系統內的協力廠商以符合終端市場的需求，這是數位轉型時代的基本要求。圖8-1是說明產業靜態環境是透過生態系統內部循環機制的運作，數位轉型的實踐與科技創新的實現是兩項重要任務，而帶動的力量來自政府與區域內企業共同組成的財政與金融資金提供與運用。產業生態系統由內而外，從靜態的規畫建置到動態產業策略推動，透過各種機制完成整體國家的產業戰略。

另一方面，產業棲息地與傳統上的產業群聚有密切的關聯，產業生態分布往往決定在產業群聚立地條件之下形成。因此已經既存的產業聚落將是未來產業棲息地

---

[1] 國家發展委員會資料。

形成的重要元素。WTO加盟前後至今，台灣的產業成長當中以化學關聯產業、鐵與非鐵關聯產業以及機械關聯產業等三大部門最為明顯，特別在近年以高科技相關的零組件，加工品以及資本財的發展最為快速，緊密結合成產業聚落。例如半導體、被動電子元件、光電材料及元件、發電輸配電機械以及其他電子零組件等。然而，數位化技術將改變產業聚落的發展模式，產業棲息地是在這種情況下形成的。

目前台灣產業群聚分布與重整：進階版的產業棲息地形成

數位科技與科技創新將可能改變目前的產業群聚分布，形成進階版的產業棲息地，將產業群聚的原有優勢再擴大，使得產業間合作更具機動與彈性，並提高產業發展的戰略高度。

圖8-2中的台灣產業聚落是經過國內、外經濟社會變遷長期發展所呈現的一種樣態，這也意味著產業聚落是一種動態變化過程的產業風貌。從圖中的產業聚落可知，不同分布區域之間存在著相同與不同的相關產業，相同產品可能存在著差異性，不同產品也可能是上下游的產業鏈關係。或是不同產業聚落間、還是相同聚落的產業間可能存在著產品的垂直與整合，產業聚落的多元性與為數眾多聚落分布是我國產業的特質[2]。這些也反映出台灣是以中小企業為主幹的企業型態，以下就四個主要產業群聚加以說明[3]。一般而言，台灣主要製造業的產業群聚區域位置可分成以下的四大產業。

石化相關的產業群聚

石化工業發展甚早，到目前為主還是台灣經濟成長的主力產業，中油與台塑是兩大供應系統。石化工業隨著經濟與科技發展，其用途變得更多元，既是民生產業不可或缺的上游產業，也是資訊電子、電機、運輸以及醫療等相關產業的基礎原料。主要產業群聚分布在雲林縣（麥寮區）與高雄市（小港區、林園區），其他區

2　參考經濟部國際貿易局（2015），「會展產業整體推動計畫——從政策檢討會展設施需求（「我國會展產業發展政策」研究案）」，p.58。台灣產業聚落分布共計82個，分別為北部區域共19個，占23%；中部區域共30個，占37%；南部區域共31個，占38%；東部區域共2個，占2%。

3　陳嘉鴻（2019），〈我國製造業主要產業群聚分布概況〉，《主計月刊》，第762期，pp.20-26。

域是以加工製造的產業分工，區域分布在台南市（仁德區、仁武區）與桃園市（觀音區、龜山區）。

資訊電子與電機相關的產業群聚

資訊電子與電機相關產品主要包含了晶圓代工、IC封測（半導體製造業），電腦及電子以及週邊設備，光電材料及元件相關組件等，這些電子與電機是目前台灣經濟成長的主流產業。由於台灣產業聚落為數眾多，分布區域也很多元，主要以新竹市（科學園區），台南市（新市區、善化區）以及新北市（土城區、汐止區），一部份則分散在台北市（內湖區、北投區）、台中市（西屯區、大雅區）以及桃園市（龍潭區、龜山區）等。

機械相關的產業群聚

在本書第二章的實證數據中顯示，我國機械關聯產業在金融風暴過後以及COVID-19期間的成長依然顯著，這兩段期間[4]分別增加了1,457,021（百萬台幣）與828,705（百萬台幣），成長因素來自技術創新與出口需求的增加。在台灣機械相關產業與其他產業相較之下，產業生態系統相對完整，具備完善的上、中、下游產業衛星體系，一直以來是台灣製造業優勢的重要關鍵。隨著科技創新與跨業結合為機械產業提供產業升級的基礎，特別在精密機械與智慧化機械的製造能力有著巨大的貢獻。

從機械產業群聚的地理區位來看，台中市占了絕大比例，製造機械設備的台中西屯區，金屬加工用機械設備的台中神岡區，以及通用機械設備製造的台中大里區等，這些都是反映台中精密機械園區在機械產業聚落的重要性。另外，其他的專用機械設備則分布在台南市，新竹縣市等區域。

金屬相關的產業群聚

金屬產業被視為產業發展的糧食，特別是鋼鐵製造，是工業發展的基礎。在我國金屬產業鏈上，可以分為上游的基礎金屬製造業、中下游的金屬加工業和金屬商

---

[4] 這兩段期間分別為2011年至2016年以及2016年至2020年。

品製造業。金屬相關產業的存在是台灣經濟初期發展的象徵，由於過去師徒制的經驗傳承與技術創新奠定金屬製造在國際上的重要地位，並建立了完善生態系統的產業鏈。金屬相關產業在品目分類上非常細緻且多元，從初級鋼鐵製造到刀具、手工具、模具、螺絲鉚釘以及提他加工品等，這也使得不同品項金屬也形成不同的金屬產業聚落。從產業群聚的地理分布聚落來說，基礎金屬製造以高雄市為最多，集中在小港區，橋頭區與岡山區。而在金屬商品製造業上除了高雄市之外，則是以台中市（太平區、大里區）居次，特別在金屬刀具、手工具等相關產品的製造。其他相關的金屬聚落還有一部份分佈在台南市（永康區、仁德區）以及新北市（新莊區、樹林區）等區域。

由上述的四大主要產業聚落分佈可知，台灣的產業發展類型相當多元化，整體而言，地理空間的產業分布型態，北部主要為「電子科技產業群聚」、中部為「精密機械產業群聚」、南部為「鋼鐵機電產業群聚」與「石化產業群聚」。

數位轉型與數位科技創新之後，產業聚落的經營與運作型態將會產生在質與量上的變化，即將進入所謂產業聚落與產業群聚的2.0版發展模式，產業棲息地的生態系統將是一個典型的代表。在前面我曾指出數位轉型與數位科技創新將會對產業發展產生巨大影響，其中形成跨區域的產業聚落概念將逐漸成形，使得過去傳統產業聚落型態產生變化，並可能由多個產業聚落形成一個產業群聚，再擴大成為廣義的產業棲息地。如此一來，由產業棲息地所組成產業生態系的地理空間部不會只侷限在一個固定區位上，而是由跨複數個產業群聚所組成的。不同產業聚落的網絡聯結將提高城市與鄉村之間的緊密程度，不僅是生產還會擴展到生活面與商業活動，將進一步改善城鄉之間的差距。

產業動態戰略策略的實踐意義：朝向「最適」產業棲息地的發展路徑

台灣過去具備完整的產業聚落與產業群聚為我們提供製造業的優勢，而當面臨新時代國內外政治經濟衝擊，必須調整戰略以融入新的國際政治與經濟框架，才能維持產業競爭力。完成產業棲息地的靜態基礎建置之後，接下來是實施產業策略，本節將論述產業動態戰略的實踐，並討論「最適」產業棲息地發展對台灣新經濟的時代意義，動態戰略包含了數位轉型與數位新南向兩項作為。我們從前面章節分析中，可以看出數位轉型對對台灣產業的影響，也強調建構靜態產業棲息地是不可缺少的過程。另外，另一個策略在於海外市場的擴展。由於國際地緣政治的改變，以美國為首的民主國家對中國政策已經做出重大調整，例如2022年6月30日歐洲的北大西洋公約組織（North Atlantic Treaty Organization, NATO）高峰會中，對中國的政策宣言已經產生重大的變化，這是歐洲國家過去所沒有的作為，也因為這樣，推動數位新南向可以成為台灣海外擴展經濟與國際政治友好的戰略。在這之前我主張以數位轉型促進產業往更高層次發展，並促進產業棲位的移動，這將是產業調整與產業升級的開始。透過數位新南向的機會將創造「雙螺旋效應」，也是產業升級與高度化的契機。產業棲息地移動與雙螺旋效應對台灣產業發展具有相當大的意義。

由於台灣經濟持續成長是提供國家不斷進步、就業創造以及所得保障的原動力，而國內外市場則是提供機會的容器。所以對市場的關注是經濟穩定發展的重要功課，不管是國家或是企業都須專注於市場價格信號燈，這被視為是科技創新和資源效率配置的指引，國內外市場價格變化成為國家與企業一種決策分權的燈塔。世界局勢受到COVID-19、美中貿易摩擦到俄烏戰爭等接續不斷的挑戰與改變，國內外市場即將從過去全球化體制的解體，並過渡到一個重組後的新國際政治經貿體制，這個信號燈已經出現，我在本書提出以新財政與新金融結合數位轉型促進產業發展，這是有別於過去的新產業政策思維，我認為在此刻的國際政經局勢下，目前為台灣產業建構「最適」棲息地的絕佳機會。

數位轉型發展—產業棲息地移動的波及效果

數位轉型的契機在於科技創新的廣泛應用，加上2018年美中貿易衝突，2019年武漢肺炎蔓延以及2022年的俄烏戰爭等國際因素，迫使各國的社會生活與經濟活動的模式必須做適度的調整與改變。事實上，台灣歷經多次結構性轉變的負面衝擊，70年代石油危機，80年代自由化市場開放，90年代海外生產據點遷移的產業空洞化，2000年全球化貿易全面散播以及2008年世界金融危機，每次的衝擊都需要防衛機制，否則將招致嚴重的社會經濟傷害。為了減輕這些負面衝擊，除了需要建立社會與經濟的保護機制外，往往還要顧慮到發展過程中所產生外部環境影響的調整作法[5]。然而這次數位轉型的結構性變化與過去不同，傳統依賴資本累積帶動經濟成長已經面臨極限，造成勞動生產力與勞動薪資的停滯狀態維持相當長的時間。因此，唯有透過數位科技創新才能與國際經濟體制接軌，台灣才能具備創新能力與富有彈性的經濟結構。

單一產業或是企業數位轉型影響所及不只在本身，將會連動其他產業或企業的共同轉型，達到共同進化的境界。數位轉型包含的層面廣闊，除了直接可以改變生產技術與產品創新之外，還能夠改變產業組織的結構，這是從產業調整到產業轉型的過程，也是產業升級的發展路徑。換言之，我認為數位轉型策略的推動成功將可以透過這樣的產業傳遞機制改變台灣的經濟體質，這是直接在經濟上產生的效果，即數位科技創新與數位轉型→產業組織改變→產業結構調整與產業轉型→產業升級。

在產業組織改變之後，從過去產業聚落與產業群聚的組成形式也因為數位轉型的科技創新而變化，這也是我提創新經濟時代的產業棲息地雛型開始形成，借用經濟學家熊彼得的用詞，就是一種「新結合—the carrying out of a new organization」。從企業創新活動的市場獨特性獲得經營利潤，利潤是企業家的努力報酬，利潤也是創造良性景氣循環的原動力，一旦失去創新元素，利潤即將喪失，資本家取代了企業家，只有資本家沒有企業家的經濟活動，資本無發支撐長久的經濟發展，誠如上段所言，經濟將陷入「資本累積帶動經濟成長已經面臨極限」。因此，我認為數位轉型使得原先座落在靜態產業棲息地的產業進入產業傳遞機制，之後產業棲位會開始移動，階段性發展而邁向更高度化的產業結構水準。

產業棲息地移動是新經濟發展的一項象徵，除了豐富產業間互動也會帶動當地的景氣，伴隨而來將會歷經一個都市化（urbanization）的演變過程。換言之，數位轉型將產生「波及效果」（spillover effect），除了在生產上可以「智慧製造」之外，還創造出「智慧城鄉」、「智慧交通」以及「智慧醫療」等新產業。過去都市化的發展過程與工業化發展程度存在密切的關連，其中重要觀測指標是工廠設立與勞動人口的移動。一般而言，工業化會受到技術創新與消費革命的影響，前者將會

---

[5] 麥克・史賓賽（2012），《經濟大逆流：大創新潮為何帶來大失業潮》，p.135，時報出版（譯者：黃貝玲）。

圖8-3 數位轉型的產業．社會．經濟的傳遞機制與效果
資料來源：林佳龍繪製。

引進大規模的生產設備投資，後者是耐久消費財逐漸融入生活之中，創造新的需求。由於新興產業興起將引發勞動力需求的增加，促使在農業與農村的過剩勞動人口流向工業生產，農工之間的勞動與資本移動造成產業間發生結構性的變化，這也是許多亞洲國家在經濟發展過程中的重要特徵。

早期台灣工業發展，小型工廠林立並分散各地，很多勞動力來自鄉村，農業戶的家中年輕人轉行成為受薪階級，年高者則持續農業生產，維持家業。由農村導入的勞動力往往以通勤或是移住都市的就業方式，在都市化形成過程中，是以工業農村與小型都市同時並存的方式發展，並隨著經濟發展，城鄉之間的經濟條件差距越來越大。城鄉差距的議題在台灣社會存在已久，至今還是難達到普遍的實質改變，不均衡發展問題一直以來都是政府施政的重要課題。我認為如果能夠善加利用數位科技所建立的新產業國家，城鄉區域均衡發展將可以獲得重大改善，因為數位化越普遍化後，將能克服地理上與時間上的難題，城鄉之間從產業生產到家庭消費的模式趨於平衡，上班與交易型態也將獲得更具效率與彈性，鄉村與都市之間的生活、經濟以及產業活動也將可以改善與過去所存在的落差。因此，產業棲息地移動所散發出的波及效果不僅是改變產業經濟層面，也將延伸到生活社區，由數位轉型到社會經濟結構轉型的國家戰略。因此，數位轉型發展所產生連續性的傳遞過程可以進一步延伸為：數位科技創新與數位轉型→產業組織改變→產業結構調整與產業轉型

→產業升級→產業棲息地移動→都市化→「智慧製造」、「智慧城鄉」、「智慧交通」以及「智慧醫療」→降低城鄉差距→社會經濟結構轉型→國內各個角落「共生・共好」環境的形成，如圖8-3所示。

雙螺旋效應（產業升級，高度化產業形成）

我所主張的產業棲息地論述內涵包括國內外的戰略思維，在第五章我們討論過產業生態系統對數位新南向發展的影響層面，以及數位新南向戰略所產生的雙螺旋效應對產業結構以及產業升級的影響。經過本書前面各章分析之後，我更加認為數位轉型確實能夠為國內經濟發展創造出乘數效果（Multiplier effect），而數位新南向也可衍生出加速原理（Accelerator principle）帶動下一波的產業發展，由這兩者共同形成的「乘數—加速原理」，為台灣產業提供更巨大的轉型機會，也為社會與經濟之間相互作用形成共生・共好・共進化的國家發展模式。

從70年代、80年代台灣就已經面臨產業結構調整難題，主要是來自兩次石油危機造成生產供給面的衝擊，接著90年代是在台幣升值背景之下，長期間的資本外流與大量海外生產據點設置，造成產業空洞化以及大幅減少對國內研究開發上的投資。這使得台灣的經濟成長趨緩，產業結構調整變得緩慢，產業升級更加困難。在此時期，台灣人均所得也已經來到8,216美元，開始進入「中等所得陷阱」（Middle income trap）。面對中等所得轉型期的低經濟成長之際，台灣2002年的WTO加盟後擴大國際市場，揭開全球化貿易的序幕，國際間更加自由貿易往來的結果，廉價商品源源不絕進口商品，增加我國產業升級的難度。因此，台灣從1990年的中等所得到達高等所得的水準花費約30年時間，也就是在2021年才達到人均所得32,917美元水準[6]，正式脫離「中等所得陷阱」[7]。我在前面強調新時代新經濟是台灣的機會，從中等所得國家進入高所得國家可以視為未來新經濟發展的起手勢，唯有產業升級邁向更高度化產業，台灣才有機會從產業轉型到達國家轉型的戰略目標。而國家轉型戰略目標的第一步是進入先進國家（Advanced country）之林[8]。數位新南向的戰

6　陳添枝（2022），《越過中度所得陷阱的台灣經濟1990～2020》，p.33，天下文化。

7　由於中等所得與高等所得的水準認定上並不統一，所以在脫離「中等所得陷阱」的推算上也各有不同見解，從學術角度上都會彼此尊重看法。

8　依據維基百科記載，中等收入陷阱可以按照人均GDP分為五個階段，並認為非資源性國家人均GDP突

略所產生的「雙螺旋效應」就是在產業升級與高度化產業的相互作用之下，產生的新產業發展模式，其中數位轉型與科技創新是不可或缺的必要元素。因為數位轉型具有技術引導型功能，可以提升產業科技，並以科技創新做為進入新南向的戰略手段，聯動國內產業發展另一波的產業創新與產業升級。

產業棲息地形成需要克服的課題

產業棲息地是由多項元素所組成的一種戰略，目的在於台灣能夠適應在國際局勢巨變的新時代浪潮裡，經過本書的論述脈絡與過程之後，我們可以清楚地知道善用產業優勢與政策妥善規劃可以找出未來產業的生存之道，更能擘畫出國家發展的轉型型態。從前面各章脈絡分析之後可知，產業棲息地形可以從產業影響到國家層級的發展，這說明了台灣未來需要在國人、企業以及政府共同協力下完成的大業，國人是人才的來源，企業是提供產業創新的基地，政府則是制定政策的舵手，三者缺一不可。產業棲息地理論思維是一項國家層級的產業發展戰略工程，而在實踐推動過程中需要克服幾項課題，這是邁向新經濟產業發展的基礎。

人才培育

數位科技是產業棲息地形成的重要元素，在物聯網、大數據、機器人、人工智能等技術不斷地創新之下，被視為第四次工業革命將會帶動產業結構變化，以及5G/ICT技術科技的應用，人們對於來自各層面的龐大數據收集，透過資訊科學與統計學等分析，發現新的價值與創新，讓這些數據變得更加重要，形成所謂的資料科學（data science）。由於資訊科學涵蓋各種領域的知識，要完成數位轉型的產業棲息地運作需要眾多相關人才，人才培育是需要克服的重要課題。

企業研發創新能力提升環境

研發創新是企業生存與產業發展的重要元素。數位轉型需要有研究創新的環

破了中等收入陷阱階段後期的最大值將被視為富裕國家（世界銀行高收入國家門檻*1.5）。須注意的是，富裕國家並不代表一定是先進國。

境與能力，本書在第六章與第七章分別提到兩種模式是提升企業研究創新能力的機制，分別是企業內可以從製造現場累積經驗並改良與創新產品，企業間透過學習效果模式達到共進化效果；另外，產業棲息地透過財政與金融支援系統建立區域內的創業投資中心，作為企業間交流與投資，以跨域合作建立商業/市場的夥伴關係，創業投資中心有時也會被視為「孵化器創新中心」。然而，這些可能提升企業研究創新能力機制的形成並不容易，除了企業間需要具備相互信任與價值觀一致的目標之外，還需要透過公部門參與和協助方能確實推動。這在過去台灣發展半導體產業時，政府角色有工業技術研究院（Industrial Technology Research Institute, ITRI）與新竹科學園區（HSIP）的設置，從初期的研究到尖端技術開發的創新，從產業集聚擴大到產業群聚的型態進化，確立了垂直分工體制。因此，在圖8-1建立穩定生態系統的產業棲息地當中，提升企業在研發創新能力上，公部門協助機構的設置也是促進產業永續發展的重要課題。

企業是經濟發展的基石，當面對事業前景時也常將市場與政策作為策略選擇依據，個體企業的集體意志形成了產業發展方向。現代化民主國家的經濟發展很難完全交給市場機制來決定，也不可能完全靠政策來引導，而是採取介於兩者之間的綜合型體制，這也是第二次大戰之後各國主要發展模式。當面臨市場經濟與政策之間難於選擇之際，企業必須有一套風險控管的機制來維繫自身事業持續發展，而產業棲息地生態系統將提供企業能夠平穩發展園地。企業與產業的永續發展的先決條件需要建構在穩定系統之上，這需要以科學為基礎，當來自市場衝擊而失衡時，則企業透過科技創新進行微量修正走向穩定軌道，繼續發展產業。產業棲息地做為產業發展基地，也是社會經濟轉型與國家轉型的引擎，這套穩定生態系統機制將引導產業邁向最適棲息地。

晶圓代工理念先驅

曹興誠

1980年工業技術研究院（ITRI）出資成立聯華電子，曹興誠在1982年轉任聯華電子副總經理，之後接任總經理、董事長，與張忠謀博士並稱臺灣半導體雙雄，並於1984年向政府提出晶圓專業代工的計畫報告書，被視為台灣晶圓代工理念的先驅者。直到1995年曹興誠決定改變聯華電子的經營模式，從IDM（設計、製造一體化）轉型為專業晶圓代工廠，而推動晶圓代工首先面臨興建晶圓廠的龐大資金問題，透過從多家IC設計公司合資方式募集資金，以及採取技術作價再取得各公司15%股權（《財訊》653期，2022.2.22），這樣策略是將客戶納為夥伴關係，既能解決資金不足問題，又能確保訂單來源。曹興誠的晶圓代工決策對公司經營模式是重大轉捩點，聯華電子在一連串的發展與併購後，成為當時世界第二大晶圓代工廠（參考wikipedia.org），直至2021年，聯電合併營收突破2,000億元，還是坐穩全球第三大晶圓代工廠地位。曹興誠最大爭議在於中國「和艦科技」投資事件，日後他回憶感慨說:「如果能重來，我希望我們沒有到大陸協助設廠」（《財訊》653期）。

退出聯華電子經營之後，但依然在台灣社會發揮巨大影響力，並轉向對中共體制的嚴厲批評，以及對台灣的政治、經濟以及國防提出各種呼籲。曹興誠個性直率鮮明，且能付諸行動，他捐出30億新台幣作為強化台灣國防資金，以喚醒台灣人民在認知戰、心理戰和輿論戰的警覺性（2022.8.5）。並以美國國歌中「自由之地，勇者之鄉」（the land of the free and the home of the brave）勉勵台灣年輕人，充分展現時代人物的氣魄與柔情的一面。

Ch9

結論　過去的省思與未來展望

社會經濟發展是經過時間的累積過程，其中歷經無數的內外環境變遷，逐漸形成這塊土地的人文社會以及民間風土，從企業到產業共同形塑了台灣特色的發展模式。本書代表我在政治經濟學上的基本信念及其主張，也是長期以來掛念台灣這塊土地未來發展所提出的一份關懷，是以民生社會好生活為基礎，永續經營為藍圖的產業發展戰略。過去台灣的經濟發展有著輝煌紀錄，至今的表現在世界舞台上依然亮麗，這是人民、企業以及政府共同合作的成果。但是無可忽視的是，在經濟發展的背後也留下一些問題，我們需要克服，例如高齡少子化、所得分配、產業升級、經濟結構調整、環境保護以及國家安全等。

80年代以前完成高度經濟成長為台灣奠下工業基礎，而自然環境的破壞與污染則成為眾人心中的遺憾；90年代開始的產業外移與國內投資的下降，經濟與所得成長幅度的趨緩，城鄉差距的擴大，以及產業結構調整面臨嚴厲的挑戰；21世紀初期開始引發全球化浪潮，當台灣擴展海外市場的同時，也須面臨經濟成長不確定性的提高、低成長幅度的工資水準、人口結構的失衡、能源供需結構的再調整以及財政惡化隱憂等課題；2019年的COVID-19的蔓延與俄烏戰爭的爆發，除了加速國際供應鏈的重組之外，新地緣政治的形成引發以美國為首的一連串國際局勢變革。以上盤點眾多存在已久的問題，有的已經獲得改善，有些則是更加嚴重或是衍生出來新困境，台灣面對這些複雜課題需要一套發展戰略的實踐。基於過去發展必須克服的各項難題，佳龍以「多模型」作為建立本書的架構思維，結合數個變數與模型推論複雜現象，反省過去並展望未來，希望為我國尋找出一個可永續經營發展方向。

過去當面對上述所提的各項課題時，很容易陷入單一性思考作為解決之道，有時只能短暫改善，有時則完全無效，原因在於沒有體系性規劃作為整體方案所致。

從戰略制定到實踐步驟以求化解之際，可從幾個層次加以考量，這也是在上一段所強調的「多模型思維」建構的必要性。佳龍深知，當思考國家未來願景時，需要透過「系統觀」來理解，有如著名博物學者洪伯特（Alexander von Humboldt, 1769-

1859）建構的「生命之網」（web of life）一樣，不能只以政治家角色觀之，還需要具備經濟學、數學、生態學以及醫學等領域思維分布於各個課題當中。不論是直接或是間接所產生的多元現象，我都經過整理，並與研究同儕之間嚴密討論，連結各種想法與釐清事物之間的鏈結。之後再融入到各個獨立架構之中，結合各個獨立模型形成一個具有「體系化・系統化」模組作為本書分析的基礎平台。這也是我常提到的一個概念，當要解釋一個複雜課題時，往往無法由單一方程式來解題，需要在關聯性之間建立聯立方程組才能求出問題的均衡解，思考台灣永續經營議題也適用這個道理。

台灣追求永續經營目標需建立一個穩定的產業生態系統，此系統是由多元模型機制所創造，這種多樣性的建置可以做為政治目的與經濟目標的永續發展藍圖。從本書的分析過程可知，從數位轉型到國家轉型，不同階段各有其角色，結合在一起就開闢一條通往永續發展的道路。所以在第一章的緒論我提出了本書的分析理論與架構，是三位一體的戰略思考下的「多模型思維」，這包含了兩套理論以及四個模型。前者有產業的棲息地理論與螺旋發展理論，後者為產業關聯模型、成長要因模型、RAS法以及MLP多層次模型。經過前面章節以這兩套理論以及四個模型所得到的結論，說明了建立穩定的產業生態系統的可行性以及對永續經營目標達成的有效性，在這裡將更進一步延續這個架構作為「反省」過去經濟發展過程中所衍生出來的副作用，並延續相同的理論架構「展望未來」。

投資的生產擴大是過去台灣經濟成長的主要方式，但是達到一定水準之後，在規模經濟效率遞減下將無法持續發展下去，也將延遲產業升級的契機。我們需要反省以「量的」增加作為經濟發展模式是難以持久的，在其他後進國家的生產優勢條件下，隨著時間經過我們將會失去國內外市場，造成企業與產業的衰退，造成失業人口的增加，面對這個問題，產業需要「質的」同時提升。佳龍提出數位化作為數位轉型的第一步，而數位轉型則將是產業轉型的開始。數位轉型的關鍵在於數位化，數位優化以及數位創新，三者之間鏈結是成功的重要因素，這將會進一步促成產業結構的變化。例如在本書在第三章中指出5G與ICT的應用領域就是以數位轉型與數位優化促進結構調整，以達產業升級的目標，這些也都是在我擔任公職期間極力推動的政策方向。其中以推動交通產業科技化（5G/ICT智慧交通體系的應用創新）；轉型觀光產業優質化（觀光三箭的旅遊美學）；以及結合區域產業體系化

第一支箭（交通政策）推動交通產業科技化	第二支箭（觀光政策）轉型觀光產業優質化	第三支箭（產業政策）結合區域產業體系化
• 5G/ICT智慧交通體系的應用創新 • 跨域與整合—科技與產業的結合	• 觀光三箭的旅遊美學—全國觀光政策發展會議；2030觀光政策白皮書；觀光局改制觀光署 • 溶入第一支箭交通產業科技化元素營造觀光主流化	• 完結型產業鏈強化 • 區域產業鏈的規劃藍圖

圖9-1 政策之間協調與整合
資料來源：林佳龍繪製。

（完結型產業鏈強化），這些都是我想要強調的，不同政策之間的協調整合的重要性與必要性。

圖9-1是交通政策、觀光政策以及產業政策之間的協調與整合。交通政策上透過5G/ICT智慧交通體系創新，數位科技與產業間跨域整合，並結合觀光政策推動轉型觀光產業優質化，再鏈結到產業政策的區域產業體系化。而區域產業體系化的建構即是產業棲息地理論與螺旋發展模式的推動重要目標。

本書提出產業棲息地作為數位轉型的創新基地，也是強化產業轉型的「加工廠」。我們以替代係數與加工度係數診斷產業創新指標，以產業的影響力係數與感應度係數檢驗產業結構的變化樣態。這些步驟的落實將關係著產業棲息地的功能性，可以做為產業能否成功轉型的重要判斷依據。除此之外，舊產業組織型態也必須調整或重新組合。

新產業組織是推動產業調整到產業轉型的力量，轉型成功可以提升競爭力。由於各種產業在轉型上並不一定相同，這在第一章與第七章討論過產業的轉型路徑，以MLP多層次模型的分析。將MLP多層次模型引進產業棲息地的動態發展有助於觀察並分析產業轉型過程，為是否朝向未來目標的戰略思考提供重要的訊息，這是從內部的企業棲位、產業體制再到外部環境的社會場景多層次觀察。MLP多層次分析企業在產業棲息地內進行研究創新與轉型，並以螺旋發展理論模式完成高度產業化，創造更高的附加價值。由產業棲息地帶動的數位轉型與產業轉型將為台灣帶來各種利基，依據第七章與第八章的推論結果，除了可以促成產業成長之外，還可以增加就業機會、環境改善、技術創新、提升競爭力、創造性財政以及降低城鄉差距等。一旦建立穩定的產業生態系統，透過數位轉型與產業轉型的傳遞機制擴展到全體社會與經濟活動之中，就能促進社會經濟的轉型。在舊社會經濟結構中的高齡少子化現象，使得勞動市場失去均衡，但如果數位轉型成功，將節省勞動力降低對外勞的需求，企業利潤提高的同時，本國年輕人的就業機會與工資結構也將可以更進一步改善。

另一方面，數位轉型與產業轉型下的產業棲息地是跨地理區域與跨時間的模式，數位科技的進步將解決過去城鄉差距的不均衡發展，工資水準與城鄉差距，這將促進社會經濟結構轉型，同時也能逐步形成社會與經濟的均衡環境。社會經濟結構轉型是在共生、共好以及共進化的形態下進行，三者具備穩定力與均衡力，這是團結一個國家形成凝聚力的必要基礎。在第八章我主張社會經濟結構轉型成功之後的下一個任務就是國家轉型，也就是邁向「國家正常化」，關於這個觀點，佳龍在「脫古改新：預約台日下一個五十年」學術論壇（2022/07/31）上也提出個人在這方面的主張[1]。戰後國際上的台灣，不管是政治、經濟、人文藝術或是科技等領域都不被視為一個正常的國家，在這樣國際環境下，一個國家安全是很難獲得充分保障。「國家正常化」就是在國際上與其他國家之間能夠以正常關係相互往來，這是台灣永續發展的重要條件，而國家轉型就是以此為目標。為了達成此目標，我提出數位新南向戰略，以數位科技實力進入國際，築起國家之間的橋樑，透過第五章的分析，讀者可以了解到我採用國際產業棲息地發展理論下的DIEMs戰略，透過外交（Diplomacy）、情報（Intelligence）、軍事（Military）、經濟（Economy）以及台灣獨特的軟實力（soft power）等五大構面做為國家安全體系的基礎。我認為數位新南向政策是以「包容性」的人本主義價值為核心，建立共生、共好的區域經貿合作夥伴關係，從國內生態系統延伸到國際，以DIEMs五大構面為基礎形成國際生態系統

---

[1] 在此論壇上我指出，民進黨的〈國家正常化決議文〉曾舉出台灣面臨「國際關係」、「憲政體制」、「國家認同」、「社會公義」與「政黨競爭」等五個國家不正常現象。時至今日，歷經三次政黨輪替，民主政治雖已深根台灣，但台灣內部仍存在認同分歧，地方政治也多少還有派系操弄，而黑金問題亦未完全解決。也因此國家正常化的理念應持續扎根地方，並以此提升台灣民主的品質。

推動國家轉型，並邁向正常化主權國家的大戰略。台灣在國際上獲得認同成為正常國家之後，在政治上與經濟上得以正常發展，在公平與尊嚴下正常參與國際事務，協助經濟弱勢國家盡一份世界公民的責任。

印象派畫家高更的著名作品〈我們從哪裡來？我們是誰？我們往哪裡去？〉這正是台灣面臨國際政治經濟轉型的最佳寫照，佳龍撰寫本書主要目的就是希望在新時代新經濟的國際框架下，如何建立一套具有理論基礎與實務兼顧的國家發展戰略，為台灣探索一個永續發展發展的可能方向。

高更，"Where Do We Come from? What Are We? Where Are We Going?"
原畫作收藏於波士頓美術館，美國

台灣產業英雄榜

本書在第二章分析台灣產業結構變化極其要因，從輕工業為中心的勞力密集出口為導向產業，在1980年代之後轉為以技術密集的高科技產。衆多研究指出，台灣技術發展過程也是產業發展的歷程，傳統產業是以企業為主體引進各種技術→學習→技術累積的發展樣態，到了半導體相關高科技產業開始發展之際，其發展模式已經有了轉變。台灣半導體、機電等高科技產業發展模式是由公部門研究機關、大學、企業以及超越國家層級的技術團體結合等形成的創新推動型產業群聚為基礎，彼此之間相互作用，共進化的一種發展型態，從這裡奠定台灣高科技產業基礎，創造今日產業榮景。而面對新時代的國際環境變化，很多高科技企業採用新戰略與新布局，創業者將企業交給新一代企業家負起企業集團發展的使命，他們也將成為帶動台灣未來產業發展的尖兵。

現任**鴻海科技集團董事長劉揚偉**是電動車產業鏈串聯者，發起成立MIH電動車開放平台（Mobility In Harmony Open EV Platform），打造MIH聯盟鏈結上下游產業鏈，建構電動車產業生態圈。劉揚偉董事長致力於企業轉型，透過改變產業線性供應鏈建立中小企業信賴關係，跨域合作結合人才與技術為台灣電動車產業發展創造先機。

聯發科技公司董事長蔡明介從無線通訊及數位媒體等技術領域建立IC專業，帶領企業成為全球第四大的無工廠晶片設計公司與第七大的半導體公司（2021），被譽為「台灣IC設計教父」。蔡明介董事長強調「one team one goal（一個團隊，一個共同目標）」（《遠見》，2022年9月號，第435期）的重要性，他認為一個IC設計團隊必須具備專注力與紀律，以技術創新的領先優勢作為科技產業的核心價值。

台灣在高科技產業發展特徵是具有多元性與完整性，為我國成為科技島願景奠定基礎，也讓台灣在各項科技上增添其韌性，實功不可沒。**友達光電董事長李焜耀**是台灣面板業先驅，以台灣自有品牌「BenQ」走向國際；**力晶科技創辦人兼執行長黃崇仁**以DRAM記憶體製造起家，之後轉型為邏輯製程晶圓代工，力積電生產記憶體與邏輯IC，已有五座晶圓廠，月產能總計20萬片，是台灣第三大、全球第六大的半導體製造商。

另一方面，從傳統機械產業提升到精密機械產業說明了製造業成為台灣強項的重要原因，對經濟發展上卓越貢獻。**上銀集團總裁卓永財**打造產業聚落生產半導體設備傳動元件，並布局電動車與自動駕駛車專用的滾珠螺桿產品，應用在煞車系統、轉向系統、變速器系統等功能配備上；工具機集團**友嘉集團總裁朱志洋**致力於智慧製造需求的設備，以及智慧管理與5G未來工廠，友嘉集團旗下共涵蓋95家公司，產品非常多元橫跨衆多產業，包含工具機、電動工具及設備、堆高機、建設機械、電梯設備、停車設備、印刷電路板和LCD顯示器、太陽能導電膠、LED照明、鎂合金加工，以及LED/TP/PCB電子檢測設備等，已經成為全球前三大工具機品牌企業。

後記　從數位轉型到正常化國家的雙螺旋戰略——產業最適棲息地理論的應用

「正常化國家」是我長期思考的課題，學術界經常是以法制層面、國際法或是地緣政治作為論述基礎，雖然從中可以能夠獲得一些結論，但始終受制於國際政治現實，無法有效推動這項使命。2019年國際局勢展開一連串的質量變化，「正常化國家」露出一點曙光，台灣正處在一個難逢的佳機，佳龍認為應該把握此機會，扮演這股潮流中的參與者。這是台灣新的一次機會，於是我開始思索新的方法，嘗試以新的視角分析「正常化國家」的新戰略。長久以來，台灣總以經濟成就樹立國際社會的地位形象，優異的製造能力是經貿實力的保證，我嘗試以產業優勢作為推動「正常化國家」的戰略手段，歷經2年多，研究同儕之間不斷地討論與修正，我提出產業最適棲息地觀點作為本書的論述基礎。

我們認為產業發展可以分成短期與長期的不同目標，當將短期視為靜態，則長期將以動態的觀點建構產業最適棲息地的發展模式。由於佳龍時任交通部長，正值推動數位轉型政策，認為此項政策正是推動產業棲息地發展的重要元素，也是建構產業「生命之網」不可或缺的神經系統，鏈結企業之間內部與外部的資源共享機制。產業最適棲息地理論的利基在於共享機制所產生的外溢效果，包含了企業相互學習的專業共進化，資源共享的產業創新，以及官民協同的創業投資等，這些的結合形成產業的螺旋發展型態，也延伸到國際經貿的「雙螺旋效應」。雖然產業「雙螺旋效應」是我們當初設定的研究任務，但在研究同儕的熱烈討論以及腦力激盪之下，我們發現這只是旅途中的一處「綠洲」而已。佳龍認為新南向政策不只是經濟發展目標，也可視為國家永續發展的黃金之路。於是，我們發現產業棲息地理論可做為國家轉型的起跑點，追求「正常化國家」的遠大目標。

佳龍在2022年10月3日出席〈第四屆大肚山產業跨域創新高峰論壇〉，在此同

第四屆　大肚山產業跨域創新高峰論壇

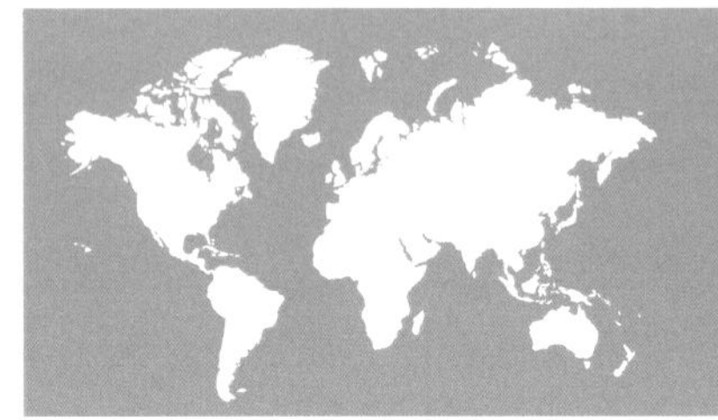

從產業最適棲息地理論
看台灣競爭力

演講者：林佳龍
大肚山產創基金會榮譽董事長
2022.10.03

我對台灣競爭力的關懷

我認為國家社會生存的最大關鍵，在於能否建立在一個 **穩定生態系統** 上。

從醫學，物理學，生態學到經濟學等各領域，

都會強調「**系統穩定**」的重要性，失去穩定系統，都必須承擔「損失」的後果。

產業群聚可視為產業生態系統的一種型態，也是我國產業發展無法忽略的重要條件。

時本書的撰寫也即將接近完成階段，在這場高峰論壇上，我以「從產業最適棲息地理論看台灣競爭力」發表演說，主要論述在於台灣如何從數位轉型邁向正常化國家的雙螺旋戰略。接下來我想將本次論壇演講大綱作為本書的「後記」分享給讀者，一方面可以整理本書要點，另一方面則希望從報告中所觸及的一些課題作為後續研究題材。

這次論壇的主題是「突破與超越，企業經營的三大課題」，也就是如何透過數位轉型，國際佈局，達到永續經營的目標。佳龍這一年多來，也跟在座各位企業主與專家在思考同樣的問題，對於台灣而言，究竟哪一種策略與方法論，可以讓台灣經濟與社會長治久安，永續發展？這段時間我透過台灣智庫的平台，跟一群朋友一起進行研究與討論，我們發展出一套有關於維持台灣產業競爭力的策略分析架構，並把它命名為產業最適棲息地理論，今天我藉由這個寶貴的機會，把其中的一些重點想法，跟大家分享，也請大家指教。

我在這裡提出的產業穩定生態體系，是經濟學、政治學，結合其他自然科學（例如生態學）所發展出來的一種概念。但所謂「穩定」，並不是說完全不變，生態系統當然會因應環境變化，而做出調整與改變。只是從一個穩定狀態透過產業創新，過渡到另外一個高度產業的穩定動態過程中，我們必須要謹慎從事，既要讓既有的生態系成員有所依歸，又要適應新環境，衍伸出新能力，以及接納新的生態系成員。台灣產業競爭力過去最大的來源，除了創新之外，就是實體區位的產業供應鏈群聚效益，讓台灣既有群聚的成員能夠適應環境，轉軌發展，向上提升，這些都是我們所關心的事。

過去30年主導世界經濟的全球化已經邁入一個歷史拐點，到2032年的未來十年間，我們認為內外部的產業課題將大致有四個面向，分別是：

1. 地緣政治風險升高，使得全球產業供應鏈型態在空間上勢必面臨一定程度的重組，有些供應商必須選擇留在中國或離開中國。
2. 對市場有價值的新產品服務，已經不再主要由硬體所主導與決定，大部分是軟體與系統整合所促成的，數位科技搭配硬體系統拆解重組的矩陣創新，變成是生態系成員面臨的市場發展趨勢。
3. 傳統全球化邏輯下的貿易自由化（包括降低關稅與消弭非關稅障礙），已經不再是國際經貿的主流規則，為了公正轉型、公平貿易，包括零碳、資安以

2022-2032的內外部產業課題

1. **地緣政治風險** 相對過去30年，更加升高（美中，俄烏，兩岸）

2. 全世界創新與投資的型態改變，運用**數位科技**進行**跨域與矩陣創新**，蔚為主流。

3. **新的全球貿易秩序**正在形成（零碳，資安，數位人權）。

4. 台灣內部的五缺問題，成長**面臨資源瓶頸**。

3

台灣產業系統穩定的挑戰

台灣在全球供應鏈上的地位與系統穩定，恐將受到影響與挑戰

台灣供應鏈業者可能出現以下的差異，面臨重組與變動

4

及數位人權等議題，都將變成是國際供應鏈的新遊戲規則。

4. 除了以上三點外部因素外，台灣還有本身的內部因素，就是資源有限。當台灣土地、人力資本等資源的重組與配置速度遠低於供應鏈必須應變的速度時，為了永續發展，生態系的穩定就要考量到國際佈局與人才培育。

所以面對上一頁所提到的四大課題挑戰，台灣供應鏈生態系也必須因應。但在這個過程中，我們可以歸納台灣供應鏈生態系成員將面對以下的三大差異：

1. 策略差異：原有生態系成員，並非完全對地緣政治風險採取同樣的立場。
2. 行動差異：就算都有共識，但成員間對於這些新的市場趨勢與貿易遊戲規則，不一定採取同步的行動。
3. 能力差異：行動差異往往來自於能力差異，台灣過去產業結構偏向長鏈發展型態，導致個別供應鏈中小企業往往不具備因應這些挑戰的妥適能力。

由於上述四大課題挑戰所凸顯的三大差異，台灣既有的產業生態系統正從一個既有的穩定協作關係，邁向下一個系統穩定的動態調整過程。如何讓這個動態調整過程的方向是對的，策略是有效的？在此，我提出了「產業最適棲息地理論」這個思考架構與方法論，希望能夠指引台灣產業進行解構與重組，重回系統穩定。基本上，產業最適棲息地的分析架構包含三個步驟。首先是運用系統化指標，大致檢視既有產業的發展特性，也就是先了解既有協作關係。其次是依據內外部課題挑戰，從政策上擬定新發展定位，也就是設定新的協作關係目標，依據前面的分析，運用數位科技，進行跨區跨國來重組或提昇供應鏈生態系的完整性，將是不可或缺的。

一旦確認了產業新的協作關係目標，為了確保策略的有效性，政府與企業的角色在於指認整個新協作體系的核心行動者，也就是統合的中心企業，然後妥善運用產業，金融與財政政策，迅速形成新的協作關係，鞏固競爭力。這個新的協作關係，包含某些留在台灣的群聚，以及到國外發展的新群聚，形成內外群聚的跨區棲地，共進發展，並且同時提升競爭力。如果我們用3D的概念來描述，除了產業創新型態有二維象限的移動外，整體競爭力也會在第三軸線向上提升，整個看起來有如一個螺旋向上的動態調整軌跡。

當然在這個理論的形成過程中，不是只有我一個人，還有幾位耕耘學術的夥伴，大家一起討論與成長，我個人也很享受這個思辨的過程。我們在建立系統化指標與設定新發展定位時，結合產業關聯理論、貿易理論，並導入政治經濟學思維，

從產業最適棲息地來思考策略

1 **問題意識** 既有產業群聚內成員，因**新課題突顯差異**，協作關係將變動。

2 **對策架構** 我提出**產業最適棲息地理論，重新解構與組合，重回系統穩定**。

1.運用**系統化指標**，檢視產業的發展特性。

2.設定**新發展定位，運用數位科技**，跨區跨國，**重組產業最適棲地分佈**。

3.指認統合中心企業，運用產業金融與財政三位一體政策，鞏固競爭力。

3 **最終目標** 內循環帶動外循環，**跨區棲地共進發展**，形成**螺旋向上的產業升級**

5

方法論討論與建立

建立系統化指標與設定新發展定位時，

結合**產業關聯理論，貿易理論**，並導入政治經濟學思維，

建構融入**社會，科技，政策等因素的多層次分析架構。**

當**思考海外產業棲地**時，又融入**國安思維**，

以外交(Diplomacy)，情報(Intelligence)，軍事(Military)，經濟（Economy），

以及軟實力(Softpower)視角，**DIMEs架構來選擇新南向與新東向夥伴。**

6

建構融入社會、科技、政策等因素的多層次分析架構。當思考海外產業棲地時，又融入國安思維，以外交（Diplomacy），情報（Intelligence），軍事（Military），經濟（Economy），以及軟實力（soft power）視角，DIMEs架構來選擇新南向與新東向夥伴。所以這也是政治與經濟學者一起共進的過程。

當提出策略目標與分析架構的想定後，下一步就應該以當前的政策來進行驗證，看我們的方法論是否能夠檢驗當前策略方向的妥適性。蔡英文總統與蘇貞昌院長所推動的5+2創新產業與6大核心戰略產業，套用這個方法論進行資料處理與分析時，我們發現各項產業指標所呈現的結果相當能呼應政策的方向。由於時間與篇幅關係，我僅列舉我所熟悉的智慧機械、智慧醫療與亞洲矽谷，透過產業關聯理論的影響力與感應度，以及相關（RAS）推估方法所計算的替代力與加工度指標的分析，我們發現5+2產業確實有未來需求強與高附加價值的特性，不但能透過國內市場的內循環經濟，優化既有生態性的成員，也因為這個需求是全球性的，且產業關聯效果好，所以能夠被國外所接受，具有海外輸出潛力。

不僅如此，我們從過去製播「科技大未來」的一系列對談節目與專書發表的過程中，在大量的產業現場也觀察到這些產業高度運用數位科技，可以跨區同時創造價值，因此海外輸出後的新棲地，也可以同時帶動台灣產業升級發展。有關更完整的技術性細節，歡迎各位來賓會後聯繫台灣智庫取得，或於10月中下旬購買新書閱讀。

另外，我們也可以用貿易指標來進一步確定海外輸出的可行性。如果我們用顯示性比較利益指標，來看某些產業在全球或目標市場上的競爭力，我們可以發現，如智慧製造中核心的精密機械，在全球市場的相對競爭力是極強的（指標數值24.65遠高於2），智慧農業的核心，也就是高附加價值農產品，也有相當的表現。所以選擇這些可輸出的核心產業，再結合數位轉型，低碳轉型與跨域創新，加上在海外棲地可以結合當地供應鏈進行協作，不僅可以解決五缺問題，也回應了其他課題的挑戰，進入另一個系統穩定階段。

以精密機械為案例，從2D的示意圖表示，產業協作關係重組後的新最適產業棲位是結合精密機械產業與資訊及數位產業，並落實於民生及戰備相關應用（如智慧農業中的農業智慧自動化），將可以達到高度數位化與促進生態的完整性。精密機械、資訊與數位、農業生技三大領域是台灣產業強項，但過去各自鑲嵌入獨立的全

方法論-系統化指標

5+2產業（列舉）	替代力係數 (R)	加工度係數 (S)	影響力係數 (e)	感應度係數 (r)	現階段產業特性
智慧醫療 (醫療保健)	1.002975	0.846864	1.455011	1.006836	1. 需求增加；附加價值高。 2. 對其他產業影響力大，感應度高；重要性逐漸增大。
智慧機械 (機械設備)	0.900896	1.043726	2.133019	1.76231	1. 需求逐漸增加；附加價值又逐漸提高。 2. 對其他產業影響力大，感應度高；重要性大。
亞洲·矽谷 (半導體相關)	1.267081	0.882374	1.831191	2.131504	1. 需求增加；附加價值高。 2. 對其他產業影響力大，感應度高；重要性大。

對供應鏈的意涵：**5+2產業確實具有未來需求強與高附加價值**的特性，值得建構內循環經濟，並向海外輸出。

對數位經濟意涵：5+2產業大量運用數位科技，加上**影響力與感應度係數高**，海外棲地可**同時帶動當地與台灣**產業發展與升級。

R>1 表示產業需求強
S<1 表示附加價值高
e>1 表示對中上游產業的產出帶動效果高於整體產業平均
r>1 表示對下游產業的產出影響效果高於整體產業平均

7

方法論-系統化指標

產業	生產工程分類	RCA指數
精密機械部門	加工品	2.2427
	零組件	1.7350
	最終消費品	**24.6487**
農業相關部門	初級原料	0.16378
	加工品	0.85838
	最終消費品	**8.84718**

註：RCA大於2，代表有極強海外市場競爭力

透過顯示性比較利益指標（RCA），可以了解台灣何種產業具有競爭力，適合到海外佈局新棲地。

舉例而言，台灣的精密機械整機，農業最終產品，都具備極強海外市場競爭力，若能結合**數位轉型，低碳轉型與跨域創新，加上與當地供應鏈共好**（BOL模式），應能形塑新棲地。

8

依目標重新定義最適棲息地

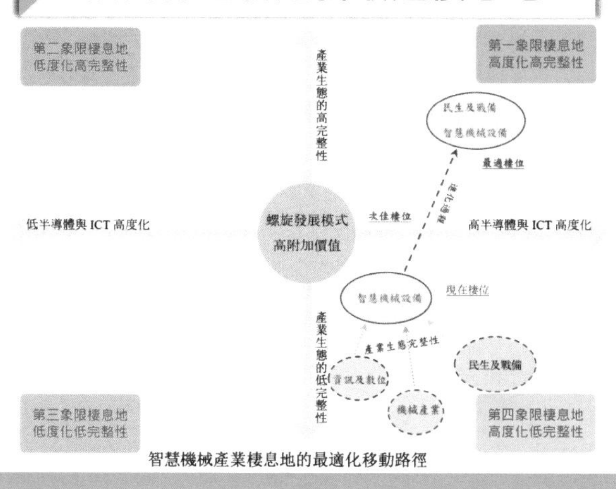

智慧機械產業棲息地的最適化移動路徑

新策略：數位新南向

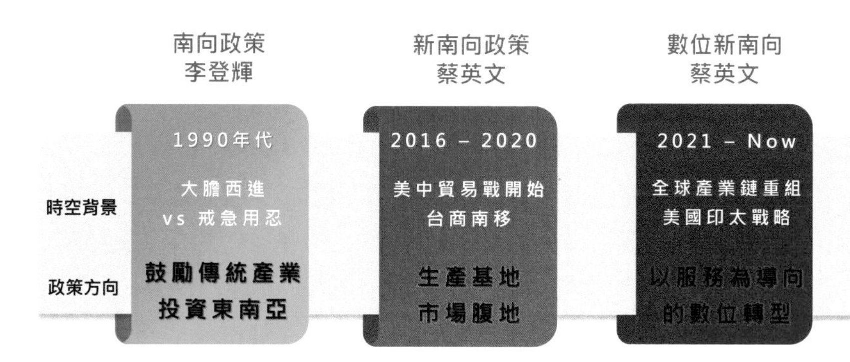

10

球供應鏈體系，因此雖然同在台灣，甚至地理區位臨近，但彼此協作關係不強，無法發揮更大效果，透過我們的方法論，我們已經證明這三大領域都有輸出潛力，若能指認一個國際佈局的新棲地，這三大領域將有跨域創新的無窮空間。

而我們怎麼指認出一個適當的國際佈局新棲地，有效幫助我們因應挑戰，回到一個系統穩定狀態？佳龍認為，蔡英文總統與蘇貞昌院長所推動的新南向政策，就是一個值得持續深耕落實的政策。過去的南向政策發生在傳統定義的全球化期間，依照我們的方法論，就是面對同樣的需求型態，只是把供應鏈成員拆分到不同國家佈局而已，這只有地理空間變化，只解決五缺問題，但沒有供應鏈重組產業轉型的2D移動，更不用說長期競爭力的螺旋提升。但從新南向政策開始，不僅是地理空間變化，也試圖去深耕在地的特殊需求，開始產生供應鏈重組的2D移動變化。

佳龍在去年受總統任命，擔任無任所大使，推動數位新南向，工作目標就是更強調數位科技在供應鏈重組過程中的重要性，並協助政府運用更多元的政策工具，協助供應鏈在海外重組，並帶動國內既有生態系的轉型升級。我想藉由數位發展部的成立，透過跨部會的整合，台灣產業有機會達到施振榮先生曾論述的，以服務為導向的產業數位轉型，掌握國際市場的千倍機會。

這些機會來自哪些領域？從我們的方法論，透過系統指標與產業觀察，智慧製造，智慧交通，智慧城鄉與智慧醫療等四個領域，都是具有相當潛力的選項，且國際佈局不僅新南向，亦包涵印太與新東向市場。

然而想要掌握無限商機的國際市場，卻有百倍挑戰。除了要在信賴供應鏈的要求上，滿足效率與安全的條件，這中間包括實體製造環境與虛擬數位優化等環節，還要從B2B或B2C的潛力市場，額外創造出數位服務的價值。此外，在這段本書撰寫期間的分析與討論，並實際參訪諸多企業之後，我認為鴻海劉揚偉董事長所提出的BOL模式，也就是興建（Build）、營運（Operate）、然後在地化（Localize）的思維，跟我的產業棲地共進化與雙螺旋發展，有異曲同工之妙。

所謂的國際佈局，不是只要破壞或改變台灣既有的產業生態棲地，還要善用在地的產業棲地成員既有優勢，透過台灣的產業技術，資金，數位科技與服務，與新南向國家共同進行產業鏈重組，進而強化台灣與區域經濟網絡之間的關係，擴大台灣數位領土、影響力。例如遠通電收、許多家電動巴士公司，以及待會要向大家分享的永聯物流，這些都是此類型的典範案例。但我也利用這個機會強調，選擇新南

根據棲地理論所指認的優勢產業

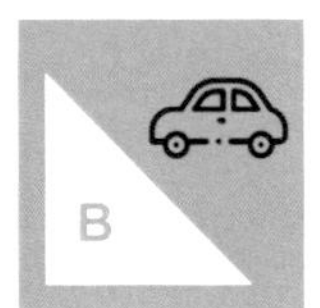

D

智慧製造
工業物聯網，數位ESG

智慧交通
電動運輸載具（客車，貨車，機車，大巴），車用相關半導體，機光電與軟體整合

智慧城鄉
物流運籌，能資源管理，防災管理，偏鄉服務

智慧醫療
科技防疫，遠端輔助診斷，醫療與照護機構管理。

11

跨國產業最適棲息地的策略路徑

A 信賴供應鍊	B 數位創值服務	C 系統輸出BOL	數位新南向
設備去中國化，加速強化台灣進入產業鍊重組過程。	數位創值服務由台灣輸出，創造台灣就業機會。	軟硬整合系統輸出，帶動台灣與新南向國家當地成長共好。	以服務為導向的數位新南向：產業創新+跨域創新

A + B + C = 數位新南向

12

雙螺旋情境：以智慧機械數位新南向為例

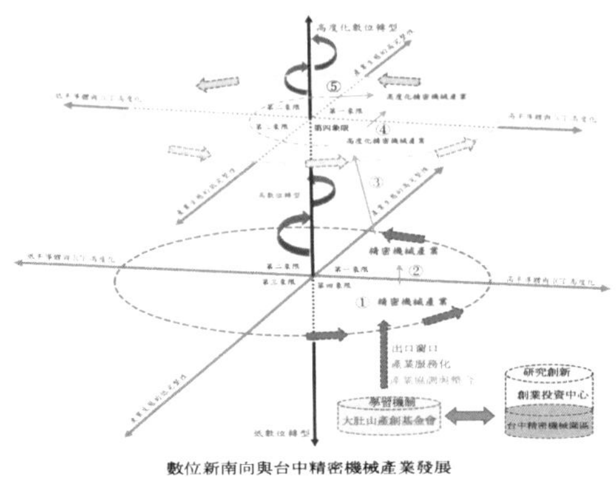

數位新南向與台中精密機械產業發展

資料來源:林佳龍整理/繪製。

國內的產業重組優化：

結合半導體與ＩＣＴ，提高數位與智慧化。

國內外優化目標：

同時數位轉型，提高產業競爭力，

有如雙螺旋現象。

13

政府的角色：資金與人才為核心

產業國家隊

整合核心業者前進投資

數位新南向

資金

投融資鬆綁

人才

跨領域、跨國界

14

向或新東向，也要納入國家安全的思維，我們所選擇要加入的信賴供應鏈，建議透過DIMEs的架構來進行策略性選擇，這是很重要的。

國際佈局的重點在於選擇對的國家、對的產業、對的策略性供應鏈重組目標，那麼跨區的2D產業重組優化，會帶動內循環與外循環市場長期的共進與競爭力向上提升，有如這個圖示的3D移動軌跡。但策略最後落實的還是組織與人，以及資源盤點與投入，這就涉及到協作關係中的核心成員與支持體系。以智慧機械為例（對的產業），要推動數位新南向（對的國家），完成海外系統輸出佈局並營造跨國數位服務商業模式（對的策略性供應練重組目標），也必須指認出核心的精密機械業者，系統整合SI服務業者，並透過一個良好的平台機制，促進創新與投資協作落地，而我相信這就是大肚山產創基金會，台灣智庫，與相關公協會與政府的角色。

整合產業國家隊的數位新南向戰略：資金與人才為核心。在前面我談到當指認出統合中心企業後，政府應該以產業政策，金融政策與財政政策三位一體的邏輯，統合部會來協助產業，這其中又以資金與人才為核心。其中產業政策已經在蔡總統與蘇院長的領導下，奠定許多內循環的基礎，統合的中心企業與支援體系也都浮現了，也就是說，產業國家隊在這幾年來已經基本建立了，未來就是要走國際化佈局，以及挑選好的BOL夥伴。

其次是人才政策，我在六月份的一場論壇中，與新加坡葉代表談論人才的重要性。從這次分享的方法論中，我們體會到解構供應鏈相對容易，但是形成一個新產業棲地，以及形塑一個重組的新供應鏈反而困難，它需要跨領域與跨國界人才的結合，所以未來包括教育體制、跨領域育人才，以及跨國引才等，這些都很重要，需要有新思維的財政政策，參與相關的投資。在國際合作對象上，我認為也需要放在DIMEs的架構下，建立國際間政府對政府的中長期合作平台。

最後我想談一下資金層面，這也是金融政策的核心，重點是鬆綁與開放。我們若把BOL模式納入重組供應鏈與產業棲地的思維下，有關在海外提升規模的後段投資，國內金融政策不一定要採取太過積極的立場，但在形塑與重組的新供應鏈初期過程中，在合作夥伴間信賴（Reliability）關係與建構（capacity building）形式是非常重要的，這些涉及到系統整合與知識密集度高的過程，需要將帶有跨域domain knowhow的風險資金納入考量，而這些風險資金不論是VC或PE，在國際化的程度與

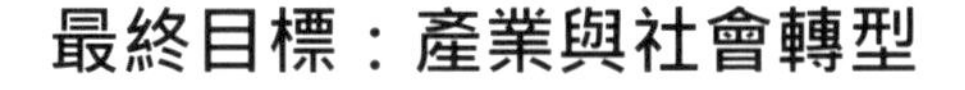

A.數位化
B.數位優化
C.數位創新

A. 產業升級
B. 都市化
C. 促成產業智慧化
D. 降低城鄉差距

數位轉型

產業轉型

社會經濟結構轉型

國家轉型

A.產業結構改變
B.產業結構調整

A. 共存
B. 共好
C. 共進化

資料來源:林佳龍 數位轉型的產業.社會.經濟的傳遞機制與效果

15

結語

- **數位轉型**與**產業轉型**下的產業棲息地是跨地理區域與跨時間的模式，數位科技的進步將解決過去城鄉差距的不均衡發展，工資水準與城鄉差距，這將促進**社會經濟結構轉型**，同時也能逐步形成社會與經濟的均衡環境。
- 社會經濟結構轉型是在共生、共好以及共進化的形態下進行，三者具備穩定力與均衡力，這是團結一個國家形成凝聚力的必要基礎。社會經濟結構轉型成功之後的下一個任務就是**國家轉型**，也就是邁向**「國家正常化」**。

16

跨國間避免雙重課稅等環境，都需要政府平台的近一步努力，我也期許自己未來可以在這方面多聽取業者意見，並為各位轉達建言給政府。

感謝大家今天蒞臨論壇，佳龍這幾年來堅持持續了解產業與關心產業，希望能夠為台灣產業服務盡點心力，背後堅信，產業與經濟是一個國家發展的底層建築，也是國力的根本。從這次疫情過程中，台灣經濟表現被看見，供應鏈議題凸顯我們被需要的重要性，我們也期許未來許多新的產品服務被大家所喜愛，進而從經濟與社會上，促進台灣內部的團結，也促進台灣在國際社會上，與其他夥伴國家共生、共好、共進化的關係。

所以今天的分享，主要是透過建構產業最適棲息地的分析架構，說明數位轉型與產業轉型下，未來的供應鏈是跨地理區域與跨時間的模式，我們的產業必須提早掌握這些趨勢。若有對的政策、協作體系，選擇對的產業，結盟對的夥伴國家，不但國內的產業群聚可以持續朝均衡化發展，拉高工資水準與縮小城鄉差距，長期之下，也能促進台灣社會經濟結構的良性發展，這是團結一個國家，推動國家正常化的基礎。

再次謝謝各位的蒞臨，也歡迎大家會後交流，祝福各位事業成功，平安健康，謝謝。

參考文獻

第一章

1. Freeman, C., Clark, J. and Soete, L. (1983). "Unemployment and technical innovation: a study of long waves and economic development." *Journal of Economic Issues,*17(3), 803-808.
2. 查爾斯・韓第（2020），《第二曲線：社會再造的新思維》，天下文化。
3. 林佳龍（2022），〈台灣準備好了嗎？——台灣未來十年國家願景：挑戰與因應〉，台灣制憲基金會演講稿。
4. 林佳龍、洪振義（2022），〈台灣產業的特性與競爭力之變化:產業關聯分析法之應用〉，新政治經濟學研究室（NPERO），NEPRO Working paper。
5. Rothwell, R. and. Gardiner, P (1985), "Invention, Innovation, Re-innovation and the role of the user: A Case Study of the British Hovercraft Development," *Technovation*, 3, 167-186.
6. Kline, S. (1990), *Innovation Systems in Japan and the United States: Cultural Bases; Implications for Competitiveness,* Stanford: Stanford University Press.
7. Pindyck, R. S. and Solimano, A. (1993), "Economic Instability and Aggregate Investment," *NBER Macroeconomics Annual 8*, Cambridge, Massachusetts, MIT Press, pp.259-303.
8. Ferderer, P. (1993), "The Impact of Uncertainty on Aggregate Investment Spending: An Empirical Analysis," *Journal of Money, Credit and Banking*, Vol.25, pp.30-48.
9. Huizinga, J. (1993), "Inflation Uncertainty, Relative Price Uncertainty, and Investment in US Manufacturing," *Journal of Money, Credit and Banking*, Vol.25, pp.521-554.
10. Carmichael, J. (1981), "The Effects of Misson-Oriented Public R&D Spending on private industry," *Journal of Finance* (36), 617-627.
11. Lichtenberg, Frank R. and Siegel, D. (1989), "The Impact of R&D Investment on Productivity: New Evidence using Linked R&D-LED Data." *NBER Working Paper #*2901.
12. Mamuneas, T. P. and Nadiri, M. I. (1996)," Public R&D Policies and Cost Behavior of the US Manufacturing Industries." *Journal of Public Economics* (63), 57-81.
13. Adam, J. D. (1998), "Endogenous R&D Spillovers and Industrial Research Productivity." *National Bureau of Economic Research*, Inc.No 7484, NBER Working Papers.
14. Geels, F.W. and Schot, J.W. (2007), "Typology of socio-technical transition pathways," *Research Policy,* 36(3), 399-417.
15. 金偉燦、莫伯尼，譯者：黃秀媛（2005），《藍海策略》，天下文化。
16. 簡禎富（2022），《藍湖策略》，天下雜誌。
17. 林佳龍、洪振義（2022），《新政治經濟學：理論與政策的解析》，釀出版（秀威資訊）。

第二章

1. 林佳龍、洪振義（2021），〈探討台灣產業結構的變化以及成長變動要因〉，台灣智庫working paper。
2. Clark, C. G. (1951), "The Conditions of Economic Progress," London: Macmillan.
3. Nelson, R. R. and Pack, H. (1999) "The Asian Miracle and Modern Growth Theory", *Economic*

Journal 109(457):416-36.
4. Singh, A. (1977), "UK Industry and the World Economy: A Case of Deindustrialization?" *Cambridge Journal of Economics*, 1(2).
5. Rowthorn, R. and Ramaswamy, R. (1997) "Deindustrialization: Causes and Implications," *Staff Studies for the World Economic Outlook* (Washington: International Monetary Fund, December), pp. 61-77.
6. Kuznets, S. (1966), *Modern Economic Growth: Rate, Structure and Spread*, New Haven: Yale University Press.
7. Chenery, H. B. (1979), *Structural Change and Development Policy.* (New York: Oxford University Press).
8. Abramowitz, A. I. (1983), Partisan Redistricting and the 1983 Congressional Elections, *Journal of Politics,* 45(3), 767-770.
9. Matthews, R.C.O., Feinstein, C., Odling-Smee, J. (1982), *British economic growth,* Oxford University Press: Oxford.
10. Spence, M. A. (2011), *The Next Convergence-The Future of Economic Growth in a Multispeed World,* UWA Publishing.
11. Matsuyama, K. (1992), A simple model of sectoral adjustment, *The Review of Economic Studies*, 59 (2), 375-387.
12. Kongsamut, P., Rebelo, S. and Xie, D. (2001), Beyond Balanced Growth, *Review of Economic Studies, 68,* 869-882.
13. 林佳龍、洪振義（2022），〈台灣產業成長變動因素分析（1981-2020）：產業關聯成長要因模型之應用〉，台灣智庫working paper。
14. Hong, C.Y. and Li, J.F., 2015, On measuring the effects of fiscal policy in global financial crisis: Evidences from an export-oriented island economy, *Economic Modelling,* 46,412-415.
15. Leontief, W. W. (1966), *Input-Output Economics*, Oxford University Press.
16. Miyazawa, K. (2002), *Input-output analysis,* Tokyo: NIKKEI Com.(in Japanese)
17. Torii, Y. and K. Fukasaku (1984), "Economic development and changes in linkage structure: an input-output analysis of the Republic of Korea and Japan", in: *United Nations Industrial Development Organization, Proceedings of the seventh international conference on input-output techniques,* New York: United Nations.
18. 富川盛武（2002），《台湾の企業成長とネットワーク》，白桃書房。

第三章

1. Hymer, S. H.(1976). "The international operations of national firms, a study of direct foreign investment," *The MIT* Press.
2. Dosi, G. (1982). "Technological paradigms and technological trajectories: A suggested interpretation of the determinants and directions of technical change." *Research Policy,* 11(3): 147-162.
3. Freeman, C., Clark, J.and Soete, L.(1983). "Unemployment and technical innovation: a study of long waves and economic development." *Journal of Economic Issues*,17(3),803-808.
4. Paul, A. D. (1990),"The Dynamo and the Computer: An Historical Perspective on the Modern Productivity Paradox" *American Economic Review*, Vol.80, No.2, pp.355-361.

5. 日本平成18年版的《情報通信白書》，P.12。
6. Bukht, R. and Heeks, R. (2017), "Defining, Conceptualising and Measuring the Digital Economy.", *Development Informatics working paper*.
7. Corrado, C., Hulten, C. and Sichel, D. (2005). *Measuring capital and technology: an expanded framework, Board of Governors of the Federal Reserve System.*
8. 日本令和2年版的《情報通信白書》，P.82。

第四章

1. 林佳龍、洪振義（2022），〈台灣產業感應度與影響力變化之分析（1996-2020）〉，台灣智庫working paper。
2. 林佳龍和洪振義（2022），〈從RCA指數分析台灣產業競爭力〉，台灣智庫working paper。
3. 行政院（2021），〈六大核心戰略產業推動方案〉（110年5月核定版）。
4. 林佳龍、洪振義（2022），〈台灣產業成長變動因數分析（1981-2020）：產業關聯成長要因 模型之應用〉，台灣智庫 working paper。
5. 國家發展委員會（2016），「亞洲・矽谷推動方案」行政院第3514次會議，105年9月8日。
6. 林佳龍和洪振義（2021），「高科技產業研究開發的經濟效益分析：動態產業關聯模型之應用」，台灣智庫working paper。
7. 日本環境省（2021），《環境白書・循環型社会白書・生物多様性白書》。
8. 循環台灣基金會（2022），「焦點議題——淨零排放」。

第五章

1. 林佳龍（2022），〈從產業最適棲息地理論看數位新南向的包容性新思維〉，《自由共和國》（2022/01/02）。
2. 林佳龍（2022），〈以DIMEs架構推動數位新南向國家級戰略〉，《自由共和國》（2022/05/08）。
3. 日本経済産業省（2021），《通商白書》，P.82。
4. 林佳龍和洪振義（2022），〈台灣與新南向主要國家經貿產品性質之探討〉，台灣智庫working paper。
5. 日本經濟產業省，「RIETI-TID 2020」資料庫。
6. 工商時報（2021/04/13），參閱https://www.chinatimes.com/amp/newspapers。
7. 中央社，〈2021年新南向出口額825.8億美元 創歷史新高〉（2022/05/22）。
8. 中華民國對外貿易發展協會。參閱https://info.taiwantrade.com/#menu=11606。
9. 財團法人中華經濟研究院 台灣東南亞國家協會研究中心，參閱https://www.aseancenter.org.tw。
10. 經濟部國際貿易局進出口貿易統計（https://cuswebo.trade.gov.tw/FSC3020F/F SC3020F）
11. 呂曜志（2021），「數位新南向(新南向2.0)計畫構想」，財團法人台灣智庫。
12. 亞太經濟合作（APEC）第10屆電信暨資訊部長會議（TELMIN10）及電信暨資訊資深官員（TELSOM）會議報告書。
13. 台灣智慧自動化與機器人協會（2022）「數位新南向SI整合服務平台計畫構想」。
14. Choudury, S.R. (2021), "More than 75% of people in 6 Southeast Asian countries now have access to the internet, report finds," CNBC報導。
15. 新南向政策專網：https://newsouthboundpolicy.trade.gov.tw。

第六章

1. 籐本 隆宏（2004），《日本のもの造り哲学》，日本経済新聞出版。
2. 籐本 隆宏（2007），《ものづくり経営学——製造業を超える生産思想》，光文社。
3. 藤本 隆宏（2008），〈アーキテクチャの比較優位とアジア製造業〉，東京大學。
4. 簡禎富（2022），《藍湖策略：發展智慧化管理科技與數位決策，超越藍海紅海循環宿命》，天下雜誌，p.96。
5. Huber, G.P. (1991), "Organizational Learning: The Contributing Processes and Literatures," *Organization Science*, 2(1):88-115.
6. 伍南彰（2007），「台中市精密機械科技創新園區管理機制之研究」研究發展報告。
7. 林佳龍、洪振義（2022），〈台灣產業成長變動因素分析（1981-2020）：產業關聯成長要因模型之應用〉，台灣智庫working paper。
8. 林佳龍、洪振義（2022），〈台灣產業感應度與影響力變化之分析（1996-2020）」，台灣智庫working paper。
9. 林佳龍、洪振義（2022），〈台灣產業替代與加工度變化之分析（1996-2020）〉，台灣智庫working paper。
10. 路易斯・卡洛爾、馬丁・加德納、馬克・伯斯坦（2016，陳榮彬譯），《愛麗絲夢遊仙境與鏡中奇緣：一百五十週年豪華加注紀念版，完整揭露奇幻旅程的創作秘密》，大寫出版。
11. 籐本 隆宏（2018），〈現場発 ものづくり地域戦略〉，東大ものづくり経営研究センター。

第七章

1. 林佳龍和洪振義（2020），〈新型コロナ （COVID-19） が台湾経済に与える影響と経済政策の評価—動学的産業連關モデルによるアプローチ—〉，《問題と研究》，第49巻4號，35-76。
2. 林佳龍（2021），「科技諮詢顧問委員會籌辦構想計畫」。
3. 伊藤元重、清野一治、奧野正寬、鈴村 興太郎（1988），《產業政策の経済分析》，東京大学出版会。
4. 簡禎富（2022），《藍湖策略：發展智慧化管理科技與數位決策，超越藍海紅海循環宿命》，P.138，天下雜誌。
5. 今井 賢一、伊丹 敬之、小池 和男（1991），《內部組織の経済学》，東洋経済新報社。
6. Geels, F.W. and Schot, J.W. (2007), "Typology of sociotechnical transition pathways," *Research Policy* 36 (3), 399-417.
7. Geels, F.W.(2019), "Socio-technical transitions to sustainability: a review of criticisms and elaborations of the multi-level perspective," *Current Opinion in Environmental Sustainability*. 39, 187-201.

第八章

1. 經濟部國際貿易局（2015），〈會展產業整體推動計畫——從政策檢討會展設施需求〉，p.58。
2. 陳嘉鴻（2019），〈我國製造業主要產業群聚分布概況〉，《主計月刊》，第762期，pp.20-26。
3. 麥克・史賓賽（2012），《經濟大逆流：大創新潮為何帶來大失業潮》，p.135，時報出版（譯者：黃貝玲）。
4. 陳添枝（2022），《越過中度所得陷阱的台灣經濟1990～2020》，p.33，天下文化。

附錄

附錄一　產業關聯成長要因模型之建立[1]

分析長時間的產業成長以及成長因素時，可以利用不同時間點產業關聯模型的結合，從中分解出產業的成長要因。由於一國的要素稟賦結構會隨著經濟發展階段的差異而不同，因此一國的產業結構也會隨著經濟發展而改變。關於台灣的經濟發展與產業結構變化，在發展動態過程中，經濟發展必然帶來產業升級的契機。本書將以圖2-1的經濟成長率對照三級產業結構變化，將39年間的產業成長變動要因做為觀察期，透過觀察產業結構的變化分析經濟發展特徵。

本書分析方法採用不同期間的產業關聯表所建立的經濟／產業的成長要因模型。在不同期間的經濟成長將由價格與數量兩方面的變化所產生的結果，國際普遍在編製的產業關聯表時是以金額為單位，而不是以數量為單位，所以產業關聯表需要經過實質化處理，目的是使兩期產業關聯表的實質價格是一致。本書的實質化係採用國際通用的計算方式，以固定價格的評價方式建立產業關聯表（實質表），使得兩年期的產業關聯表價格一致，才能推算兩期間生產規模的變化。因此，在推估實證成長要因模型時，需要先行完成以下幾個基礎資料：

(1) 本研究配合主計處公布的產業關聯基本表，將39期間分成 1981-1984；1984-1989；1989-1994；1994-1999；1999-2004；2004-2006；2006-2011；2011-2016；2016-2020，每一期的產業部門不一定一致，所以必須將兩期間產業部門整合。

---

[1] 數理模型建立參考林佳龍、洪振義（2019），〈產業關聯成長要因模型的建構〉，台灣智庫working paper。

(2) 再將(1)項不同時期產業關聯表做產業項目的統合，再將比較年的產業關聯基本表實施「實質化」處理。

(3) 以RAS法推估2020年產業關聯表，再算出2020年的投入係數矩陣、Leontief逆矩陣。

(4) 計算各產業成長要因的經濟規模。

由於行政院主計處每3年，5年所公布的產業關連基本表的部門並不一致（現在已經取消3年的產業關聯延長表的公布），所以在實質化之前，需先將兩年期產業關聯部門做整合，使兩期產業關聯表的部門別一致。再依實質化的產業關聯表計算新的Leontief 逆矩陣與投入係數矩陣，進一步建立成長要因模型。本書模型以Leontief（1966）[2]、Miyazawa（2002）[3]的I-O模型為基礎，修正Torii & Fukasaku（1984）[4]與富川（2002）[5]的方法所建立。產業(X)生產均衡方程式可由(1)式表示。

$$X=AX+F+E-\bar{M}(AX+F) \tag{1}$$

其中各變數定義分別為，

X：各產業總產出向量($n\times 1$)

A：投入係數矩陣($n\times n$)

F：國內最終需要向量($n\times 1$)

E：出口向量($n\times 1$)

$\bar{M}$：輸入係數對角行列式($n\times n$)

將均衡式$X=AX+F+E-\bar{M}(AX+F)$整理後，可以以逆矩陣的形式來表示。如下所示：

---

2 Leontief, W. W. (1966), *Input-Output Economics,* Oxford University Press.

3 Miyazawa, K. (2002), *Input-output analysis,* Tokyo: NIKKEI Com.(in Japanese).

4 Torii, Y. and K. Fukasaku (1984), "Economic development and changes in linkage structure: an input-output analysis of the Republic of Korea and Japan", in: *United Nations Industrial Development Organization, Proceedings of the seventh international conference on input-output techniques,* New York: United Nations.

5 富川盛武（2002），《台湾の企業成長とネットワーク》，白桃書房。

$$X=[1-(1-\bar{M})A]^{-1}[(1-\bar{M})F+E] \tag{2}$$

以t期代表基準年，以t+1期代表比較年，兩期相差的產業變化可以寫成δX，方程式可以表示為：$\delta X=X_{t+1}-X_t$，將此方程式以(2)式來表示的話，可以成(3)式，如下。

$$\delta X=[1-(1-\bar{M}_{t+1})A_{t+1}]^{-1}[(1-\bar{M}_{t+1})F_{t+1}+E_{t+1}]-[1-(1-\bar{M}_t)A_t]^{-1}[(1-\bar{M}_t)F_t+E_t] \tag{3}$$

其中，當設$[1-(1-\bar{M}_{t+1})A_{t+1}]^{-1}=B_{t+1}$，表示t+1期的逆矩陣；

$[1-(1-\bar{M}_t)A_t]^{-1}=B_t$，則是表示基準年的逆矩陣。在產業關聯模型中的逆矩陣是表示產業變化的乘數效果，也是關係到產業彼此之間的影響程度。為了方便成長要因模型的推演，再假設，$[(1-\bar{M}_{t+1})F_{t+1}+E_{t+1}]=H_{t+1}$，$[(1-\bar{M}_t)F_t+E_t]=H_t$，可以將(3)式寫成(4)式的方程式，如下：

$$\begin{aligned}
&B_t+\delta B=B_{t+1};\ B_t\delta H+\delta B\delta H=B_{t+1}\delta H\\
&\delta X=(B_t\delta H)+\delta BH_t+\delta B\delta H=B_t\delta H+\delta BH_t\\
&\delta B=B_{t+1}-B_t\\
&=[1-(1-\bar{M}_{t+1})A_{t+1}]^{-1}-[1-(1-\bar{M}_t)A_t]^{-1}\\
&=[1-(1-\bar{M}_{t+1})A_{t+1}]^{-1}-[1-(1-\bar{M}_t)A_{t+1}]^{-1}+[1-(1-\bar{M}_t)A_{t+1}]^{-1}-[1-(1-\bar{M}_t)A_t]^{-1}
\end{aligned} \tag{4}$$

當$[1-(1-\bar{M}_t)A_{t+1}]^{-1}=B^*$，則將模型方程式改成(5)式。

$$=(B_{t+1}-B^*)+(B^*-B_t) \tag{5}$$

其中，$(B_{t+1}-B^*)$代表當投入係數(A_{t+1})不變情況之下，產業自給率的變化效果。而(B^*-B_t)則表示自給率$(1-\bar{M}_t)$不變之下的投入係數的變化效果。

又設，$[(1-\bar{M}_t)F_{t+1}+E_{t+1}]=H^*$，得

$$\delta H=H_{t+1}-H_t$$

$$=[(1-\bar{M}_{t+1})F_{t+1}+E_{t+1}]-[(1-\bar{M}_{t})F_{t+1}+E_{t+1}]+[(1-\bar{M}_{t})F_{t+1}+E_{t+1}]-[(1-\bar{M}_{t})F_{t}+E_{t}]$$
$$=(H_{t+1}-H^{*})+(H^{*}-H_{t}) \tag{6}$$

其中，$(H_{t+1}-H^{*})$表示最終需要(F_{t+1})與輸出(E_{t+1})不變時，產業自給率(A)的變化效果；$(H^{*}-H_{t})$表示自給率$(1-\bar{M}_{t})$不變時，最終需要(F)與輸出(E)的變化效果。

將(5)、(6)式帶入(4)式，經過整理後，得出(7)式

$$\delta X=B_{t}[(H_{t+1}-H^{*})+(H^{*}-H_{t})]+[(B_{t+1}-B^{*})+(B^{*}-B_{t})]H_{t}+$$
$$(B_{t+1}-B^{*})+(B^{*}-B_{t})[(H_{t+1}-H^{*})+(H^{*}-H_{t})] \tag{7}$$

可將上面的(7)式分解(a)～(e)五個因素效果：

$\delta X=B_{t+1}[(1-\bar{M}_{t+1})F_{t+1}-(1-\bar{M}_{t+1})F_{t}]$……(a)國內最終需要變化效果

$+B_{t+1}(E_{t+1}-E_{t})$……(b)輸出變化效果

$+B_{t+1}[(1-\bar{M}_{t+1})F_{t}-(1-\bar{M}_{t})F_{t}]$……(c)最終財貨輸入變化效果

$+(B_{t+1}-B^{*})[(1-\bar{M}_{t})F_{t}+E_{t}]$……(d)國內自給率變化效果

$+(B^{*}-B_{t})[(1-\bar{M}_{t})F_{t}+E_{t}]$……(e)投入技術變化效果

本書將以上述分解所獲得的五個因素分析台灣從1981年至2020年的39年期間的產業成長狀況，並比較不同產業，不同時間的產業成長因素的差異，還能更進一步做為討論產業結構變化，作為產業變化的科學數據基礎。

附錄二　RAS法：投入係數修正說明[6]

隨著經濟與產業的發展將提升國民所得，加上由於科技進步加速且擴大全球化對國內產生影響，在消費上與生活上都會隨之改變。另外，產業活動也因各種因素促使生產過程中的技術投入發生變化。當Lenotief的產業關聯分析型在預測經濟結構時，關於產業生產過程中的技術結構變化預測可以透過投入係數的變化做為觀察指標。而投入係數的預測的有效方式為RAS法，這是國際學術上公認的重要方法。本書第二章分析2016年-2020年成長要因的2020年產業關聯表製作就是以RAS法推估2020年的產業投入係數表，並以RAS法修正後的投入係數建立的產業關聯模型。RAS法以基準點的投入係數矩陣(A)修正矩陣的「行向」(R)與「縱向」(S)之係數向量。「行向」(R)代表產業原材料的替代關係，「縱向」(S)代表產業原材料的加工度關係，當R與S產生變化時，意味著產業在生產與投資的技術係數已經和之前不同。

表1　RAS法推估的產業關聯表

	產業1……產業n	中間需要合計	最終需要合計	總需要
產業1 ⋮ 產業n	$W_{11}^{(1)} \cdots\cdots W_{1n}^{(1)}$ ⋮　⋮　⋮ $W_{n1}^{(1)} \cdots\cdots W_{nn}^{(1)}$	$\hat{w}_1^{(1)}$ ⋮ $\hat{w}_n^{(1)}$	$F_1^{(1)}$ ⋮ $F_n^{(1)}$	$\hat{X}_1^{(1)}$ ⋮ $\hat{X}_n^{(1)}$
中間投入合計	$\hat{Z}_1^{(1)} \cdots\cdots \hat{Z}_n^{(1)}$			
付加價值	$V_1^{(1)} \cdots\cdots V_n^{(1)}$			
總供給	$\hat{X}_1^{(1)} \cdots\cdots \hat{X}_n^{(1)}$			

從表中的各項變數說明，設未來年期的各產業生產額($\hat{X}_i^{(1)}$)，中間需要合計($\hat{w}_i^{(1)}$)與中間需要合計($\hat{Z}_j^{(1)}$)為已知。已經公布的產業關聯資料做為基準年期，該年期的投入係數為a_{ij}。未知數有未來的中間投入／中間需要$W_{ij}^{(1)}$、投入係數$a_{ij}^{(1)}$以及「行向」(R)與「縱向」(S)的修正係數r_i、s_j。依上述2個因素變化效果，預測下一期的投入係

[6] RAS模型建置請參考林佳龍、洪振義（2019），〈產業關聯成長要因模型的建構〉，台灣智庫working paper。

數矩陣為：

$$A^{(1)}=RA^{(0)}S$$

如將替代變化係數矩陣(R)、加工度變化係數矩陣(S)以及基準年的中間需要矩陣(W)做為預測下年期中間需要矩陣的「行向和」($\hat{w}$)與「縱向和」($\hat{Z}$)時，可由下列式子表示：

$$RW^{(0)}\overline{S}=u^1$$

$$R'W^0S=v^1$$

u^1與v^1分別代表下年期中間需要矩陣(W^1)的行和與列和。

接下來，如以RAS法預測產業投入係數的推估過程可由以下的流程圖來表示。

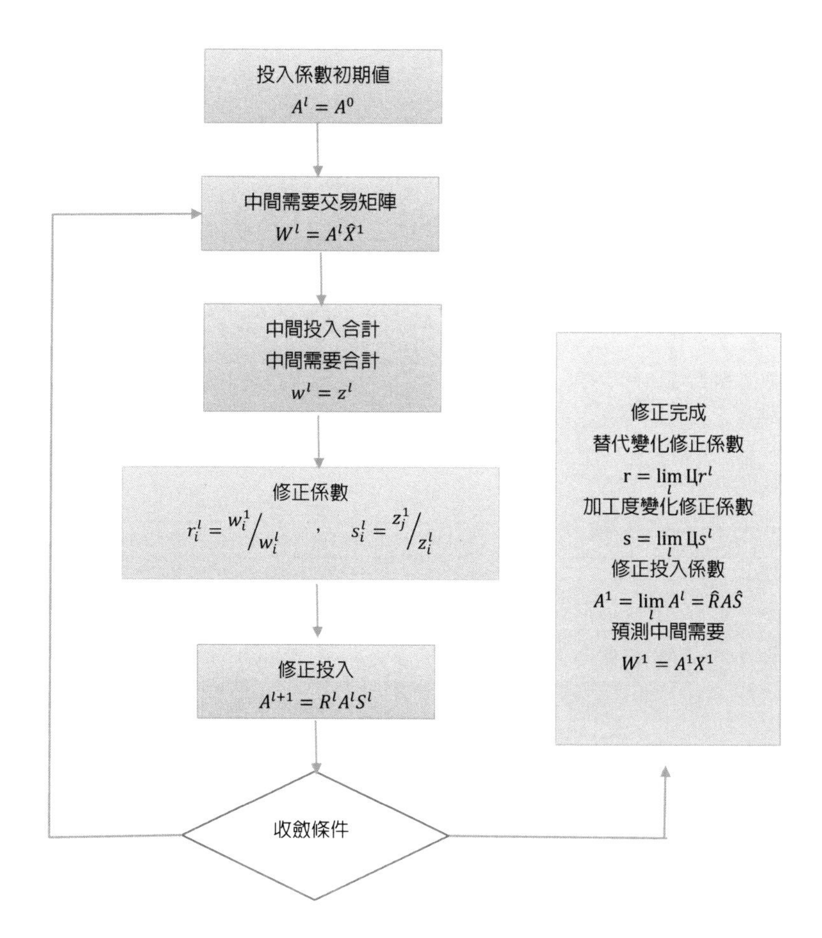

依上表產業關聯基本表形式所設定的已知數與為之數所組成的方程式為：

$$\hat{w}_1^{(1)}=W_{11}^{(1)}+W_{12}^{(1)}\cdots\cdots\cdots\cdots W_{1n}^{(1)}$$
$$\vdots$$
$$\hat{w}_n^{(1)}=W_{n1}^{(1)}+W_{n2}^{(1)}\cdots\cdots\cdots\cdots W_{nn}^{(1)}$$
$$\hat{Z}_1^{(1)}=W_{11}^{(1)}+W_{21}^{(1)}\cdots\cdots\cdots\cdots W_{n1}^{(1)}$$
$$\vdots$$
$$\hat{Z}_n^{(1)}=W_{1n}^{(1)}+W_{2n}^{(1)}\cdots\cdots\cdots\cdots W_{nn}^{(1)}$$

再以預測時間點的投入係數表示時，

$$W_{11}^{(1)}=a_{11}^{(1)}\hat{X}_1^{(1)}$$
$$W_{12}^{(1)}=a_{12}^{(1)}\hat{X}_2^{(1)}$$
$$\vdots$$
$$W_{1n}^{(1)}=a_{1n}^{(1)}\hat{X}_n^{(1)}$$
$$\vdots$$
$$W_{21}^{(1)}=a_{21}^{(1)}\hat{X}_1^{(1)}$$
$$W_{22}^{(1)}=a_{22}^{(1)}\hat{X}_2^{(1)}$$
$$\vdots$$
$$W_{2n}^{(1)}=a_{2n}^{(1)}\hat{X}_n^{(1)}$$
$$\vdots$$
$$W_{nn}^{(1)}=a_{nn}^{(1)}\hat{X}_n^{(1)}$$

將上述方程式的預測投入係數與修正係數r_i、s_j之間關係如下：

$$a_{11}^{(1)}=r_1a_{11}s_1$$
$$a_{12}^{(1)}=r_1a_{12}s_2$$
$$\vdots$$
$$a_{21}^{(1)}=r_2a_{21}s_1$$

$$a_{22}^{(1)}=r_2a_{22}s_2$$
$$\vdots$$

由上述的關係解聯立方程式之解以近似計算手法，以$A^{(0)}$做為投入係數的初始直，推估期之比較時期的生產額向量為$X^{(1)}$。定義等式可寫成：

$$W^{(1)}=A^{(0)}X^{(1)}=A^{(1)}X^{(1)}$$

由上式算出「行和」（中間需要和）與「列和」（中間投入和），表示如下：

$$eW^{(1)}=z^{(1)}$$
$$W^{(1)}e'=w^{(1)}$$

其中，$e=(1,\cdots\cdots,1)$。再依上所計算之結果計算比較時點的$s_i^{(1)}$與$r_j^{(1)}$，此為第1次的修正係數。

$$r_j^{(1)}=\hat{w}_j^{(1)}/w_j^{(1)}$$
$$A^{(2)}=R^{(1)}A^{(1)}S^{(1)}$$

使用上面之解，可推估第2次的修正係數，即進入第2階段近似收斂的計算程序，即

$$W^{(2)}=A^{(2)}X^{(1)}$$

依同樣方式推估至$r^{(1)}$與$s^{(1)}$ 至接近1（收斂條件）時，即可確定已達收斂條件下的解。

$$r_i=\lim_{l}\text{Ц}\,r_i^{(l)}$$
$$s_j=\lim_{l}\text{Ц}\,s_j^{(l)}$$

$$A^{(1)}=\lim_{l} A^{(l)}=\hat{R}A^{(0)}\hat{S}$$

$$W^{(1)}=\lim_{l} W^{(l)}=A^{(1)}X^{(1)}$$

釀時代32　PF0333

印太新秩序下的台灣之路
——數位時代的產業最適棲息地理論與雙螺旋策略

作　　者　林佳龍
責任編輯　鄭伊庭
圖文排版　蔡忠翰
封面設計　吳咏潔

出版策劃　釀出版
製作發行　秀威資訊科技股份有限公司
114 台北市內湖區瑞光路76巷65號1樓
電話：+886-2-2796-3638　傳真：+886-2-2796-1377
服務信箱：service@showwe.com.tw
http://www.showwe.com.tw
郵政劃撥　19563868　戶名：秀威資訊科技股份有限公司
展售門市　國家書店【松江門市】
104 台北市中山區松江路209號1樓
電話：+886-2-2518-0207　傳真：+886-2-2518-0778
網路訂購　秀威網路書店：https://store.showwe.tw
國家網路書店：https://www.govbooks.com.tw
法律顧問　毛國樑　律師
總 經 銷　聯合發行股份有限公司
231新北市新店區寶橋路235巷6弄6號4F
電話：+886-2-2917-8022　傳真：+886-2-2915-6275

出版日期　2022年10月　BOD一版
定　　價　490元

讀者回函卡

Printed in Taiwan

國家圖書館出版品預行編目

印太新秩序下的台灣之路：數位時代的產業最適棲息地理論與雙螺旋策略 / 林佳龍著. -- 一版. -- 臺北市：釀出版, 2022.10

面； 公分

BOD版

ISBN 978-986-445-731-1(平裝)

1.CST: 臺灣經濟 2.CST: 經濟戰略 3.CST: 產業發展

552.33 111014836